CSSCI 来源集刊

历史语言学研究

二〇二二年第二辑
（总第十八辑）

中国社会科学院语言研究所《历史语言学研究》编辑部　编

图书在版编目(CIP)数据

历史语言学研究.二〇二二年.第二辑:总第十八辑/中国社会科学院语言研究所《历史语言学研究》编辑部编.—北京:商务印书馆,2022
ISBN 978-7-100-21824-5

Ⅰ.①历… Ⅱ.①中… Ⅲ.①语言学史—文集 Ⅳ.①H0-09

中国版本图书馆 CIP 数据核字(2022)第 216453 号

权利保留,侵权必究。

LÌSHǏ YǓYÁNXUÉ YÁNJIŪ
历 史 语 言 学 研 究
二〇二二年第二辑
(总第十八辑)
中国社会科学院语言研究所
《历史语言学研究》编辑部 编

商 务 印 书 馆 出 版
(北京王府井大街36号 邮政编码100710)
商 务 印 书 馆 发 行
北京虎彩文化传播有限公司印刷
ISBN 978-7-100-21824-5

2022年12月第1版　　开本787×1092　1/16
2022年12月北京第1次印刷　印张15¼
定价:80.00元

《历史语言学研究》编辑委员会

顾　问：

贝罗贝　丁邦新　江蓝生　蒋绍愚　柯蔚南　马提索夫　梅祖麟
潘悟云

主　编： 杨永龙
副主编： 赵长才

编辑部主任： 赵长才
编辑部副主任： 陈丹丹

编审委员会：

曹广顺　冯胜利　洪　波　蒋冀骋　罗　端　麦　耘　秋谷裕幸
孙朝奋　汪维辉　王洪君　魏培泉　吴福祥　杨永龙　张丽丽
张　敏　张涌泉　赵长才

编务委员会：

杨永龙　赵长才　祖生利　李　明　陈丹丹　张　定　姜　南
陈伟蓉　于方圆　张竞婷

本期责任编辑： 于方圆

封面题字： 丁邦新

目　录

区域类型学综观 …………………………………………………………… 吴福祥（1）
谈《蒙古字韵》与《中原音韵》的几个音系差异
　　——兼论近代官话的"中原为中心，南北为边缘"现象 ………… 麦　耘（24）

释"完""莞" …………………………………………………………… 胡敕瑞（47）
论检验书的"风/中风"及其验尸叙述模式 ……………………………… 高婉瑜（58）
《夷坚志》名物词考辨四则 ……………………………………………… 胡绍文（71）
明清大型字书释义失误例释 ……………………………………………… 熊加全（82）
明代白话小说《禅真逸史》的基础方言探析 ………………… 许思雨　刘永华（92）

"偏"的客套话语义及相关复合词语义研究 ………………… 雷冬平　胡丽珍（102）
南北朝时期的反复问句 ……………………………………… 徐　英　赵纯凤（117）
汉译佛经中"上"的一种特殊使用 ……………………………………… 于方圆（131）
论合音词"诸"的例外 …………………………………………………… 曹亚北（141）
现代汉语正式语体形成过程的计量研究 ………………………………… 朱敏霞（157）

甘肃民勤方言持续体标记"的 [tə²¹]"的来源及其语法化 …… 敏春芳　肖雁云（173）
青海甘沟话的代词系统 …………………………………………………… 张竞婷（189）

近代汉字研究的回顾与展望 ………………… 张涌泉　韩小荆　梁春胜　景盛轩（208）
在传统的边际上创新——评《东汉三国佛教文献副词研究》 ………… 蒋冀骋（231）

《历史语言学研究》稿约 ……………………………………………………………（236）

区域类型学综观*

吴福祥

提　要　本文讨论与区域类型学相关的若干问题，并结合几个实例介绍区域类型学的主要假设、基本原则、研究方法和关注焦点。

关键词　区域类型学　语言类型学　区域语言学

一　引言

语言的区域现象是接触语言学、历史语言学以及语言类型学共同关注的问题。20世纪90代以前，语言区域现象的研究主要是区域语言学（Areal Linguistics）的研究路向（approach）。90年代以后，随着语言类型学的日益兴盛，区域类型学（Areal Typology）的研究范式应运而生。2000年以来，特别是《世界语言结构地图集》（*The World Atlas of Language Structures*）出版以后，区域类型学逐渐成为研究语言区域现象的主要路向。换言之，近二十年来，语言区域现象或曰区域语言现象的研究，在范式或研究路向上已实现从区域语言学到区域类型学的转型。

本文讨论与区域类型学相关的若干问题，并结合几个实例介绍区域类型学的主要假设、基本原则、研究方法和关注焦点。

二　什么是区域类型学

2.1　区域类型学的研究对象

简而言之，区域类型学从地理或区域的角度研究人类语言结构特征的分布模式，关注的是人类语言中类型学上重要的特征在世界范围内的区域分布模式及其背后的地理、历史和语言等方面的动因。区域类型学和区域语言学是研究区域语言现象的两种重要路

---

* 本文得到北京语言大学院级科研项目"汉语方言虚词语法化研究"（中央高校基本科研业务费专项资金，项目编号：21YJ140008）的资助。

向或研究框架（research framework）。这两种研究路向互相关联而各有侧重。区域语言学聚焦于特定语言区域内若干语言在结构上的相似性（及其历时动因），是接触语言学和历史语言学结合的产物。区域类型学则聚焦于类型学上具有重要意义的语言特征在区域分布上的模式（及其历时动因），是语言类型学和接触语言学结合的产物，也可以说是语言类型学的理论和方法在区域语言现象研究上的应用。（参看吴福祥 2017）

2.2 区域类型学的产生背景

大致说来，区域类型学的产生有两个重要的背景因素。

一是区域语言学的局限。区域语言学以语言区域（linguistic area）为研究对象，关注的是特定地理区域内若干语言在结构上呈现的相似性以及共享特征的跨语言扩散。"语言区域"是指由于语言接触导致的特征的借用和扩散，特定区域内不同语言在音系、形态、句法和语义上逐渐享有一些共同的结构特征。区域语言学虽然为语言相似关系和区域语言特征的研究提供了重要的视角和框架，但随着接触语言学和语言类型学研究的不断深入，区域语言学作为一种研究框架，本身也逐渐暴露出一些缺陷和不足。

首先，区域语言学的研究对象是语言区域，但"语言区域"是个极难定义的概念。尽管语言学家已给出各种各样的定义，但至今没有任何一种定义能被学界普遍接受；另一方面，即便是诸如巴尔干这种已被广泛承认的"语言区域"，究竟哪些语言属于该语言区域，多少特征是该语言区域的定义性特征，以及该语言区域的精确边界如何划分，等等，学者们对这些问题也聚讼纷纭，莫衷一是。正因为如此，有些语言学家甚至怀疑，究竟是否真的存在"语言区域"这一现象。假如语言区域确如有些语言学家所断言的，缺乏心理现实性；那么区域语言学自然也就无所归依。（参看吴福祥 2013，2017）

其次，区域语言学研究语言区域模式时只关注其相似性；但语言的区域模式不仅体现为相似性，也呈现出多样性（diversity），而对于后者区域语言学则无所作为。

最后，区域语言学聚焦于特定地理区域内若干语言在一些特征上的相似性，但有些共享特征在类型学研究以及语言普遍性和多样性研究方面并不一定有价值，这样的特征即使能画出理想的同言线和等值图，在语言研究上也无甚价值和意义。

二是语言类型学的发展。20 世纪 70 年代以后，语言类型学获得了迅速发展。一些基于较大规模语言取样、覆盖全球区域范围的综合性类型学研究成果陆续问世，与之相关的大型数据库和地图集也开始出现。这些成果和数据为人们考察语言特征在世界范围内的区域分布提供了可能，从而激发了一些语言学家尝试从地理和区域角度研究人类语言特征的分布模式，逐渐形成区域类型学这种新的研究框架。

2.3 区域类型学的基本假设

区域类型学的研究有一些基本的假设或普遍的观念，而以下四端则是其中比较重要的。

（1）语言特征的地理分布并非任意和偶然的，相反，很多分布模式的背后往往具有某种或某些深刻的地理、历史及语言本身等方面的理据，换言之，我们今天所观察到的语言特征的地理分布格局，实际上是一系列地理环境、语言偏好（preference）以及语言演化等因素作用的产物。因此，语言特征的地域分布模式可以为语言的区域现象、普遍偏好及演化过程的研究提供重要的参照和独特的视角。（Nichols 1992, Dahl 2001）

（2）很多重要的语言特征在世界范围内的地理分布并不均衡，最重要的表现是特征的**区域丛聚**（areal clustering）现象，既有大陆规模（continent-sized）的宏观丛聚，也有较小区域的局部丛聚。因此，地理和区域的维度是类型学研究所不可或缺的。（Dhal 2001）

（3）语言在空间和时间上既有相似性（similarity）的一面，也有多样性（diversity）的一面。因此要了解语言的本质特征和历史演变，对于多样性的研究应具有与相似性同等甚至更高的地位。（Bickel 2007: 239, Song 2010: 358）

（4）由于世界上大多数语言的历史（特别是史前史）已无从获知，很难确定导致世界语言目前这种多样性和相似性格局的历时过程，我们可以甚至只能通过观察**语言特征分布的地理模式**来推导或探知其背后的**历史过程**。（Nichols 1992, Dahl 2001）

三　区域类型学的原则、方法和研究模式

3.1　区域类型学的原则和方法

区域类型学关注的是（类型学上有价值的）**语言特征的区域分布**，而不是**特定语言区域的特点**（Dahl 2001: 1456—1457）。因此，与区域语言学只关注区域语言的相似性（similarity）不同，区域类型学将区域语言的多样性（diversity）和相似性视为同等重要，换言之，区域类型学关注的是类型学特征的**区域模式**（areal pattern），而不管这些特征是否可以按语言区域来描写。用 Dahl（2001: 1456）的话来说，区域类型学研究的是**类型学上有价值的语言特征的区域分布模式**。这类研究可以是描写性的，也可以是解释性的；也就是说，它既对这些模式本身进行观察和描写，也对这些模式的产生过程进行探析和解释。换句话说，区域类型学有共时研究和历时研究两个维度和侧面。

按照 Ramat（2007: x—xii）的说法，区域类型学有两种基本的研究方法。一是 Dahl（2001）主张的"纯粹分布法"（purely distributional approach）。Dahl（2001）认为，区域类型学主要是研究类型学上重要语言特征的区域分布模式。因此，研究的出发点是我们业已知悉的类型学研究上比较重要的语言特征，譬如小句的基本语序。也就是说，区

域类型学的研究是以**语言现象的地理分布模式**为导向的。比如在研究小句基本语序这一类型特征时，语言学家需要考察六种可能的基本语序在世界范围内的地理分布，然后对观察到的非均衡和非任意的分布模式进行描述、分析和解释。例如：世界语言中名词性指代词（pronominal demonstratives）和形容词性指代词（adnominal demonstratives）之间的关系有三种：（a）同形，如英语 [*I don't like **this** 与 **this** man*]；（b）异形，如法语 [*Donne-moi **ce** livre-là et garde **celui**-ci pour toi*]；（c）屈折特征不同，如土耳其语 [*Ali **bun-u*** DEM.PRO.ACC. *unut-amı -yor* "Ali is unable to forget it" 与 ***bu*** DET *gazette-yi* ACC. "this newspaper"]。考察发现，第三种类型只见于世界上极少数语言，且聚集于高加索地区，如列兹金语（Lezgian）、格鲁吉亚语（Georgian）、卡巴尔德语（Kabardian）以及地理位置相近的土耳其语和波斯语。因为这是一个跨语言罕见的特征，且**丛**聚于特定的区域，可以推测这个罕见的语言特征是从一个中心逐步扩散到邻近语言的。如果有其他相关的语言特征可以确认这一区域分布，那就可以说这是一个**类型区域**（typological area）。实际上，格鲁吉亚地区的语言现在已被视为一个典型的语言区域或语言联盟（参看 Ramat 2007）。

另一种研究方法是"历史类型法"（historical typological approach）。这种研究方法是基于这样的假设：某种地理区域本身就是一个历史—文化接触带（contact-zone），因而也是语言接触带。因此语言学家研究语言区域现象不仅要有语言和地理的维度，还需要有历史和文化的视角。这种研究方法主张研究语言接触和语言区域现象必须有多种维度和多个视角。这种研究方法的典范之作就是我们后面将要提到的 Nichols（1992）的名著《语言的时空多样性》（*Linguistic Diversity in Space and Time*）。（参看吴福祥 2017）

3.2 区域类型学的研究模式

就目前已有的成果看，区域类型学主要有下面几种研究模式或关注焦点。

（1）聚焦于语言相似性的研究。这种研究模式是通过考察重要语言特征的地理分布来测试和识别语言共性，揭示语言的本质特征。这里的"语言共性"（language universal）包括语言的普遍偏好（preferences）和语言特征的关联模式（correlation）。这种研究模式当以 Dryer（1989，1991，1992）为代表，可称之为"Dryer 研究模式"（Dryer Approach）。

（2）聚焦于语言多样性的研究。这种研究模式是通过考察重要语言特征的地理分布来追溯语言演变和人群迁徙的历史轨迹，其特点是从空间的分布模式推出历时的演化过程。在这种研究模式里，语言（亲缘关系和结构特征）的多样性具有至关重要的作用，它是推断和构拟人群迁移和语言演化的重要依据。这种研究模式当以 Nichols（1992）为典范，可称之为"Nichols 研究模式"（Nichols Approach）。

（3）聚焦于语言区域性的研究。这种研究模式是通过考察重要语言特征的地理分布模式,来识别和确立特定语言区域的区域特征和丛聚模式。这种研究模式虽跟区域语言学一样也关注语言的区域现象,但其着眼点是语言特征的丛聚模式而非语言区域本身。这种研究模式当以 Haspelmath(1998, 2001)和 Comrie(2007)为代表,可称之为"Haspelmath-Comrie 研究模式"(Haspelmath-Comrie Approach)。

四 若干经典的个案或重要的研究

尽管区域类型学目前尚未成为一门广为接受的成熟学科,但这方面的研究业已取得一些令人瞩目的成果,最重要的成果当属 Nichols(1992)、Dryer(1989)以及 Haspelmath *et al.*(2005)等。下面介绍几个经典个案及相关研究。

4.1 Dryer(1989)

美国著名语言学家 Matthew Dryer 1989 年刊于 *Studies in Language* 的《大型语言区域与语言取样》(Large linguistic areas and language sampling)被普遍认为是区域类型学的首项重要成果。这篇文章最重要的价值是,首次论证了世界范围内存在超大语言区域的可能,并提供了科学语言取样、测试语言共性(语言普遍偏好和语序关联)的重要方法。

Dryer(1989)认为,以往的类型学研究提出了各种有关语言共性(语言普遍偏好和语序关联)的断言,但这些断言并非基于正确取样的语言样本之上。因此,如何正确地进行语言取样以及如何有效地测试和验证这些有关语言共性的断言,是语言类型学家亟需解决的问题,而他的这项研究正是旨在解决这些问题。因此,这项研究的主要目标有二:证明世界范围内存在超大语言区域的可能,提出测试语言共性(语言普遍偏好和语序关联)的重要方法。Dryer(1989)的研究方法和步骤约如下述:

第一步,**确立亲缘组**(genetic groups),以确保语言样本的亲缘均衡(genetic balance)。所有取样语言(542 种语言)分别归入 322 个语组(genera),每个语组所包含的语言均可溯及 2500 年前的原始祖语。语组在概念上相当于语族,比如印欧语系的罗曼语族就构成一个语组,汉藏语系的藏缅语族和汉语语族也是两个不同的语组。计算语组而非个体的语言,就可以有效地控制语言取样的亲缘偏差,从而保证语言样本的亲缘均衡,因为同一语组内的语言在结构类型上往往高度相似。

第二步,**划分地理组**(geographic groups),以确保语言样本的区域均衡(areally balanced)。每一个语组分别归入五个规模相当于大洲的地理区域,这五个地理区域是:非洲、欧亚大陆、澳大利亚—新几内亚、北美洲以及南美洲。比如罗曼语族语言、芬兰—乌戈尔语族语言以及蒙古语族语言均属欧亚大陆这一地理区域。这五个地理区域在亲缘关系和区域关系上相互独立,从而保证了取样语言的独立性。

第三步，**计算语组数量**。给定某个结构特征（譬如前圆唇元音）或特征关联模式（譬如SOV语序与后置词），对五个地理区域的所有语组加以考察，测算有多少语组具有这种结构特征或特征关联模式。

最后一步，**测试语言共性**。基于上一步的计算结果，确定五个地理区域中有多少地理区域具有某种结构特征或特征关联模式，或者符合被测试的某种共性假设。如果五个地理区域都具有某种结构特征或特征关联模式，或者都符合被测试的某种共性假设，那么这种结构特征或特征关联模式就被认为体现了一种普遍倾向，因而可以视为一种语言共性；或者被测试的某种共性假设就被证实为一种语言共性。举例而言，以往有一些类型学家断言在小句基本语序上世界语言偏好SOV而非其他语序，因为小句语序中只有SOV和SVO常见，所以Dryer（1989）将SOV和SVO这两种语序的语组数量进行对比，相关数据如下：

表1　SOV与SVO语组数量

	非洲	欧亚大陆	澳大利亚—新几内亚	北美洲	南美洲	总计
SOV	22	26	19	26	18	111
SVO	21	19	6	6	5	57

表1显示，在五个地理区域中，包含SOV语言的语组数量都多于包含SVO语言的语组数量。因为SOV在所有五个地理区域的语组数量都超过SVO，所以SOV语序比SVO更受偏爱这一假设就得到了证实，也就是说，SOV语序作为一种语言偏好就被证实为一个合法的假设或断言。

同样，语言结构特征的关联模式（譬如语序关联）作为一种语言共性的假设也可以用这种方法来测试和验证。Greenberg（1963）以来，很多类型学家都主张OV语言倾向于使用后置词（postposition），也就是说，OV语序与后置词之间存在一种关联。Dryer（1989）通过将包含具有OV语序和后置词的语言的语组数量与包含具有OV语序和前置词的语言的语组数量进行比较来验证这种断言，其数据如下：

表2　OV & Po与OV & Pr语组数量

	非洲	欧亚大陆	澳大利亚—新几内亚	北美洲	南美洲	总计
OV & Po	13	27	15	20	12	87
OV & Pr	2	2	1	0	0	5

如表2所示，在所有五个地理区域内，包含OV & Po型语言的语组，其数量均远高于包含OV & Pr型语言的语组。显而易见，OV语序与后置词之间的语序关联，得到了

表 2 数据的支持。

Dryer(1989)的另一个目标是提供一些证据来证明世界范围内存在超大语言区域的可能。其做法也是从一个具体的结构特征或特征关联模式入手,考察该特征或特征关联模式在世界范围内的地域分布,如果该特征或特征关联模式只见于某一区域,而不见或罕见于其他区域,那么该区域在上述特征(或特征关联模式)上便构成一个语言区域。比如类型学家普遍认为 OV 语言倾向于将修饰性形容词放在核心名词之前,但下面的数据并不支持这一假设。

表 3　OV & AdjN 与 OV & NAdj 语组数量

	非洲	欧亚大陆	澳大利亚—新几内亚	北美洲	南美洲	总计
OV & AdjN	6	22	5	9	6	48
OV & NAdj	17	9	15	17	10	68

如表 3 所示,只有在欧亚大陆内,包含 OV & AdjN 型语言的语组数量才多于包含 OV & NAdj 型语言的语组数量,而在其他四个地理区域,SOV 语言更常见的是将形容词置于核心名词之后。由此可见,表 3 的数据显示了一种与以往普遍看法截然相反的趋势,即 OV 语言倾向于将修饰性形容词放在核心名词之后。因为在欧亚大陆内部几乎所有的 SOV 语言都具有 AdjN(形容词—名词)语序,而在这一区域外有个十分明显的趋势,即 SOV 语言将形容词放在名词之后,可见,OV & AdjN 这一语序关联模式并非世界语言的共性特征,而是欧亚大陆语言的区域特征。换言之,在 OV & AdjN 这一关联模式上,欧亚大陆构成了一个语言区域。

需要说明的是,在 Dryer(1989)这种区域类型学研究模式里,对于语言区域的定义与区域语言学和接触语言学有所不同。在区域语言学和接触语言学里,定义语言区域的共享特征须是两个或两个以上,而且这些共享特征的产生一定是源于语言接触(借用、复制或扩散)。但在区域类型学里,定义语言区域的共享特征一个即可,产生的动因也不必区分接触或遗传。基于这一前提,表 3 数据表明,欧亚大陆在 SOV & AdjN 这一特征上无疑构成了一个语言区域。

Dryer 在后来的相关研究(Dryer 1991, 1992, 2007, 2008, 2009)中不断完善这种研究模式,主要的改变是调整了区域划分:从欧亚大陆中分出东南亚,并跟大洋洲合成"东南亚—大洋洲"这一区域,考察的地理区域就由原来的 5 个增加到 6 个。此外,在 Dryer 后来的研究中,取样语言不断增加,测试的语序关联模式也逐渐增多。表 4 是 Dryer(1992, 2007, 2008)发现的无争议的"语序关联对"(correlation pairs):

表 4 语序关联对（Dryer 2009）

动词模件（verb patterner）	宾语模件（object patterner）	示例（example）
动词	宾语	*ate + the sandwich*
附置词（adposition）	NP	*on + the table*
名词	关系小句	*movies + that we saw*
冠词	N'	*the + tall man*
系词	表语（verb predicate）	*is + a teacher*
"想"义动词（"want"）	VP	*wants + to see Mary*
时—体助动词	VP	*has + eaten dinner*
表否定的助动词	VP	
标补词（complementizer）	小句（S）	*that + John is sick*
疑问性小词（question particle）	小句（S）	
状语从句	小句（S）	*because + Bob has left*
表复数的小词（plural word）	N'	
名词	属格定语（genitive）	*father + of John*
形容词	比较基准	*taller + than Bob*
动词	附置词短语（PP）	*slept + on the floor*
动词	方式副词	*ran + slowly*

4.2 Nichols（1992）

美国语言学家 Johanna Nichols 1992 出版的《语言的时空多样性》(*Linguistic Diversity in Space and Time*)是区域类型学早期的一部重要著作，甚至被认为是区域类型学的开山之作。事实上，这本著作涉及的学科领域非常之广（如语言类型学、历史语言学、人类语言学、考古学、种群生物学、种群遗传学等），以致有些语言学家甚至宣称此书的学科性质难于归类[①]。

Nichols（1992）利用包含 174 种样本语言的数据库，考察 10 个主要语法特征在世界范围内的地理分布和关联，[②] 分析这些语法特征在类型、亲缘和区域等方面的稳定性（stability）以及标记性，概括出若干重要语法特征的"全球渐变链"（global clines），并基于这些发现构拟出史前时期人类迁徙和语言扩散的历史过程。

本书在理论、视角和方法上均有重大创获，特别是开创了"种群类型学"（population typology）这种新的研究范式，不仅拓展了语言类型学的研究领域，也在很大程度上开创了历史语言学新的研究路向。出版以来，佳评如潮。下面撮要介绍本书的基本内容和框架。

---

① 参看 Haspelmath（1993）。

② Nichols（1992）讨论的特征关联，既包括特征之间的关联，也涉及特征与特定地域的关联。

（1）主要目标与研究范式

本书的研究目标，作者自称主要有四：（a）确立世界语言在类型、历史和区域等方面稳定的语言特征；（b）揭示语言模式在亲缘、地理和语言共性等方面的决定因素；（c）描写和解释（类型、历史和区域）三种稳定性协同作用的方式以及各自作用的情形；（d）在此基础上将这些发现应用于历史语言学的研究，尤其是这些问题的研究：探测语言在较大时间深度上的亲缘关系以及描述早期语言史前史（linguistic prehistory）。

本书最大的特色是采用种群类型学的研究范式。在这种研究范式里，类型学被视为一门"种群科学"（population science），概念上平行于生物学中的"种群生物学"（population biology）以及遗传学中的"种群遗传学"（population genetics）。种群科学的共同之处是，分析生物体的种群内部以及种群之间的变异，并利用这种分析结果来描述进化过程。将类型学视为一门种群科学，也就意味着类型学的研究由界定"**可能的人类语言**"转向**对世界语言的概括**。因此，在这种研究范式里，主要的描述对象不是限制可能的人类语言的原则，而是支配世界语言结构特征分布的原则。Nichols（1992）强调，她的这本书虽然也是讨论类型学的，但类型学在其研究框架中的作用只是用来提供数据和分析方法，其主要的分析对象和理论关注不是语言共性和变异类型，而是语言史前史（linguistic prehistory）。

（2）取样语言与语法特征

Nichols（1992）的语言样本是一个包含 174 种语言的数据库。这些语言分别来自不同的语系，具有相对独立的亲缘关系，基本上是每一种语言来自一个不同的语族或者本身是一个孤立语（isolate）。每种语言的时间深度大致在 2500—4000 年之间。

Nichols（1992）以 10 个重要的语法特征作为考察和分析的对象，其中重要的结构特征（类型特征）4 个，一般的语法范畴 6 个。如表 5 所示。

表 5　Nichols（1992）重点考察的 10 个语法特征

4 个结构特征（类型特征）	6 个语法范畴
核心/从属标注（head/dependent marking）	附置词短语（PP's）
形态复杂性（morphological complexity）	不可让渡领属结构（inalienable possession）
小句配列（clause alignment）	包括式/排除式代词（inclusive/exclusive pronouns）
语序（word order）	复数的中和化（plurality neutralization）
	名词类范畴（noun classes）
	数量分类词（numeral classifiers）

Nichols（1992）通过跨语言的考察发现，这 10 个语法特征特别是其中的四个结构特征，在标记性、稳定性等方面存在显著差异。比如在四个结构特征的标记性方面，

"中等的(moderate)形态复杂性""宾格配列(accusative alignment)""动词居末语序(verb-final order)"是无标记的。核心标注和从属标注虽无有标记和无标记的对立,但它们是一个非常好的预测因子(predictor),可以用来判定形态复杂性、小句配列和语序的有标记类型。

另一方面,四个结构特征的相对历时(亲缘)稳定性也存在差异:小句配列的稳定性最高,语序的稳定性最低,而核心/从属标注和形态复杂性则介于两者之间。这种(亲缘)稳定性的差异也体现在6个语法范畴上,譬如排除式和包括式的对立以及名词类范畴相较于其他语法范畴则具有更高的亲缘稳定性。

(3)取样区域

Nichols(1992)从地理角度在全球范围内选出10个样本区域,如表6所示:

表6 10个全球范围的样本区域

样本区域	规模
非洲(Africa)	大陆
古西亚(Ancient Near East)	次大陆
北部欧亚大陆(Northern Eurasia)	类大陆区域
南亚及东南亚(South and Southeast Asia)	较大的次大陆
新几内亚(New Guinea)	次大陆
澳大利亚(Australia)	大陆
大洋洲(Oceania)	次大陆
北美洲(North America)	大陆
中美洲(Mesoamerica)	次大陆
南美洲(South America)	大陆

另一方面,Nichols(1992)将上述十个取样区域合并成三个超大区域(macro-areas):旧世界(Old World)、太平洋(Pacific)和新世界(New World),如表7和图1所示。

表7 三个超大区域(Nichols 1992)

取样区域(sample area)	超大区域(macro-area)
Africa	Old World
Ancient Near East	Old World
Northern Eurasia	Old World
South and Southeast Asia	Old World
Oceania	Pacific
New Guinea	Pacific
Australia	Pacific
North America	New World
Mesoamerica	New World
South America	New World

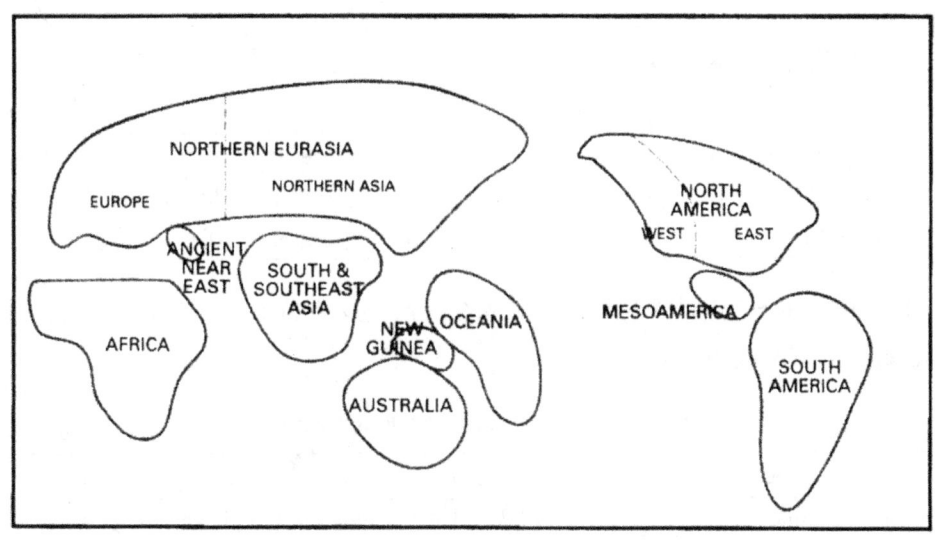

图1　样本区域与超大区域（Nichols 1992）

旧世界包括欧亚大陆和非洲，它是原始人类进化的中心和现代人类的发源地。新世界指的是美洲，而太平洋则包括澳大利亚、新几内亚以及大洋洲（美拉尼西亚、密克罗尼西亚和波利尼西亚）等区域，新世界和太平洋合称为殖民地地区（colonized areas）。

Nichols 发现，在一些重要语法特征的分布模式上，旧世界（欧亚非）、新世界（美洲）和太平洋（澳大利亚、新几内亚和大洋洲）这三个超大区域之间构成鲜明的对比，譬如旧世界的语言主要是从属标注型，新世界的语言主要是核心标准型，而太平洋地区的语言则是双重标注型（double-marking）或分裂标注型（split-marking）。另一方面，殖民地地区的语言与旧世界区域的语言具有系统的差异：前者表现出更高的亲缘多样性和类型多样性以及独特的类型面貌（typological profiles）。

（4）两个重要区域类型：扩散区与剩余区

Nichols（1992）的一个重要创获是发现了两个重要的区域类型，即"扩散区"（spread zones）和"剩余区"（residual zones），这两个区域在地理规模上相当于一个次大陆，但它们的定义并不是基于地理规模，而是基于相对多样性、中心、外围以及内部稳定性等标准。这两类地理区域的特点如表8所示。

表8　扩散区和剩余区的特点（Nichols 1992）

扩散区	剩余区
（1）亲缘多样性低（little genetic diversity）	（1）亲缘多样性高
（2）结构多样性低（low structural diversity）	（2）结构多样性高
（3）在扩散区出现的语系，其时间深度浅	（3）语系或至少其中大部分语言，其时间深度深
（4）语言或语系的迅速扩散以及随之而来的语言演替（succession）	（4）没有明显的语言或语系扩散，没有语言演替

	续表
（5）经典的方言—地理区域：有创新中心和保守边缘	（5）没有明确的创新中心
（6）多样性没有长期的净增长	（6）语言的不断积聚和多样性的长期净增长
（7）扩散的语言是整个区域（或大部分区域）的通用语（lingua franca）	（7）整个区域没有通用语；地方双语制和多语制是不同种族交流的主要手段。

表 8 中的前四个特点可视为扩散区和剩余区的定义性特征。Nichols（1992）讨论的典型的扩散区和剩余区如表 9 所示。

表 9　扩散区与剩余区（Nichols 1992）[①]

扩散区	剩余区
西欧（western Europe）	埃塞俄比亚与肯尼亚（Ethiopia and Kenya）
澳大利亚中部（central Australia）	高加索（the Caucasus）
北美内陆（interior North America）	亚洲北部太平洋沿岸（the Pacific coast of northern Asia）
中美洲（Mesoamerica）	澳大利亚北部（northern Australia）
古西亚（the Ancient Near East）	北美洲太平洋沿岸（the Pacific coast of North America）
大洋洲中部岛屿（central insular Oceania）	

值得注意的是，Nichols（1992）发现，剩余区所表现的亲缘和结构上的多样性并不是一种奇怪现象，而是人类语言本应如此的一种正常状态；相反，扩散区所呈现的情形倒是一种历史的偶然现象。

（5）全球渐变链

Nichols（1992）基于大量数据的计算和分析，概括出四个语法特征的全球渐变链（global clines）。这四个语法特征是（a）"包括式 / 排除式的对立"（inclusive/exclusive）；（b）"复数的中立化"（plurality neutralization）；（c）"不可让渡领属结构"（inalienable possession）以及"附置词短语"（PP's）。Nichols（1992）发现，这四个语法特征在地理分布上呈现出由西向东的渐变模式；其使用频率随着从非洲到欧亚大陆、太平洋再到新世界的地理推移而逐渐增加，从而构成了"旧世界＜新世界＜太平洋"这样的全球地理渐变链。这种渐变链式的分布模式（clinical distributions）显然不能单独用历时稳定性来解释，Nichols（1992）提出了一种方言—地理的解释：旧世界是创新扩散的中心，太平洋和新世界则是一种保守的边缘地带。

[①] Nichols（1992）提及但未予讨论的扩散区和剩余区还有：撒哈拉以南非洲中部、北美大盆地、整个北极地区（以上为扩散区）；帕米尔—喜马拉雅地区、巴尔干地区、美国东南部、南美洲部分地区、新几内亚（以上为剩余区）。

（6）史前时期人类迁移和语言扩散的三个阶段

基于以上的研究特别是全球渐变链的分析，Nichols（1992）构拟出史前时期人类迁移和语言扩散的三个阶段：

第一阶段始于人类的起源，大约是在10万年前的非洲，当时人类活动的范围仅限于旧世界的热带地区。这个阶段一定是一个语言多样化的时代。

第二阶段可称之为扩张阶段（stage of expansion）。在此期间，人类从旧世界的热带地区向外扩展，通过殖民扩展到欧洲、亚洲内陆、新几内亚—澳大利亚以及新世界。扩张阶段可追溯到6万到3万年前。全球渐变链就出现在这一扩张阶段。

第三阶段始于冰期结束时期（end of glaciation）。在这个阶段中，随着复杂的社会和大规模经济的兴起，一些具有政治和经济声望的社会团体将其语言传播和扩散开来，导致原有的语言多样性的不断减少。Nichols（1992）讨论的很多分布模式均属于这一阶段，前面提到的6个扩散区可能也是在这一阶段形成的。

除上述外，Nichols（1992）还有很多其他方面的创获，比如强调语言多样性的研究价值，倡导建立语言多样性理论；重视地理在语言特征分布研究中的重要作用；对历史语言学传统模式的质疑和新模式的探索，等等。概而言之，Nichols（1992）在语言类型学、历史语言学等方面都是一部里程碑式的著作，而在区域类型学方面建树和创获尤多。

4.3　欧洲语言类型项目（1990—1994）

"欧洲语言类型"（Typology of Languages in Europe, EUROTYP）计划是欧洲科学基金会资助的一个重要研究项目。项目主任是德国柏林自由大学的 Ekkehard König 教授，项目组由来自欧美20多个国家的100多位语言学家组成。项目的主要任务是研究九个主要研究领域在欧洲语言中变异的模式和范围，研究目的是"为欧洲语言类型特征的研究提供新的观察和洞见，并进而为欧洲语言区域的研究做出贡献"（König 1995: vi）。该项目主要的研究方法是，以欧洲语言作为基本的观察对象，详细考察若干类型学上重要的语言特征在欧洲语言的分布表现，在此基础上进一步观察这些特征在世界其他地区的分布情况，通过对比来凸显欧洲语言在上述语言参项上的变异类型进而识别和判定欧洲语言的区域现象，并对这些变异模式和区域现象进行解释。显而易见，这个项目的研究在思路和旨趣上是将区域语言学的研究和语言类型学的研究结合在一起，换言之，在范式上是典型的区域类型学的研究。

4.4　Dhal（2001）

Dhal（2001）是笔者所见迄今唯一的一篇专题讨论"区域类型学"的理论文章，该文对区域类型学的原则、方法以及相关问题做了比较系统、全面的讨论。此外，Dhal（2001）在 Dryer（1989）和 Nichols（1992）以及他本人相关研究的基础上，考察了基本语序、作格配列以及时—体范畴等重要类型特征的区域分布模式。

4.5 Haspelmath（2001）有关均值欧洲语的研究

"均值欧洲语"（也译作"标准欧洲通语"）（Standard Average European）这一术语是本杰明·沃尔夫 1939 年（Whorf 1939/1956: 138）最早使用的，指的是西欧诸语言。沃尔夫用"均值欧洲语"这个术语来强调美洲语言特别是霍皮语（Hopi）跟当时人们所熟悉的欧洲语言之间的根本性差别，暗示西方学者所津津乐道的欧洲语言的差别跟美洲语言所显现的巨大差异相比简直微不足道。

欧洲语言之间的区域关系（areal relationship）早在 20 世纪 40 年代就受到语言学家关注（如 Lewy 1942, Becker 1948）。20 世纪 90 年代以来，随着"欧洲语言类型"研究计划的启动，欧洲语言区域特征和区域关系的研究取得重要进展。大量的研究表明，欧洲语言，特别是均值欧洲语，在形态句法结构上具有高度的相似性，有足够的理由被视为一个语言区域。（参看 Bechert et al 1990; Dahl 1990, 2000a, 2000b, 2000c; Bernini & Ramat 1996; van der Auwera 1998a, 1998b, 1998c, 1998d; Kortmann 1998a, 1998b; Kuteva 1998; Haspelmath 1998; Haspelmath & Buchholz 1998）。

21 世纪以来，有关均值欧洲语（欧洲语言区域）的研究更加深入，成果也不断涌现（如 Haspelmath 2001; Stolz 2006; Heine & Kutave 2005, 2006; Heine & Nomachi 2010; van der Auwera 2011）。但最为全面、深入的研究当是 Martin Haspelmath（Haspelmath 1998, 2001）的两项研究。下面我们简单介绍 Haspelmath（2011）这项研究的主要内容。[①]

Haspelmath（2011）基于欧洲语言的类型特点，提出 12 个类型学上比较重要的形态句法特征作为均值欧洲语的主要特征，详细考察和分析了这些特征在欧洲语言中的分布模式，并用同言线图示法（isogloss mapping）绘制出具体的同言线图。这 12 个特征如表 10 所示。

表 10　均值欧洲语的 12 个主要特征（Haspelmath 2011）

（1）	定冠词与不定冠词（Definite and indefinite articles）
（2）	关系小句带有关系代词（Relative clauses with relative pronouns）
（3）	"有"型完成体（"Have"-perfect）
（4）	主格经验者（Nominative experiencers）
（5）	分词型被动式（Participial passive）
（6）	逆使成式突显（Anticausative prominence）

[①] Heine & Kuteva（2006: 23）认为 Haspelmath（2011）标志着欧洲语言区域的研究进入了一个新时代。

（7）	与格外置领有者（Dative external possessors）
（8）	缺乏使用否定性不定代词的动词否定形式（Negative pronouns and lack of verbal negation①）
（9）	小词型差比式（Particles in comparatives constructions）
（10）	基于关系小句的等同结构式（Relative-based equative constructions）
（11）	主语人称词缀是严格的一致标记（Subject person affixes as strict agreement markers）
（12）	强调词—反身代词的区分（Intensifier-reflexives differentiation）

另一方面，为了测试和确定均值欧洲语成员资格的程度（degree of membership in SAE），Haspelmath（2011）从上述 12 个特征中选出 9 个更具代表性的特征（即表 10 中除（4）（6）（9）外的所有特征）进行量化分析，具体做法是，将上述 9 个特征同言线图合并成一个单一的地图，以显示不同语言共有同言线的数量。图 2 显示的就是这样的特征"丛聚图"（cluster map），在这个丛聚图里，不同的线条代表"量化的同言线"（quantified isoglosses），或者叫作"等值线"（isopleths）。①

图 2 显示，SAE（均值欧洲语）核心区域的语言（法语和德语）具有全部 9 个特征；居于第二层的语言（荷兰语、其他罗曼语和阿尔巴尼亚语）具有 8 个特征，属于第三层的语言（英语、希腊语和罗马尼亚语）具有 7 个特征，等等。在这个图上，最后形成的图景是非常清楚的，因为由至少具有 5 个 SAE 特征的语言构成的 SAE 区域明显区别于余下的其他语言，而后者最多只有两个 SAE 特征。

基于以上分析，Haspelmath（2011）勾画出"均值欧洲语"的范围与结构：

表 11 "均值欧洲语"的范围与结构

（包括的语言：罗曼语、日耳曼语、波罗的—斯拉夫语、巴尔干语及最西部芬兰—乌戈尔语）

核心	德语和法语，具备全部 9 个特征
第二层	荷兰语、其他罗曼语（即西班牙语、葡萄牙语、意大利语、撒丁语）以及阿尔巴尼亚语等 6 种语言，具备 8 个特征
第三层	英语、希腊语和罗马尼亚语等 3 种语言，具备 7 个特征
第四层	冰岛语、挪威语、瑞典语和捷克语等 4 种语言，具有 6 个特征
第五层	所有斯拉夫语和波罗的语言（如拉脱维亚语、立陶宛语、波兰语、俄语、匈牙利语、乌克兰语、斯洛文尼亚语、塞尔维亚—克罗地亚语和保加利亚语）等 9 种语言，具有 5 个特征
外围	剩下的 15 种语言最多只有 2 个特征，这些语言不包括在 SAE 之内

---

① 英文表述的是考察的特征，中文指的是均值欧洲语该特征的值。

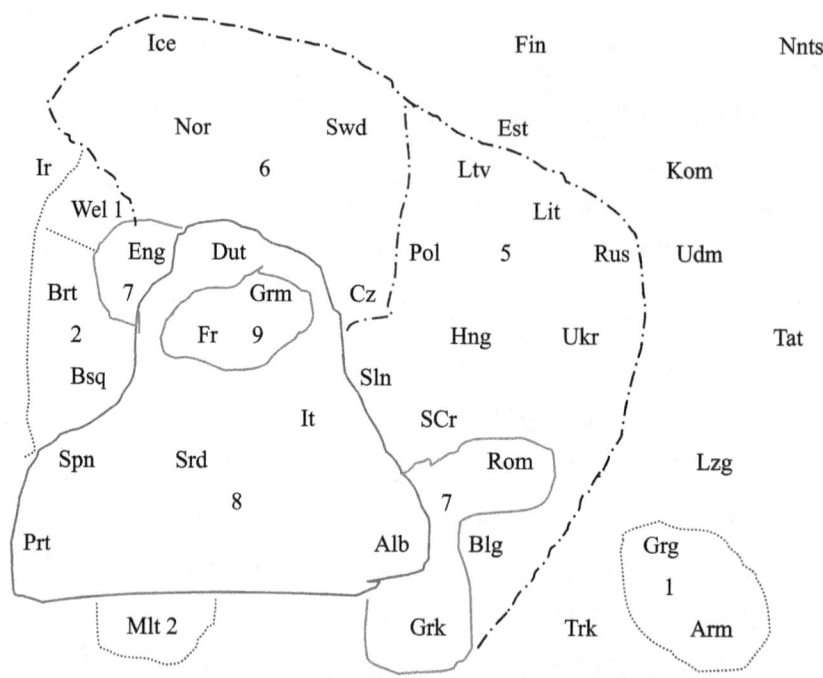

图 2 合并 9 个特征的丛聚图（A cluster map combining nine features）

最后一个问题是，"均值欧洲语"这一语言区域是如何形成的？换言之，均值欧洲语的这些区域特征是如何产生的？Haspelmath（2011）提出以下五种可能性：

（i）原始印欧语结构的保留以及某些非印欧语对印欧语结构的同化；

（ii）欧洲前印欧（pre-Indo-European）人群共有底层（common substratum）的影响；

（iii）欧洲发生于古代晚期到中世纪早期之际大移民期间的语言接触；

（iv）中世纪的官方语言（拉丁语）和共同欧洲文化；

（v）近代（从文艺复兴时期到启蒙时代）的欧洲共同文化。

Haspelmath（2001）认为，上面的五种可能性中，(i)(ii)(iv)和(v)均应排除，唯一可能的动因是(iii)，即"古代到中世纪过渡时期大移民时期的语言接触"。符合这个时间框架的 SAE 特征有：冠词、"有"型完成体、分词被动式、反使成式、否定性不定代词、主格经验者和动词前置。当然，Haspelmath（2001）这一看法是否成立还可以讨论。①

4.6 Comrie（2007）关于大陆东南语言区域的研究

大陆东南亚（Mainland Southeast Asia）作为一个语言区域，地理上包括越南、老

---

① Haspelmath（1998, 2001）在立论的前提上有一个明显的失误，即他默认的前提是"均值欧洲语"这 11 个区域特征只能有一种来源。实际上，没有任何证据否认这些特征有不同的来源。比如，既然关系代词这个特征已见于拉丁语，而作为拉丁语直接后裔的罗曼语以及书面语深受拉丁语影响的日耳曼语均无一例外地具有这种特征，我们就没有理由否认，罗曼语、日耳曼语以及与这两种语族的语言（如法语和德语）具有接触关系的其他均值欧洲语中关系代词模式的存在，是直接或间接地来自拉丁语的遗传或影响；另一方面，因为与格外置领有者模式已见于原始欧语，我们也没有特别强的证据排除它是某些均值欧洲语相同特征的来源。

挝、柬埔寨、泰国、缅甸、马来半岛以及中国南部和西南部（Bisang 2006），包含的语言涉及侗台、苗瑶、南亚、南岛、藏缅等语系或语族以及汉语部分南方方言。

大陆东南亚地区语言结构的相似性，半个世纪以来特别是近三十年来引起广泛关注。Dahl（2008）和 Comrie（2007, 2008）甚至强调"大陆东南亚如果不是最好的、至少也是最好之一的语言区域"。迄今为止，已有不少学者从不同角度对大陆东南亚语言的区域特征进行了讨论或论证，使得我们对这一区域语言的类型特征有了一定的了解。

不过以往对东南亚语言区域的研究，方法上有一个比较明显的缺陷，即这类研究往往先验地提出若干区域特征，然后通过考察这些特征的区域分布来确定该语言区域所涉语言及地理边界。用 Comrie（2007: 18）的话来说，这类研究很大程度上是基于直觉进行的，而不注重严格的测试。通常用一个印象式的清单将大陆东南亚语言共享的若干特征罗列在一起，而不考虑这些语言在这组特征上所显现的差异（譬如大陆东南亚有多少语言不具有这些特征），也不太关注这些特征在世界范围内的常见或罕见程度（比如大陆东南亚之外有多少语言具有这些特征）。

为克服上述局限，Comrie（2007）利用《世界语言结构地图集》（*The World Atlas of Language Structures*）的相关数据和地图对大陆东南亚构成语言区域的程度进行更为结构化和客观化的测试和评估。其方法是，先从《世界语言结构地图集》中选取跟大陆东南亚语言密切相关的 21 项特征，然后将六种与大陆东南亚相关的语言（包括泰语、高棉语和越南语等三种大陆东南亚的官方语言，以及缅甸语、印尼语和汉语官话等三种大陆东南亚语言区域外围的语言）跟《世界语言结构地图集》的数据及相关地图进行比较，以观察这些特征在上述六种语言中的分布情形。Comrie（2007）选取的这 21 项特征如表 12 所示。

表 12　Comrie（2007）用以测试和分析东南亚语言区域的 21 项特征

语序（8）	宾语和动词的语序（Order of object and verb）
	附置词和名词短语的语序（Order of adposition and noun phrase）
	领属语和名词的语序（Order of genitive and noun）
	形容词和名词的语序（Order of adjective and noun）
	指示代词和名词的语序（Order of demonstrative and noun）
	数词和名词的语序（Order of numeral and noun）
	关系小句和名词的语序（Order of relative clause and noun）
	程度词和形容词的语序（Order of degree word and adjective）
音系（4）	声调（Tone）
	内爆音（Implosive）
	软腭鼻音（Velar nasal）
	前圆唇元音（Front rounded vowels）

续表

形态与形态范畴（4）	屈折形态（Inflectional morphology）
	名词复数的编码形式（Encoding of nominal plurality）
	分配性数词（Distributive numeral）
	完成体（Perfect）
其他特征（5）	量词（Numeral classifiers）
	谓语性领有结构（Predicative possession）
	谓语形容词（Predicative adjectives）
	名词性谓语和处所性谓语（Nominal and locational predication）
	人称代词的礼貌区分（Politeness distinction in pronouns）

利用上述21项特征和《世界语言结构地图集》的相关数据，Comrie（2007）对泰语等若干东南亚语言进行了比较、测试、计算和分析，最后的结论是：

（a）很多特征显示大陆东南亚确实是个内部具有一致性的语言区域。这个语言区域非常清晰地分离于亚洲其他地区，尽管不同特征在地理边界上略有参差。南亚的东北部和中国是一个过渡地带，这些地区的语言有时跟大陆东南亚语言一致，有时则与亚洲其他地区的语言一致。

（b）大陆东南亚和岛屿东南亚之间通常没有清楚的分界（只有很少的特征，譬如声调，显示出大致的边界），不过非常清楚的是，整个区域的一致性随着大陆东南亚向岛屿东南亚的移动而逐渐减少。

（c）比较和测算表明，三种典型的大陆东亚语言中，泰语具有19个特征，高棉语和越南语各有18个特征。另一方面，在大陆东南亚外围地带的语言中，印尼语享有14个特征，缅甸语11个特征，而汉语官话只有9个特征。虽然以上的测算结果最多只能算是提示性的，但它的确表明大陆东南亚区域的核心区域大致包括泰国、老挝、柬埔寨和越南，其外围区域延伸到缅甸、中国、岛屿东南亚和半岛东南亚。根据以上测算，泰语是大陆东南亚三个主要官方语言中最为典型的大陆东南语言区域的语言。

有意思的是，尽管Dahl（2008）使用的方法跟Comrie（2007）完全不同，但其结论则跟Comrie（2007）这项研究高度一致：在Dahl（2008）所考察的语言中，泰语也是最典型的大陆东南亚语言。

五　区域类型学的进展

进入21世纪以来，区域类型学的研究模式逐渐受到关注，成果也不断增多。2005年牛津大学出版社出版的《世界语言结构地图集》是区域类型学研究里程碑式的成果，体现了区域类型学研究的重要进展，而且也在相当程度上影响了语言类型学研究范式的调整和改变。

5.1 《世界语言结构地图集》

《世界语言结构图集》是由四位著名语言学家（Martin Haspelmath、Matthew Dryer、David Gil 和 Bernard Comrie）主持编写的一部大型语言学工具书和语言结构特征数据库，2005 年由牛津大学出版社出版发行。该书首次全面系统地展示了人类语言的重要结构特征在世界范围内的地理分布，形象直观地呈现了人类语言在结构特征上的**相似性**和**多样性**，为语言学研究特别是语言类型学和接触语言学的研究提供了宝贵的资料和重要的指南。

《世界语言结构图集》主体内容分为 142 章，每章包含一个文本和一副地图。每章描述一个特征及其变异类型（特征值）的分布。全书包含 142 种语言特征及其文本和地图，这些特征按主题分为 11 个部分，涉及音系学、形态学、句法学、语义学以及词汇学等语言结构和语言范畴的主要方面。每个特征有 2—9 种不同的特征值，这些特征值是区分不同类型语言的主要参数和基本依据。每章的文本通常包括引言、特征定义、特征值说明、区域分布介绍以及相关理论问题讨论等内容，每幅地图用不同颜色或形状来标示同一特征不同的结构类型（特征值）。

《世界语言结构地图集》的数据、地图、描写和分析可以告诉我们：（1）哪些结构特征是类型学上比较重要的；（2）类型学研究中如何选择最有价值的结构特征作为考察和比较的对象；（3）哪些结构特征是跨语言、跨区域普遍可见的，哪些结构特征是跨语言、跨区域相对罕见的；（4）哪些结构特征是跨区域均衡分布的，哪些结构特征丛聚于世界某一特定区域。

《世界语言结构图集》的研究目标和编纂主旨，据主编之一的 Haspelmath（2009: 285）称，是为了解决下述两个主要的研究问题（research questions）：（1）不同语法领域的结构特征之间有什么关联？（2）这些结构特征呈现什么样的地理模式？其最终的目的是要寻找这些结构特征的关联类型和区域模式。而如前所述，语言特征的关联类型和区域模式正是区域类型学关注的焦点。可见《世界语言结构图集》无论是编纂意图还是研究目标，体现的都是区域类型学的研究范式，它的问世无疑是区域类型学的重要进展。

5.2 语言类型学研究范式的转型

作为语言研究的一种理论框架，"类型学"这一术语由德国语言学家 Georg von der Gabelentz（1840—1893）首次使用（德语"Typologie"），但有关类型学的研究可以追溯得更早。18—19 世纪的语言类型学研究主要关注**语言形态结构的相似性和差异性**，并据此给语言进行**形态分类**。代表学者是施莱格尔兄弟（August Schlegel 和 Friedrich von Schlegel）、洪堡特（Wilhelm von Humboldt）以及施莱歇尔（August Schleicher）等。现代意义上的语言类型学研究，一般认为肇端于美国语言学家 Joseph Greenberg，

Greenberg（1963）的问世标志语言类型学的研究由古典走向现代，Joseph Greenberg 也因之被公认为是当代语言类型学的开山鼻祖。

传统语言类型学聚焦于语言的形态分类，是一种整体类型学（holistic typology）的研究范式；当代语言类型学则聚焦于语言特征的跨语言模式，是一种局部类型学（partial typology）的研究范式。因此，从传统语言类型学到当代语言类型学，语言类型学在研究目标和研究范式上发生了重要的变革和转型。

另一方面，正如有些语言学家（如 Bickel 2007，Song 2010）所指出的，近年来语言类型学在研究目标和研究范式上正在发生进一步的转变：从关注"什么特征是可能—不可能的"到关注"什么特征—在哪里—为什么"；从更加关注相似性到更加关注多样性。例如 Bickel（2007：239）在谈到语言类型学在 21 世纪的发展时指出：

"在过去的十年里……语言的多样性本身已成为语言类型学一个全新的关注焦点。类型学新的目标是建立一种有关语言多样性的理论用以解释语言多样性何以如此，而这一目标是由 Nichols（1992）首次明确提出的，她倡导建立一种谓之'种群类型学'（population typology）这样的科学，这种'种群类型学'平行于'种群生物学'（population biology）。现在越来越多的类型学家不是问'什么是可能的？'（'what's possible?'），而是问'什么在哪儿为什么？'（'what's where why?'）。问'什么在哪儿？'（'what's where?'）目标是语言的普遍偏好（universal preferences）以及亲缘或地域偏态（geographical or genealogical skewings），其结果是一种在适当抽象分布上陈述的概率理论。问'为什么？'是基于这样的前提：(ⅰ) 类型分布是历史上逐渐形成的，(ⅱ) 它们与其他分布是互相关联的。"

显而易见，语言类型学这种新的研究范式，其实就是 Nichols（1992）等区域类型学家所倡导和践行的研究模式。因此可以说，区域类型学的成熟和发展导致一般的语言类型学进入一个新的发展时期。甚至可以说，近年来的语言类型学的研究在相当程度上呈现的就是区域类型学的分析框架、技术方法和研究模式。

六 结语

区域类型学是语言类型学的一个重要的研究框架，虽然产生的时间不长，学界对其性质和特点看法也不尽一致，但它以在语言的区域特征、统计共性及变异类型研究方面具有独特的视角和方法而逐渐受到关注。特别是 2005 年《世界语言结构地图集》的出版引发了很多语言学家对这种研究框架的极大兴趣，以致近年来相关的研究成果不断涌现。我们相信，随着时间的推移，中国语言学界也会有越来越多的学者关注这一研究框架，并用之于中国境内语言的研究。

参考文献

吴福祥　2013　《区域语言学综观》，《历史语言学研究》（第六辑），商务印书馆。

吴福祥　2017　《从区域语言学到区域类型学》，《民族语文》第 6 期。

Bechert, Johannes, Giuliano Bernini and Claude Buridant (eds.)　1990　*Toward a Typology of European Languages*. Berlin: Mouton de Gruyter.

Becker, Henrik　1948　*Der Sprachbund*. Leipzig: Humboldt Bücherei Gerhard Mindt.

Bernini, Giuliano and Paolo Ramat　1996　*Negative Sentences in the Languages of Europe*: *A Typological Approach*. Berlin: Mouton de Gruyter.

Bickel, Balthasar　2007　Typology in the 21st century: major current developments. *Linguistic Typology* 11: 239–251.

Bisang, Walter　2006　Southeast Asia as a linguistic area. In Keith Brown (ed.) *Encyclopedia of Language and Linguistics* (2nd edition), Volume II, 557–564. Oxford: Elsevier.

Comrie, Bernard　2007　Areal typology of mainland Southeast Asia: what we learn from the WALS maps. In Pranee Kullavanijaya (ed.) *Trends in Thai Linguistics*, 18–47. Bangkok: Chulalongkorn University.

Comrie, Bernard　2008　The areal typology of Chinese: between North and Southeast Asia. In Redouane Djamouri, Barbara Meisterernst and Rint Sybesma (eds.) *Chinese Linguistics in Leipzig*. 1–21. Paris: École des Hautes Études en Sciences Sociales, Centre de Recherches Linguistiques sur l'Asie Orientale.

Dahl, Östen　1990　Standard Average European as an exotic language. In Johannes Bechert, Giuliano Bernini and Claude Buridant (eds.) *Toward a Typology of European Languages*, 3–8. Berlin: Mouton de Gruyter.

Dahl, Östen　2000a　The grammar of future time reference in European languages. In Dahl 2000c, 309–328.

Dahl, Östen　2000b　Verbs of becoming as future copulas. In Dahl 2000c, 351–361.

Dahl, Östen (ed.)　2000c　*Tense and Aspect in the Languages of Europe*. Berlin/New York: Mouton de Gruyter.

Dahl, Öestern　2001　Principles of areal typology. In Martin Haspelmath, Ekkehard König, Wulf Oesterreicher and Wolfgang Raible (eds.) *Language Typology and Language Universals: An International Handbook*. Vol. 2, 1456–1470. Berlin: Mouton de Gruyter.

Dahl, Östen　2008　An exercise in *a posteriori* language sampling. *Sprachtypologie und Universalienforschung* 61 (3): 208–220.

Dryer, Matthew　1989　Large linguistic areas and language sampling. *Studies in Language* 13: 257–292.

Dryer, Matthew　1991　SVO Languages and the OV/VO typology. *Journal of Linguistics* 27: 443–482.

Dryer, Matthew　1992　The Greenbergian word order correlations. *Language* 68: 81–138.

Dryer, Matthew　2007　Word order. In Timothy Shopen (ed.) *Clause Structure, Language Typology and Syntactic Description*, Vol. 1, 61-131. Cambridge: Cambridge University Press.

Dryer, Matthew 2008 Word order in Tibeto-Burman languages. *Linguistics of the Tibeto-Burman Area* 31: 1-88.

Dryer, Matthew 2009 The branching direction theory of word order correlations revisited. In Sergio Scalise, Elisabetta Magni and Antonietta Bisetto (eds.) *Universals of Language Today*. 185-207. Berlin: Springer.

Greenberg, Joseph 1963 Some universals of grammar with particular reference to the order of meaningful elements. In Joseph Greenberg (ed.) *Universals of Language*. 58-90. Cambridge, Mass.: The MIT Press.

Haspelmath, Martin 1998 How young is Standard Average European? *Language Sciences* 20: 271-287.

Haspelmath, Martin 2001 The European linguistic area: Standard Average European. In Matin Haspelmath, Ekkehard König, Wolfgang Oesterreicher and Wolfgang Raible (eds.) *Language Typology and Language Universals*: *An International Handbook*. 1492-1510. Berlin/New York: Walter de Gruyter.

Haspelmath, Martin 2009 The typological database of the World Atlas of Language Structures. In Martin Everaert, Simon Musgrave and Alexis Dimitriadis (eds.) *The Use of Databases in Cross-linguistic Studies*. 283-300. Berlin: Mouton de Gruyter.

Haspelmath, Martin and Johanna Nichols 1993 Linguistic diversity in space and time. *Journal of Linguistics* 29: 494-500.

Haspelmath, Martin and Oda Buchholz 1998 Equative and similative constructions in the languages of Europe. In van der Auwera 1998d, 277-334.

Haspelmath, Martin, Matthew Dryer, David Gil and Bernard Comrie (eds.) 2005 *The World Atlas of Language Structures*. Oxford: Oxford University Press.

Heine, Bernd and Motoki Nomachi 2010 Is Europe a linguistic area? In Nomachi Motoki (ed.) *Grammaticalization in Slavic Languages: From An Areal and Typological Perspective*. 1-26. Sapporo: Hokkaido University.

Heine, Bernd and Tania Kuteva 2005 *Language Contact and Grammatical Change*. Cambridge: Cambridge University Press.

Heine, Bernd and Tania Kuteva 2006 *The Changing Languages of Europe*. Oxford: Oxford University Press.

König, Ekkehard 1995 General preface. In Anna Siewierska (ed.) 1998 *Constituent Order in the Languages of Europe*. v-vii. Berlin; New York: Mouton de Gruyter.

Kortmann, Bernd 1998a The evolution of adverbial subordinators in Europe. In Monika Schmid, Jennifer Austin and Dieter Stein (eds.) *Historical Linguistics 1997: Selected Papers from the 13th International Conference on Historical Linguistics*. 213-227. Amsterdam/Philadelphia: Benjamins.

Kortmann, Bernd 1998b Adverbial subordinators in the languages of Europe. In van der Auwera (ed.), 457-561.

Kuteva, Tania 1998 Large linguistic areas in grammaticalization: auxiliation in Europe. *Language Sciences* 20 (3): 289–311.

Lewy E. 1942/1964 *Der Bau der Europäischen Sprachen*. Dublin: Hodges and Figgis. Reprinted 1964, Tübingen: Gunter Niemeyer.

Nichols, Johanna 1992 *Linguistic Diversity in Space and Time*. Chicago/London: The University of Chicago Press.

Ramat, Paolo 2007 Foreword. In Paolo Ramat and Elisa Roma (eds.), IX–XXV. Benjamins.

Ramat, Paolo and Elisa Roma (eds.) 2007 *Europe and the Mediterranean as Linguistic Areas: Convergencies from a Historical and Typological Perspective*. Benjamins.

Song, Jae Jung 2010 Linguistic typology. In Kirsten Malmkjær (ed.) *The Routledge Linguistics Encyclopedia* (3rd edition). 355–358. Routledge.

Stolz, Thomas 2006 Europe as a linguistic area. In Keith Brown (ed.) *Encyclopedia of Language and Linguistics* (2nd edition), Volume IV, 278–295. Oxford: Elsevier.

van der Auwera, Johan 1998a Introduction. In van der Auwera (ed.), 1–23.

van der Auwera, Johan 1998b Conclusion. In van der Auwera (ed.), 813–836.

van der Auwera, Johan 1998c Phasal adverbials. In van der Auwera (ed.), 25–145.

van der Auwera, Johan (ed.) 1998d *Adverbial Constructions in the Languages of Europe*. Berlin: Mouton de Gruyter.

van der Auwera, Johan 2011 Standard Average European. In Bernd Kortmann and Johan van der Auwera (eds.) *The Languages and Linguistics of Europe: A Comprehensive Guide*. 291–306. Berlin: De Gruyter Mouton.

Whorf, Benjamin Lee 1939/1956 The relation of habitual thought and behavior to language. In John B. Carroll (ed.) *Language, Thought and Reality: Selected Writings of Benjamin Lee Whorf*. 134–159. Cambridge, MA: MIT Press.

On Areal Typology
WU Fuxiang

Abstract: In this paper, some issues related to areal typology are discussed, and several examples are given to introduce the main assumptions, fundamental principles, research methods and focus of attention of areal typology.

Key words: areal typology, linguistic typology, areal linguistics

（吴福祥　北京语言大学语言科学院／北京语言大学历史语言学研究中心　100083）

谈《蒙古字韵》与《中原音韵》的几个音系差异

——兼论近代官话的"中原为中心,南北为边缘"现象[*]

麦 耘

提 要 本文讨论《蒙古字韵》与《中原音韵》的三个音系差异:①全浊声母的表现,②三四等的分合,③支思韵问题,并指出《蒙古字韵》在这三方面所反映的存古现象都是当时实际语音的反映。文章认为,《蒙古字韵》可代表元代北部官话,《中原音韵》则代表主要分布在中原地区的中部官话,与它们同时存在还有分布于淮河以南的南部官话;这三种官话在发展速率上不均匀,往往中部创新较多,南部和北部相对迟滞。

关键词 清浊颠倒 三四等分合 支思韵 《蒙古字韵》的性质 ABA 分布

元代的两部韵书《蒙古字韵》(以下简称《蒙韵》)和《中原音韵》(以下简称《中原》)所反映的汉语音系有很多共同之处,也存在一些差异,本文打算对其中几个作一些探讨,主要是从《蒙韵》的角度来谈。

本文要讨论的是以下三点:一、古全浊塞音声母的表现;二、韵图三等与四等的分混;三、支思韵知照组韵母的异同。

一 古全浊塞音声母的表现

1.1 古全浊音声母在《中原》已经清化,殆无疑义。《蒙韵》保留全浊音,但以八思巴字的浊塞音[①]对译汉语的全清塞音,反过来用不送气清塞音对译汉语的全浊塞音,

---

[*] 本文初稿曾提交复旦大学中文系主办的"近代汉语与官话方言音韵史研究"工作坊(2020 年 10 月,上海)。会上会下承陈忠敏、董建交、宋志强、江荻、曾晓渝等先生指点,无任感铭!也要谢谢《历史语言学研究》匿名审稿人给出的意见。

① 塞音含爆发音和塞擦音,下同。

表现得非常成系统，这就是著名的"清浊颠倒"①；擦音则无颠倒现象。情况如下（八思巴字转写用照那斯图、杨耐思1987的方案）：

帮	ꡎ b	滂	ꡎ pʻ	並	ꡎ p	非敷	ꡜꡟ hu	奉	ꡜꡟ hu②		
见	ꡂ g	溪	ꡁ kʻ	群	ꡀ k	晓	ꡜ h	匣	ꡜ ɦ	合	ꡘ ɣ
端	ꡊ d	透	ꡉ tʻ	定	ꡈ t						
精	ꡒ dz	清	ꡑ tsʻ	从	ꡐ ts	心	ꡛ s	邪	ꡕ z		
照知	ꡄ dž	穿彻	ꡅ tšʻ	床澄	ꡄ tš	审	ꡚ š₂	禅	ꡚ š₁		

这自然很容易令人产生疑问：《蒙韵》是不是真的反映当时的汉语还保存全浊音？会不会是一种虚假现象？此外，在《蒙韵》以外的八思巴字—汉字对音资料（碑刻、百家姓等）中，有时会出现少数清浊并不颠倒的情况，这就更加深了这个疑问（参看宋洪民2017a）。

1.2 龙果夫对八思巴字以清对浊的解释是：古汉语的全浊音跟现代吴语和一些湘语那样，不是常态的浊音（龙果夫1930）。自赵元任（1928）以后，大家都知道，吴语的全浊音并非常态浊音，而是"清声浊流"，即发辅音时声带不振动而后接元音带气声（朱晓农 2018：56 称为"弛声"slack voice），本文标作 [pʱ tʱ kʱ tsʱ] 等（上标 [ɦ] 表示后接气声化元音）。依龙果夫说，八思巴字母是用 p t 等对译古汉语的 [pʱ tʱ] 等。

龙果夫又说汉语的全清音是弱的不送气清音 [b̥ d̥ ɡ̊] 等③，八思巴字是用 b d g 等对译汉语的 [b̥ d̥ ɡ̊] 等。

郑张尚芳（1998）同意龙果夫，并说也许当时藏语的浊音也开始清化了。

沈钟伟（Shen 2008：115—116）认为这种对音反映的不是真正的"清～浊"对立，而是"强/紧～弱/松"对立（fortes/tense vs. lense/lax）。

古代汉语的全浊音，至少在清化之前的时期，是带气声的清辅音，而不是持阻阶段声带振动、VOT为负的浊音，对这一点，学界已有很好的论证（黄笑山1994，Zee 1994，麦耘1998，朱晓农2010a）。《蒙韵》所反映的汉语全浊音为"清声浊流"，所以会用八思巴字的清声母来对译，这个说法可以采信。④

1.3 至于八思巴字的浊音字母与汉语的全清音对译，除了龙果夫的想法以外，还可

---

① 八思巴字本身并未指明哪些辅音符号是清音、哪些是浊音。八思巴字是在藏文的基础上改造而成的，现代学者对其转写，包括清、浊音的区分，主要根据其与藏文字母的对应。

② hu 和 hu 在此处与汉语的"三十六字母"对应，被当作单个字母来看，但作为八思巴字母，在书写上还是依序排列的两个字母（八思巴字是竖行连写的）。

③ 赵元任（1935）亦如此记现代北京话。

④ 与此相称，零声母的清浊对立（古影母为清，喻母和去鼻音化的疑母为浊，没有"清浊颠倒"的现象）也可视为带气声与否，而不必拟影母为喉塞音。

以有另一种解释。

下面看看少数民族语言。现代蒙古语已经没有清、浊辅音的对立（道布 1983），藏语也只有少数的方言还残存浊辅音（《藏缅语语音和词汇》编写组 1991），而与蒙古语同属阿尔泰语系的维吾尔语至今清、浊辅音仍有对立（赵相如、朱志宁 1985）。拿维吾尔语作为一个参照是合适的。

王文敏、陈忠敏（2011）通过语音实验，发现维吾尔语的浊爆发音在词首位置大多不是常态的 [b d] 等，而是内爆音 [ɓ ɗ] 等。

内爆音是一种特殊的浊音，其持阻阶段如同常态浊音那样声带振动，即 VOT 为负，唯在成阻之前喉头抬高、喉门闭塞，整个发音过程非常紧张，朱晓农（2018：62—68）归为"张声"（fortis voice）之一种。在听感上，内爆音不太像常态浊音，倒是近似清爆发音，尤其近似另一种张声——VOT 趋于零的清爆发音 [＇p ＇t]①。还有很重要的一点是，在与声调配合方面，内爆音常与高调共现，这一点跟常态浊音很不相同（朱晓农 2010b：223—224）。

在汉语方言中，目前已知有三个地方成片地出现内爆音音位：一是上海附近的吴语方言（如奉贤、松江、浦东等处，与上海市区的张声在地理上连成一片），一是两广的勾漏片粤语/平话，一是海南闽语②。在这些方言中，内爆音 [ɓ ɗ] 基本上都对应古全清音帮、端母，而不是古全浊音並、定母③。在声调上，它们归阴调类，音值上一般是高调。

1.4 王文敏（2017）进一步发现，维吾尔语的清爆发音（在词首送气）经常带轻微气声，为送气的弛声，即送气清辅音后接气声化元音。今用 [pʰʱ tʰʱ] 等表示。

就是说，维吾尔语的"清音"是清声浊流，"浊音"是浊内爆音；其清浊对立是 [+VOT] vs. [−VOT]，这也是对清、浊辅音对立的最一般的理解。

上述吴语、粤语、闽语方言则完全不同，从 VOT 角度说，它的"清音"（古帮、端母）VOT 为负值，其实是浊的（声带振动），不过不是常态浊音，而是内爆音；而它的"浊音"（古並、定母）VOT 为正值或零值，反倒是清的（声带不振动），唯是后接元音带气声（即所谓"浊流"）。换言之，其"清浊对立"不是 VOT 意义上的，而是两种发声态的对立，是"张声 vs. 弛声"④。

---

① 理论上说，不送气清爆发音的 VOT 都趋近于零，不过实际上多会有 10 至 20 毫秒的正值。如果正值少于 10 毫秒，听感上就会比较"硬"。这种"硬"清爆发音在粤东闽方言有（李新魁 1994：300），也见于上海市区话（朱晓农 2010b：193—194）。

② 赵元任（1935/2002：447）把海南闽语的内爆音写作 [ʔb ʔd]，吴语的内爆音写作 [＇b ＇d]，谓有强弱之别。当时还没有"内爆"这个术语和对应的音标，但已有此概念和相应的表述。本文一律写作 [ɓ ɗ]。

③ 松江的农村地区还有舌面中内爆音 [ʄ]，对应古见母细音（许宝华、陶寰 2015：7）。

④ 一般从启动（initiation）的角度把内爆归为非肺部气流音。但发内爆音需要闭塞声带和抬高喉头，为一种喉部活动，所以从另一角度看，它同时也属于发声（phonation）的范畴。参朱晓农（2001b：65—66）。

如果我们今天取维吾尔语与这些汉语方言（例如吴语奉贤话）作对音，就会是：

现代吴语奉贤话　　　　"清"浊张声 ɓ ɗ　　　　"浊"清弛声 pʰʱ tʰʱ
现代维吾尔语　　　　　"浊"浊张声 ɓ ɗ　　　　"清"清弛声 pʰʱ tʰʱ

内爆对内爆、气声对气声，语音上可以对得非常整齐，但在名义上却是"清浊颠倒"。奉贤话和维吾尔语不同的"清浊"对立模式会造成真实音值与名称上的错配。

有一个问题：吴语有清送气音 [pʰ tʰ] 等，单纯从声母角度说，用这一组来对译维吾尔语的 [pʰʱ tʰʱ] 等似乎也合适。不过，对音与整个音节有关系，包括声调/音高。发音学上能够证明，在不同发声态对音高的影响上，弛声和送气都能使音高降低，但弛声的作用比送气强得多。从今天所知大多数方言声调分化的情况看，次清音（送气清音）一般是同于全清音（不送气清音），而不同于全浊音（如上文所言，古全浊构拟为弛声）。因此在加入音高因素之后，可以肯定地说，弛声之间的适配性高于送气之间。

1.5 现在假定《蒙韵》对译汉语的"清浊颠倒"也与此类似。当然，把当时八思巴字和元代北部汉语官话的"清浊"关系看成跟现代维吾尔语和奉贤话完全一样，可能过分理想。不妨退一步，不一定把元代北部官话的全清拟为内爆音，而可以拟为清的张声：

元代北部官话　　　　"清"清张声 'p 't　　　　"浊"清弛声 pʱ tʱ
八思巴字　　　　　　"浊"浊张声 ɓ ɗ　　　　 "清"清弛声 pʰʱ tʰʱ

考虑到八思巴字还有对译汉语次清音的常态送气清音，构成三足鼎立（现代维吾尔语只有清、浊二元对立），所以还可以再退一步，把八思巴字的清音拟为常态不送气音：

元代北部官话　　　　"清"清张声 'p 't　　　　"浊"清弛声 pʱ tʱ
八思巴字　　　　　　"浊"浊张声 ɓ ɗ　　　　 "清"清常态 p t

以张声对张声，以非张声对非张声（非张声包括弛声和常态清声），仍然很整齐。

若从上文所谈及发声态影响音高的角度出发，甚至可以退第三步，把元代北部官话的全清音和八思巴字的清音都拟为常态音（下面的"高调""低调"是本音系里相对的高低）：

元代北部官话　　　　"清"清常态，高调 p t　　　"浊"清弛声，低调 pʱ tʱ
八思巴字　　　　　　"浊"浊张声，高调 ɓ ɗ　　　"清"清常态，低调 p t

就这样也还是能够解释：双方的清常态音之所以不互相对译，是由于发声态的张弛对音高的制约——在汉语方面，弛声比常态松弛；在八思巴字方面，常态比张声松弛。尽管《蒙韵》所反映的汉语音系还保持全浊声母系统，但汉语在清化之前就是"四声八调"（四个调位，八种调值）格局，所以对于蒙汉对音来说，相对音高差异（哪怕是在同一调位内的）也许比声母的读音还重要。蒙古语无声调，八思巴字对译汉语只会照顾调子高低，即用相对松弛的音节对应汉语的气声音节。

擦音不可能有内爆音，所以也就没有"清浊颠倒"。

以上"张~弛"的解释可以看成是对沈钟伟"强/紧~弱/松"观点的一种申说。

略有问题的是：现代维吾尔语内爆音只出现于爆发音，塞擦音没有，而八思巴字—汉字的塞音"清浊颠倒"包括了塞擦音。只是，并不能由此说八思巴字一定没有内爆塞擦音。内爆塞擦音在人类语言中是存在的，尽管较为罕见（朱晓农 2010b：217—218）。

无独有偶，见于元代的回鹘语（古维吾尔语）与汉语的对音中，也存在"清浊颠倒"的现象，与八思巴字与汉语对音几乎如出一辙（王文敏 2017）。这也是一个旁证。

二　韵图三等与四等的分混

在《中原》里，《切韵》三、四等韵固然无别，韵图三、四等亦混。在《蒙韵》里，《切韵》三、四等韵的界划是没有了，韵图三、四等的区别则还部分保留着。

2.1　先要说明：韵图的"三等、四等"与《切韵》的"三等韵、四等韵"是不同的概念，但有对应关系，如下（参看麦耘 2004）：

韵图三等包括：（a）《切韵》重纽韵（亦属三等韵）中的重纽 B 类，即重纽三等；（b）《切韵》非重纽三等韵的唇牙喉音；（c）《切韵》所有三等韵的知组、云母（韵图喻₃）、章组（韵图照₃组）、日母。

韵图四等包括：（a）《切韵》重纽韵中的重纽 A 类，即重纽四等；（b）《切韵》所有三等韵的精组、端组（字极少）、羊母（韵图喻₄）；（c）《切韵》四等韵。①

本节谈及"三等、四等"都是指韵图意义上的。

大多数学者同意《切韵》重纽两类的介音有别，而且多认为重纽四等（A 类）介音比重纽三等（B 类）要更闭更高②。陆志韦（1947b/1985：25）的构拟是 A 类 [-i-]，B 类 [-ʷɪ-]（暂把合口撇开，下同）；邵荣芬（1982：124）以 A 类为 [-j-]，B 类为 [-i-]。潘悟云、朱晓农（1982）同邵荣芬，并特别说明 [-j-] 带摩擦，以解释汉越音里唇音 A 类变舌齿音的现象；麦耘（1992）写作：A 类 [-i-]，B 类 [-rɪ-]；麦耘（2022）改为：A 类 [-j-]，B 类 [-ri-]。

韵图四等继承重纽四等（至韵图有四等韵加入），三等继承重纽三等（非重纽三等韵原本就与重纽三等同类）。麦耘（2002）拟为四等 [-i-]，三等 [-ɪ-]；麦耘（2022）改为：四等 [-j-]，三等 [-i-]。

---

① 至于《切韵》三等韵的庄组在韵图则变到二等，已不在三、四等的范围内。

② 李荣（1956：142）写 B 类为 [-j-]，A 类为 [-i-]，不过他说 [-j-] 只是个标类的符号，不是构拟。

2.2 下面列举《蒙韵》保存三、四等对立的具体情况。

先说明体例：a.零声母写全音节，其余声母字只写韵母。b.三等的零声母字无特殊的韵母写法，不另列；四等的零声母字由于把介音用声母形式表示，故韵母写法每有不同，列于括号内（斜杠前后分别是声母清音和浊音）。c.喻₃、喻₄对立在整个音系中都保存，故只有此二者对立的韵类略而不列。d.用黑鱼尾号说明例外。e.在花括号中附二等牙喉音开口，括号内是零声母字。f.用引号附例字。①

（1）庚韵　牙喉开三"京"iŋ～开四"经"ėiŋ（"樱/盈"°jiŋ/jiŋ）【晓三四合流 hėiŋ】〖"耕"ėiŋ（"莺/硬"°jiŋ/jiŋ），与四等合流〗

（2）支韵
①重唇三"疲"ue～四"脾"i
②牙喉开三"机"i～开四"鸡"ėi（"翳/易"°ji/ji）
③牙喉合三"归"ue～合四"闺"ėue（"唯"jụi）【晓三 hėue（四等无字）】

（3）真韵
①牙喉开三"谨"in～开四"紧"ėin（"因/寅"°jin/jin）【晓三 hėin（四等无字）】
②零声母合三"云"'ụin～合四"匀"jėun

（4）先韵
①牙喉开三"建"en～开四"见/贤"ėan/ėen（"烟/延"°jen/jėan）【晓三四合流 hėan】②〖"间"ėan③（"晏/雁"°jan/jan）〗
②牙喉合三"眷"ėon～合四"绢"ụėan（"渊/铅"°jụėan/jụėan）【晓三四合流 hụėan；群三"拳"等 kụėan，读如四等（四等无字）】

（5）萧韵　牙喉三"桥"ew～四"翘"ėaw（"腰/遥"°jėaw/jew）〖"交"ėaw④（"坳/咬"°jaw/jaw）〗

（6）尤韵　牙喉三"九"iw～四"纠"ėiw（"幽/游"°jiw/jiw）【晓三 hėiw（四等无字）】

（7）覃韵　牙喉三"欠"em～四"歉/嫌"ėam/ėem（"厌/艳"°jem/jem）【晓三 hėem（四等无字）】⑤〖"减"ĭam（"黯/岩"°jam/jam）〗

---

① 八思巴字转写基本上用照那斯图、杨耐思（1987）方案，只有两处改动：（一）原方案中含 ė 字母的音节里如无其他元音符号，则补 a 字母；（二）原方案 j 的上点作小圈的符号，为便排版，改为 j 的前面加小圈；（三）原方案 i 下附加弱音符号，为便排版，改为 ĭ（参看麦耘 1995）。

② 溪四"谴"k'en 读如三等，似属例外。不过《切韵指掌图》此字列于三等，说明此字在宋代有了变化，所以也可不算是例外。

③ 山摄二等牙喉音开口韵母除零声母外，标音与四等相同，但另列于寒韵，而不属先韵，显然是不同音。

④ 效摄二等牙喉音韵母除零声母外，标音与四等相同，且都属萧韵，但分列两处，显然是不同音。

⑤ 喻三"炎焱"与喻四"盐櫩"同作 jem，或亦为例外。不过《集韵》"炎焱"有喻四又读，唯在去声。

（8）侵韵　影三"音"˙im～四"愔"°jim【牙喉三一般作im，唯晓三hėim（四等无字）】

（9）麻韵①

①牙喉开三"劫"e～开四"结"ėa（"噎/叶"°je/je）【晓三hėa（四等无字）】｛"家"ėa（"鸦/牙"°ja/ja）｝

②牙喉合三"蕨"ụe～合四"决"ụėa（"悦"jụe）

此外，凡古疑母保存ŋ声母者均属三等，四等绝不保存ŋ，甚至尤韵里连非疑母三等字也带ŋ声母："尤疣牛邮｜有酉友｜又右佑祐宥囿侑"ŋiw，其中只有"牛"字古属疑母。

例外多集中于h声母，均为三等读为四等。古晓匣母字在《蒙韵》每每自为一韵母，与其他声母不同，或系喉擦音有其特殊性，倒不一定跟三、四等的分合有关。

《蒙韵》与韵图在这个问题上的详细比对可参看冯蒸（2001）。

麦耘（1995）承韵图的构拟，对《蒙韵》的两类拟为：三等[-ɪ-]，四等[-i-]。麦耘（2022）改为[-i-]和[-j-]。②

2.3 在《切韵》的三等韵与四等韵的界限于中唐时消失之后，韵图的三等与四等之别是否反映宋代实际语音，一向有争议。根据赵翠阳（2014）对中唐慧琳《一切经音义》的分析表明，至少在唇牙喉音，《切韵》重纽B类与非重纽三等韵合为一类、重纽A类与四等韵流为一类，两者对立。前者后来为韵图三等，后者为韵图四等，顺理成章。

至于《蒙韵》上述情况，有学者认为可能是有意存古，照搬韵图或旧韵书，未必反映元代实际语音。

对此，可以从几方面来说：

第一，韵图每一摄的三、四等牙喉音开口之别在《蒙韵》都保存下来，合口保存了一小部分，唇音则只见于支韵。如果没有实际语音为基础，《蒙韵》编者为什么采取这样带选择性的做法，需要解释。

第二，四等一般带ᴄ ė字母，三等一般不带，但也并不是一律如此：①先韵合口三等ėon。②零声母一般以ᴎ'/ᴎ°记三等，以ᴎj/ᴎ°j记四等，有无ė反在其次。③没有三四等对立的阳韵ėaŋ、东韵ėuŋ、鱼韵ėu等也用了ė字母，各韵中三四等不对立的非喉牙音声母字也每常会用到ė字母，跟它们在韵图里是列于三等还是四等无关。④支

---

① 麻韵三、四等字均为山、咸摄入声字，二等字为假摄字。四等与二等写法相同（零声母除外），且都属麻韵，但分列两处，显然是不同音。

② 龙果夫（1930）说不带ė者（即三等）为"j化声母"，是受高本汉（1915—1926）误导，不必讨论。

韵唇音三等标为合口的 ue，四等却与支韵喉牙音开口三等相同，标作 i，而不与支韵喉牙音开口四等统一作 eı̇。如果单纯是为存古而作纸面上的抄袭，这种自乱体系的标写法就令人难以理解。

第三，先韵里有一些例外。一般来说，例外很可能暗示真实的演变。

第四，二等牙喉音开口产生了前腭介音，除在覃韵和无三四等对立的佳韵里是 ⊂i 介音外，其余均同于四等①。由于在《蒙韵》之外的八思巴字—汉字对音资料中，寒、阳、萧等韵的古二等牙喉音开口字每表现为 ĭ 介音（看罗常培、蔡美彪 2004：第四编），所以似乎可以猜想二等牙喉音开口介音本是 ĭ，《蒙韵》之作 ė，是八思巴字母 ė 与 ĭ 形近而讹。不过，在庚韵里，二等牙喉音开口与四等字合并，而与三等字对立，如"耕＝經" gėiŋ ～ "京" giŋ，"坑＝輕" k'ėiŋ ～ "卿" k'iŋ 等，这是确定的。至于二等影母无例外地同于四等影母，作 °j，并多处与三等对立，就无法用形讹来解释。二等喉牙音的表现当然没有旧韵书韵图可依傍，所以这一定是实际的语音创新的反映。②

2.4 现代方言材料更能说明这种对立的真实性。山西多种方言保存了古见组和影喻疑母三、四等开口字的界划（刘海阳 2017）；不同于《蒙韵》的是，合口和唇音未见对立。

表 1 现代方言古见组开口二三四等读音的三种类型（附精组以为对比）

韵 图	四 等	二 等	三 等		精组四等
《蒙韵》	gė	gė-/gĭ-	g(i/e)-	gė-	dzė-/dz(i/e)-
现代方言	壶关树掌型：[tɕi-/ci-]		壶关树掌型：[ci-]		[tɕi-]
	汾西型： [ti-/tɕi-]		汾西型： [tɕi-]		[tɕi-]
	万荣型： [tʂ-/tɕi-]		万荣型： [tɕi-]		[tɕi-]

表 1 以见母涵括溪、群母；《蒙韵》三等中的 gė- 指东、阳、鱼韵。

壶关和汾西方言是晋语，万荣方言属中原官话汾河片。这三个方言都在山西，但实际上这些类型的分布不限于山西。它们有两个共同特点：（一）二等和四等同类，正与《蒙韵》对应；（二）二、四等字一部分字的声母与三等字不同（这大致上是白读层），一部分相同（是文读层），也就是说，二四等类读音被三等类读音所侵蚀。

这些方言的见组细音读两类，其中一类与精组细音合流，另一类与精组无涉，似乎可以把这现象理解为尖团音有别的残迹。拿每一个方言单独来看，似乎说得通；但把几个方言放在一起，就好像尖团音合流在树掌是从二四等开始，而汾西、万荣则起于三

---

① 不过覃韵中的"监"字《蒙韵》是 gĭam，在其他八思巴字材料中则标为 gėam，介音同于四等。

② 二等喉牙音开口多次与四等拼写相同而又分列，显示是不同音，这加深了其中存在形讹的印象。其实由于八思巴字拼写方案上的缺陷，不同音而拼式相同并不罕见，如东韵"弓"与庚韵"扃"同标为 gėuŋ，"荒"与"方"分列，但同标为 huaŋ。

等，做历史比较会有点奇怪的感觉。

然而，只要认为这几型方言是《蒙韵》类型，就可以看出它们其实是统一的，是三等与二四等的纠葛，而跟尖团音问题没有直接关系。今推测：这些方言在近代的某个时期，二四等见组声母变龈腭塞擦音 [k → tɕ]，三等声母前化 [k → c]，即为树掌型；从树掌型发展下去，龈腭塞擦音去擦化 [tɕ → t]（变同端组），或卷舌化 [tɕ → tʂ]（变同知系），三等声母则变为龈腭塞擦音 [c → tɕ]，即发生链式演变，便形成汾西型或万荣型。至于二四等部分文读同于三等，则当是语言接触造成的。

如上所述，笔者假设语音史上的四等介音 [-j-] 比三等介音 [-i-] 更高更闭、带摩擦性，上述推测在音理上与这个假设相容，因为更高更闭、带摩擦的介音会更容易带动声母腭化①。不过在现代上述方言中，声母的区别取代了介音的区别，已看不到两种前腭介音了。

2.5 影、疑、喻母与见组有所不同。看表 2。

表 2　现代方言古影疑喻母开口二三四等读音的两种类型

韵图	四等	二等	三等
《蒙韵》	j-/°j-		'(i/e)-/°(i/e)-
现代方言	韩城型：[i-] 汾西型：[i-]	韩城型：[ŋi-/i-] 汾西型：[ni-/i-]	

汾西见前；韩城在陕西，方言属中原官话汾河片。这两型的分布不限于晋、陕两省。见组诸类型与影喻疑母诸类型是有关联的，例如汾西方言，又例如山西洪洞方言（属中原官话汾河片）的见组属于汾西型，影喻疑母则属于韩城型（资料见乔全生 1999）。

表 2 不同于表 1 的是：（一）二等不像《蒙韵》那样与四等同类，而是与三等同类。由此看来，《蒙韵》并非这些方言的直系祖语，只是旁系祖语。这一点后文还会提及。（二）部分二、三等字读同四等，与见组情况相反。对此，笔者暂时解释为 [-i-] 介音在零声母环境下自然近音化。

方言中三等声母读鼻音，不禁让人联想到《蒙韵》尤韵的三等读 ŋ 声母，也不知道是否巧合。至少有一点对得上：这些方言中没有影、疑、喻母四等字读鼻音声母的例子。②

---

① 宁忌浮（1997：第一章第五节）认为《蒙韵》带 ė 的 g 组声母已变 [tɕ] 组，不带 ė 的仍是 [k] 组。笔者曾撰文反对这个观点（麦耘 2005）。笔者现在仍认为像今天北京话这样的 [tɕ] 组声母在元代尚未产生，不过方言的材料也让笔者认识到，[k] 组声母在一些方言的历史上可能是依先四等、后三等的顺序，分两次腭化的。

② 在此问题上，学界有与笔者不同的意见。请参看陆志韦（1947a）、宋洪民（2017b）。

三 支思韵知照组韵母的异同

3.1 止摄开口知照组字在《中原》和《蒙韵》都分为对立的两类，而各自的范围有所不同。《中原》以照组（包括照₃组和照₂组；日母随照₃组，下同）为一方，在支思韵，韵母构拟为 [ɿ]，知组为另一方，在齐微韵，构拟为 [i]；《蒙韵》则是以照₃组为一方，八思巴字标 hi，知组和照₂组为另一方（实际上是二等跟三等对立），八思巴字标 i，现在也分别构拟为 [ʅ] 和 [i]①。此外还涉及蟹摄三等开口知、照组字②。以下把这个问题简称为"支思韵问题"。

表 3 支思韵问题诸韵类在中古后期和近代四种音系中的分布

	A "α制/β滞"	B "知智池"	C "枝志诗"	D "师士"	E "资四"
中唐慧琳音	tɕiei/ʈiei	ʈi	tɕi	tʂi	tsi
《四声等子》	tʂiei/tˢiei	tˢi	tʂi	tʂɿ	tsi
《蒙韵》	dži [tʂi]			džhi [tʂʅ]	tshi [tsɿ]
《中原》	tʂi			tʂʅ	tsɿ

表 3 说明：

① A 为蟹摄开口细音（α 为照组，β 为知组），B 为止开知组，C 为止开照₃组，D 为止开照₂组，E 为止开精组。《中原》有个别出类的字（蟹摄和知组各二字），后文会出注。

② 慧琳音的构拟出自笔者，材料见赵翠阳（2014）。其时照₃组还是章组，照₂组还是庄组，两者尚未合流成照组。

③ 卷舌声母与 [i] 相拼时，会读为变体"R 色彩舌叶音"[tˬ] 等、[tʃˬ] 等（右小钩表示带卷舌色彩。参麦耘 2015）。

④ 此处用《四声等子》代表宋代音。宋代邵雍《声音唱和图》把声母称"音"，其中对音十二（知组）的处理很有意思，与一般韵图不同，不与音六（端组）相次，而是列于音十、音十一（照组）③之后，又不与照组合并（周祖谟 1943/1966：589—590）。可推测知组在此时已开始塞擦化进程，唯与照组仍有差异，故今拟为带弱擦音成分的塞擦音 [tˢ] 等。

---

① 当时是否已经有如同现在北京话一样的 [ɿ]，不能确定；此处暂时这样写，以与 [i] 相区别。

② 臻、深、曾、梗诸摄入声的三等开口知照组字也与此有关，不过笔者认为其时入声还读短调，不必与阴声韵的止、蟹摄字放在一起讨论。

③ 其"音十"包括《切韵》照组的擦音和日母，"音十一"包括照组的塞擦音；照₂组列于"发"，照₃组和日母列于"收"，分别对应于韵图二等和三等。

⑤照₂组在韵图列于二等，邵雍书亦将"士"字列于"发"（相当于韵图的二等），其韵母应已不是 [i]，今直接写作 [ɿ]。

⑥止摄开口照₂组常用字只有擦音字，这里为便比较，拟音仍写塞擦音。

⑦在现代蒙古语中，对应于八思巴字 dž 组的是舌叶—后龈音；元代的蒙古语应该也是。不过八思巴字所表现的元代北部汉语可能是带卷舌色彩（R色彩）的。这个问题，当另外讨论，此处为便比较，直接写作卷舌音。

3.2 笔者曾指出，《中原》和《蒙韵》在支思韵问题上表现出是两个平行的音系，没有彼此承传关系（麦耘 2004）。不过它们又确实是同方向发展一快一慢的关系。

中唐时，A、B、C、D 四分，蟹摄字不必说，止摄的"B 知智 [ti] ≠ C 枝志 [tɕi]"，同时"C 诗 [ɕi] ≠ D 师 [ʂi]"。从中唐到《四声等子》，有几个音变规则：

音变规则（1）：R色彩（卷舌色彩）的咝音（包括擦音和塞擦音）声母使 [i] 消变。注意：R色彩的爆发音在这里没有这个功能，故此规则只作用于作为咝音的庄组，不作用于知组（参看麦耘 2000）。

音变规则（2）：R色彩化（卷舌化）。

音变规则（3）：爆发音塞擦化（咝音化）。

根据这些规则，走了这么几步：

（甲）庄组三等韵运行规则（1），从《切韵》的三等韵变为韵图的二等。对于表3 的 D 来说，是 [tʂi>tʂɿ]。[tʂi ~ tɕi]（庄、章组声母对立）转变为 [tʂɿ ~ tɕi]，声母和韵母各处于互补分布状态。[tʂi] 音节成了空档。

（乙）章组运行规则（2），[tɕ>tʂ]，变卷舌声母，与庄组合流为照组。庄、章组声韵互补转变为照₂、照₃组在韵母上的对立，即同声母的二、三等对立（参看麦耘 1994）。在这里，就是从 [tʂɿ ~ tɕi] 变为 [tʂɿ ~ tʂi]。[tʂi] 音节的空档填上了。在此，（甲）和（乙）合力实行了一个拉链式演变：[tɕi>tʂi>tʂɿ]。当然，（乙）在蟹摄也能看到。

（丙）知组运行规则（3），但运行未彻底，[tˢ] 还不算是真正的塞擦音。①

以上几步演变都不仅与表3中的音类有关，而是从中古时期整个汉语通语音系的演变。

至此，A、B、C、D 仍然四分，止摄字保持音类上"B 知智 [tˢi] ≠ C 枝志 [tʂi]"和"C 诗 [ʂi] ≠ D 师 [ʂɿ]"，但实际内容已经发生了变化。

---

① 《中原》支思韵里有两个知母字：平声阴"胝"、上声"徵"。笔者的解释是：在《中原》之前，规则（3）在这两个字上运行已经彻底，使其韵母变得与章母相同。所以在《中原》里此二字跟章母字一同进入支思韵，而大多数知组字则留在齐微韵。另，"衹"《广韵》敕里切，彻母，《集韵》丑里切（与《广韵》对应），又渚市切，后一切为章母。此字《中原》在支思韵，与"纸、止"等同音，声母不送气，是对应《集韵》之章母音，而不应视为彻母字。

3.3 从这个当口开始,《中原》与《蒙韵》分出了先后。

先看《中原》,它从《四声等子》继续往下走:

(丁)C 照₃组继照₂组之后,再次运行规则(1),[tʂi>tʂʅ],照₃组合并到照₂组,使"诗 = 师 [ʂʅ]",C 与 D 的区别消失了;"B 知智 [tʃⁱi] ≠ C 枝志 [tʂʅ]"依然不同音,但实际内容有所改变,双方声母、韵母都不同。[tʂi] 音节再次成为空档。

这里出现音变规则(4):介音 / 韵尾同化韵腹。这个规则的内涵在这里不细说了。

(戊)蟹摄细音字运行规则(4),Aα "制" [tʂiei>tʂi]①,同时 Aβ "滞 [tʃⁱiei>tʃⁱi]=C 智"。这是蟹摄细音韵母单元音化,合并到止摄来。[tʂi] 音节空档再次填上,(丁)和(戊)也再次呈现链式演变:[tʂiei>tʂi>tʂʅ]。

(己)B 知组彻底运行规则(3),[tʃⁱi>tʂi],结果是知、照两组声母合流。"制滞 = 知智 [tʂi] ≠ 枝志 [tʂʅ]",在实际音值上宛如当初韵图照₃组与照₂组的对立。假使没有蟹摄照组字以(戊)的形式合并到止摄,仅在止摄内部,[tʂi] 音节空档也会填上,(丁)和(己)也能完成链式演变:[tʃⁱi>tʂi>tʂʅ]。②

3.4 再看《蒙韵》。在《中原》走(丁)的时候,《蒙韵》停了一下,然后跟着《中原》走:

(戊')蟹摄细音字运行规则(4)。

(己')知组彻底运行规则(3)。

可以看到,《蒙韵》比《中原》少走了(丁)这一步。正由于此,《蒙韵》"C 诗 [ʂi] ≠ D 师 [ʂʅ]"仍旧;并且在(戊')之后造成 Aα 与 B 合并,"滞 [tʃⁱiei>tʃⁱi]= 智",Aβ 与 C 合并,"制 [tʂiei>tʂi]= 志";在(己')之后更是"滞智 [tʃⁱi>tʂi]= 制志",A、B、C 全部合并。

可以看到,《中原》由于有了(丁)这个发展,后来无论(戊)还是(己),都不能使 A/B 跟 C 变得同音,因为 C 已经先一步跟 D 合并了。

《中原》和《蒙韵》其实是同方向发展,只是(丁)这一步走或没走,造成了两种结果:走了就是"B(知)≠ C(枝)③,C(诗)=D(师)"成为《中原》类型的标记性特征;没走就是"B(知)= C(枝),C(诗)≠ D(师)",成为《蒙韵》类型的标记性特征。

---

① 在《中原》支思韵中有祭韵禅母字"噬筮"。笔者认为可以这样解释:比起其他蟹摄细音字来,规则(4)在这两个字上运行得更早,所以它们在《中原》之前已经变为 [i] 韵母,进入止摄,遂得以与止摄字一道进入支思韵,而大多数蟹摄细音字则留在齐微韵。

② 就《中原》或《蒙韵》都看不出(戊)与(己)两个音变孰先孰后,唯视《切韵指掌图》蟹摄细音在并入止摄后,知、照两组仍有别,故如此排序。

③ 《中原》的"正语作词起例"中有"知有之"之辨。因下文涉及现代方言,而"之"字不是口语词,所以本文改用《中原》中与"之"同音的"枝"字。

3.5 现代官话各方言在支思韵问题上的多种类型都可以认为是从元代的《中原》与《蒙韵》两种类型中衍生出来的，下面将每种衍生型列一个方言为代表来看看。因笔者孤陋寡闻，挂一漏万是必然的，尚祈达者指教。

先说《中原》类型。方言材料来源：钱曾怡、张树铮、罗福腾（2001），张启焕、陈天福、程仪（1993）。

表 4 《中原》类型的衍生型

	A "α制/β滞"	B "知智池"	C "枝志诗"	D "师使"	E "资四"
Ⅰ)《中原》	tʂi		tʂɻ		tsɿ
Ⅰa）山东诸城	tʃi		tʂɻ		tθɿ
Ⅰb）山东牟平	tɕi		tsɿ		
Ⅰc）河南洛阳	tʂɻ		tsɿ		
Ⅰd）河南开封	tʂɻ				tsɿ
Ⅰe）河南淮阳	tsɿ				

表 4 说明：

① 诸城 [tʃ] 中的 [ɿ] 实际上是舌叶元音，而非舌尖元音（关于"舌叶元音"的概念，请参看麦耘 2016）。

② 淮阳 [tsɿ] 不论声母、韵母，调音部位都是舌尖—龈，不同于北京话的舌尖—齿背。

现在逐一看这几种衍生型的演变路径（有的与各方言的整体演变有关，这里无法一一）：

Ⅰa）诸城型：在分类上保持《中原》原貌，不过读音有不同。

这里要提出规则（5）：非 R 色彩化，即失去 R 色彩（卷舌色彩）①。这与规则（2）正好相反，与规则（1）也是相反的。何时用到规则（1）（2），何时用到规则（5），各方言的情况复杂，此处无法细论了。

诸城的 A+B 运行规则（5），变成舌叶—后龈音。这显然有 [i] 元音在起作用。规则（1）是卷舌声母在竞争中压倒 [i]，在诸城则是 [i] 压倒卷舌声母。

Ⅰb）牟平型：从《中原》类型出发，所有有关音类都运行规则（5）。"B 知≠C 枝"仍保留。其中 B 发生 [tʂi>tɕ]，[i] 的作用更明显。

Ⅰc）洛阳型：① C+D 运行规则（5），与 E 合流。[tʂɻ] 成为空档。② A+B 运行规则（1）。这里也形成一个链式演变：[tʂi>tʂɻ>tsɿ]。保持 "B 知≠C 枝"。

Ⅰd）开封型：A+B 运行规则（1）。与洛阳型不同，此前没运行规则（5），所以 A、

---

① 规则（5）可能是音变规则，如洛阳 [tʂɻ>tsɿ]；也可能是方言之间的对应规则，如下文荔浦型之②，由于荔浦原有的方言没有卷舌音，当官话在明清传至本地时，本地人用非卷舌读法来接受官话的卷舌音类。

B与C合流，导致"B知=C枝"，《中原》的标记性特征消失了。

Ie）淮阳型：从Ic）型或Id）型出发，运行规则（5），几个音类全部合流。

后两型都泯灭了"B ≠ C"这一特征。

在现代，《中原》类型的衍生型分布于河南、河北、山东、山西、陕西、青海、甘肃，及苏北、辽东等地。其中保持"B ≠ C"特征的多集中在中原官话、胶辽官话及晋语区。

3.6《蒙韵》类型的衍生型如表5。方言材料来源：北京大学中国语言文学系语言学教研室（2003），钱曾怡（2010）。

表5 《蒙韵》类型的衍生型

	A "α制/β滞"	B "知智池"	C "枝志诗"	D "师使"	E "资四"
II）《蒙韵》		dži [tʂi]		džhi [tʂʅ]	tshi [tsɿ]
IIa）江苏南京		tʂʅ			tsɿ
IIb）江苏扬州			tsɿ		
IIc）广西荔浦		tsi			tsɿ
IId）吉林长春			tʂʅ		tsɿ
IIe）辽宁沈阳			tsɿ		

对表5也讲解一下：

IIa）南京型：①从《蒙韵》类型出发，D运行规则（5），与E合流。[tʂʅ]音节成为空档。②A+B+C运行规则（1），把[tʂʅ]空档填上。此处所形成的链式演变[tʂi>tʂʅ>tsɿ]跟洛阳型很相似，不过范围有出入。"C诗 ≠ D师"的标志性特征保持着。

IIb）扬州型：从南京型出发，再次运行规则（5），造成所有音类大合流。"C诗 ≠ D师"的特征当然无法保持。

IIc）荔浦型：①从《蒙韵》类型出发，D运行规则（5），这与南京型一样。②所有音类（实际上是整个音系）再一次运行规则（5），[tʂi>tsi]。保持"C诗 ≠ D师"。

IId）长春型：从《蒙韵》类型出发，A+B+C运行规则（1），与D合流。"C诗 ≠ D师"特征消失。

IIe）沈阳型：从长春型出发，A+B+C+D运行规则（5），所有音类合流。

扬州、长春、沈阳型都未保留"C ≠ D"这个特征。

在地理上，《蒙韵》类型的衍生型分布在南北两片：南片是江淮官话和西南官话，北片在东北地区。扬州和沈阳的现状是一样的，只是一在南一在北，历史上的演变路径也不一定相同。

比较表4和表5，可看到长春跟开封、沈阳跟淮阳，从最后的演变结果看完全一致，而且四地都是"B=C=D"，《蒙韵》类型和《中原》类型的特征都看不到了，但其实起始基础就已有别、中间的演变路径也不同，是殊途同归。

四　讨论：中原为中心，南北为边缘

4.1　对上面3.5的有些说法难免有疑问。主要的疑问是互有关联的两个：

疑问一：为什么要把长春、沈阳归到《蒙韵》类型？

开封、淮阳已看不到《中原》的标志性特征"B ≠ C"（当然同时也没有《蒙韵》类型的特征）。考虑到河南的中原官话多有保持此特征者，故把地理上接近的一些B、C相混的方言都视为《中原》类型的衍生型，是可以接受的。

同理，把江淮官话和西南官话里C、D已经相混的方言（如扬州）归在《蒙韵》类型也是合适的。

但是，长春、沈阳分别与被归为《中原》类型的开封、淮阳表现完全相同，而东北地区目前并未发现带有《蒙韵》类型"C ≠ D"特征的方言（除了明清时跨海来到辽东的胶辽官话外，也没有具备《中原》类型特征的方言）。一般认为北京话跟东北官话是同源的，现代北京话"B=C=D"，也看不出它历史上属哪个类型。不过，元人卓从之自署"燕山"（今北京）籍，所撰《中州乐府音韵类编》①是"B ≠ C，C=D"，可见至少在元代，大都/北京话在支思韵问题上是《中原》类型。②

总之，把东北方言归为《蒙韵》类型的衍生型，并无充分的理由。

疑问二：为什么要把《蒙韵》类型分为南北两片？

江淮官话和西南官话属于《蒙韵》类型没问题，而如上所言，东北未必是。若仅看在现代方言中的分布，似乎可以说《蒙韵》类型的衍生类型就限于南部官话，北方无豫焉。

4.2　笔者想先把这两个疑问放一放，而去思考更大的问题：《蒙韵》和《中原》是什么关系？或者说，《蒙韵》音系是什么性质？

龙果夫（1930）认为"古官话"有两个大方言：甲类是"官派的"，"大概因为政治上的缘故，在有些地方拿它当标准官话"，八思巴字译音反映的是这一类；乙类则是"近代的土话"。罗常培（1959）发挥了龙果夫的观点，不过不认为是方言之别，而以前者为代表官话的读书音，后者则是代表方言的说话音，《中原》就属后者。

两位学者最主要的依据，是古全浊声母的存否：八思巴字译音及《蒙韵》保存全浊音，较为守旧，所以属于官派或读书音；《中原》则全浊清化，反映新的变化，所以是土

---

① 耿振生（2005）认为卓氏拥有《中原》的原始著作权，他的书就是《中原》的最初版本或底本。

② 至于元以后的变化因素，譬如满清入关，会不会让北京话改变了类型，则须另作考虑。

话或说话音。其实，本文所论及《中原》和《蒙韵》的另两个音系差异——韵图三四等的分混，支思韵问题上的异同，也都是《蒙韵》存古，《中原》创新。

对于"甲类方言"的性质，龙果夫说："八思巴字碑文所代表的'古官话'的声母系统绝不是靠古韵书的帮助来臆造的，而是由实际的语音反映出来的。"

罗常培则认为，读书音系统"虽然不见得是完全靠古韵书构拟出来的，可是多少带一点儿因袭的和人为的色彩，它所记载的音系固然不是臆造的，却不免凑合南北方言想作成'最小公倍数'的统一官话"。说得明白些，他认为《蒙韵》不是个实际的自然语言的音系。

4.3 罗先生的想法自有其道理。确实，在研究语音史时，碰到这一类存古成分较多的书面资料，是很容易让人疑心其中有守旧的、人为地因袭旧韵书的因素。

不过，上文的分析已表明，《蒙韵》的存浊未必不真实，而它的另两个特点更是可以确认，有当时的实际方言为基础。从历史语言研究的逻辑上说，所分析的古代音系中有创新成分，固然是活语言的证据，但并不能反过来说，存古的成分就一定是因袭死语言，因为方言有存古成分，也是很正常的现象。

现在具体讨论元代蒙古人所使用的汉语方言。自唐五代以降，辽、金相继，北方少数民族一直都推慕先进的汉文化（即使在上升为统治民族后亦依然如故），不论上层还是下层，多会说汉语；蒙古人也不例外，只是他们的汉化程度远逊契丹人和女真人。在北方少数民族地区（今暂称为"远北地区"）也自古一直有汉族人（所谓"汉儿"）生活。不论北方少数民族还是远北汉人，整体文化水平都不高，日常应该不会去说文绉绉的读书音，更说不出不能诉诸唇吻的纸面音系（此问题可参考太田辰夫1954关于"汉儿言语"的讨论）。

作为元朝前身的蒙古汗国在1234年灭金之后，尽管幅员广大，最富庶、人口最多的还是汉人聚居区，自然是施政的主要地区。在这种境况下，汉语的书写成为一件政治大事。蒙古人曾使用畏兀字（回鹘文），缺陷甚多，使用不便；因此，忽必烈1260年登基后，请他所封的国师西藏喇嘛八思巴参考藏文，创制新字，至1269年颁行，初衷是"译写一切文字"，除写蒙古语和藏语以外，当然首先就是写汉语（参看罗常培、蔡美彪1959/2004有关部分的论述）。这无疑完全是实用的工具，标写出来的字音一定不能是读不出的，而且所译写的汉语应就是他们日常所说的方言口语。

宁忌浮（1997：第五章）考证，《蒙韵》是依凭《新刊韵略》（平水韵）重编的，这从韵字的选用和排列中可以明显看出来。这显示有汉族文人（或汉化的契丹/女真文人）参与编撰工作。这是否增加了《蒙韵》因袭旧韵书的嫌疑呢？笔者认为，平水韵的音系跟《蒙韵》相去实在太远（例如入声的分韵，再如"十三元"，又如东冬、江阳、支微、青清分韵等等），所以，在编《蒙韵》时参考了平水韵系韵书，只能是为了拿这些韵书搜集韵字，以免遗漏，而无法想象如何袭用其音系框架和音系特点。平水韵的确是《蒙韵》在版本意义上的"工作本"，但不是音系意义上的底本。如果说《蒙韵》会在一些小地方或边缘性的地方（如一些僻字的注音和归类）受平水韵影响，倒是非常有可能的。

4.4 龙果夫和罗常培为近代官话史上两类音系的研究开了一个很好的头。后续有一些学者提出进行了更深入的探究，本文无法一一胪列，以下只简单介绍三位学者的观点。

吕叔湘（1985：58—59）把近代官话分为两系，北宋中原方言为"南方系官话"，燕京方言为"北方系官话"，并认为北方系官话在金元两代南下黄河流域，南方系官话则引退到长江流域及以南。

李立成（2002：前言4、85—89）认为，《蒙韵》音系是原通行于金朝故地、由蒙古人继承下来的北方汉语标准音，以蒙元早期的政治中心和林（今内蒙古和林格尔）、开平（今内蒙古正蓝旗）的汉语为基础方言，而与《中原》为代表的中原汉语有较大差异。他还提出一个假设：《蒙韵》可能是今天晋语张呼片（以张家口和呼和浩特命名的方言片）的前身。

黎新第（2007）基本上继承吕叔湘的观点，不过他认为，《中原》所代表的元代中原官话仍属于南方系，而《蒙韵》音系作为北方系官话，虽已对南方系官话产生影响，但尚未通行于中原地区。

吕叔湘是从语法史角度讲的，跟从语音史角度看问题不完全一样；两者如何统一，还需再斟酌。就语音史而言，笔者基本同意李、黎两位学者的观点。《蒙韵》所表现的，并非守旧的、不能上口的读书音，而是实在的、大体属于口语的音系，是与元代的中原之音有差别的"北方系官话"[①]；而元代中原的方言是北宋南方系官话的后裔，北方系官话/远北汉语并未占领黄河流域。

---

① 王硕荃（2002）认为《韵会》（1292）中的"七音、字母韵"系统反映当时的"福建话"，是元代一种南方官话。其实《韵会》这个系统完全就是《蒙韵》的汉化版，而且是相当机械的汉化版，并非熊忠等人对某个实际音系的描写（参郑再发1965）。今见《蒙韵》是1306年的校注本，其最初版本必然早于是。历史上，自八思巴字1269年颁行之始，即大量译写汉语。显然，对工具书的需求会旋即出现，不应该拖得太久，很大可能在创立文字系统之后就开始着手编撰（不过八思巴本人可能没有参与《蒙韵》编撰，因为八思巴字方案有少数地方未能区分汉语的音位对立——这些缺失往往要对整个音系作全面标写才能发现——在《蒙韵》中却未进行必要的调整，所以也可以推测《蒙韵》是在八思巴于1280年逝世后才编成的）；而蒙古人和北方汉人对南方汉语的系统了解，只能从1279年南宋灭亡以后才逐渐开始，《蒙韵》应该赶不及。还须考虑的是政治因素。有元一代，人分四等（尽管这并非元廷的官方明文规定，但在当时社会实践中是实际存在的）：蒙古人、色目人/回回人（早期与蒙古结盟的北方部族）、汉人（在南宋灭亡之前臣服的各族人，不限汉族，当然汉族人口最多）、南人（最后被征服的南宋人）。尤其是在元前期，"南人"遭受大力压制，他们所说的南方话（不论是方言还是官话）绝不会得到蒙古统治者的青睐。

不过，吕叔湘关于中原官话在金元时期南下的结论也应该是对的，年代上更准确地说，是南北宋交替及以后的一段时间。结合两宋间的社会人文历史，以及江淮官话、西南官话的音韵特点，笔者暂作以下推论：靖康之变及随后的宋金战争所造成的难民潮使大量中原民众和官员、文人进入江、淮流域及其以南，带来强势的中原汉语，与南方的非官话方言相融合，形成后来的"南部官话"①：在东段，中原汉语与当时的吴语融合而成为江淮官话的祖语；在西段，中原汉语与当时的楚语/湘语融合而成为西南官话的祖语②。详细的证明（不管是证实还是证伪）当俟诸明哲君子。

在这个认识前提下，本文在名称上作一点改变：官话分"南方系""北方系"可以是对北宋及其之前的叫法，到了元代，需要把中原汉语改称"中部官话"，与远北地区的"北部官话"和淮河以南的"南部官话"鼎立。③

4.5 现在回头来尝试回答本节开头提到的两个疑问。

对疑问一的回答：由于我们已经设定《蒙韵》是北部官话，那么把东北方言假设为它的后裔就比较方便，所以把长春、沈阳视为《蒙韵》类型。

对疑问二的回答：即使不能确定现代东北方言就是元代北部汉语的后裔，按照我们的观点，《蒙韵》本身就指明当时的北部官话是《蒙韵》类型，所以为之设一个北片是必然的。

当然，笔者也承认，虽然这个观点看起来是一个很有吸引力的假设，但目前尚缺乏决定性的证据。

笔者所见也有不同于李、黎两位学者的地方。譬如说，如前所言，在支思韵问题上，元代大都（今北京）话是《中原》类型，而非《蒙韵》类型。据高本汉（1915—1926"方言字汇"）和钱曾怡（2010）所记，归化/呼和浩特"B 知 [tʂʅ] ≠ C 枝 [tsɿ]"，而"C 诗 =D 师 [sɿ]"，是典型的《中原》类型。因此在这个问题上，笔者目前只能暂时把元代大都话以及现代晋语张呼片的祖语排除在北部官话之外。

4.6 接下来就是个极为重要的问题：为什么发展滞后的《蒙韵》类型会分布在南、北两片，而多走了一步的《中原》夹在南、北之间？

大体上说，一个民族语言的共通语总是整个语言的演化的引领者。所以，当文化中心的语言、共通语的基础方言跟其他方言在某一方面的发展有相同的方向时，共同语常

---

① 方言学上一般习惯把江淮官话、西南官话合称"南方官话"。这与上文的"南方系官话"是完全不同的概念。本文为相区别，把江淮、西南官话称为"南部官话"。

② 西南官话蔓延到西南诸省，主要是入明以后的事。

③ 较早提出官话三分的大约是刘勋宁（2005）。又，现代信（阳）蚌（埠）片方言因入声读法而归为中原官话，然基本分布在淮河以南。它在早期也应属于南部官话，视其梗曾、臻侵摄之合流同于江淮、西南官话即可知。

会超前一些，或者多一些变化步骤，而边缘地区的方言则拖后一些，或少一些变化步骤，从而显现出各方言在同一条演化路径上有先有后的差异。

依照汉语史和汉语方言研究的经验，北方方言／官话方言常常比南方诸方言发展得快一些，相对应的，南方方言存古的现象则多一些。这是由于中国的政治、文化中心长期在北方，因而共通语的基础方言也就总是北方的方言。这可以叫作"北方超前／创新，南方迟滞／存古"；究其社会原因，是"北方为中心，南方为边缘"。

上面这种说法，是把北方方言／官话方言作为一个整体，跟南方的各非官话方言相对而言的。在官话方言内部，南部官话（江淮官话、西南官话）在某些方面也会比中原及其以北地区的官话发展迟滞一些，因为中原汉语长期是共同语的基础方言。①

但是，一旦把元代北方地区的官话再区分出"中部／南方系官话"和"北部／北方系官话"之后，会发现后者有比前者发展滞后的地方，这时所呈现的景象就可能不好再说是"北方超前／创新，南方迟滞／存古"，而是要说"中部超前／创新，南部和北部迟滞／存古"了。

本文讨论的"支思韵问题"就是如此。对这个问题，可以推测有这样的过程：
①北宋之时，北方的官话，不论南方系还是北方系，都处于《四声等子》的状态。②
②嗣后，金兵南侵造成的大量难民南下使"南方系"官话进入江、淮，形成南部官话。
③南方系／中部官话发生 3.3 所说的（丁）音变，北部官话和南部官话都没这变化。
④中部官话继续走（戊）和（己）两步，成为《中原》类型。
⑤远北汉语／北部官话走（戊）'和（己）'两步，成为《蒙韵》类型；南部官话也走了（戊）'和（己）'两步，也变成与《蒙韵》相同的类型，并一直演化到今天。

简言之，是作为中心地区方言的中部官话多走了一步（丁），作为边缘地区方言的远北汉语和南部官话都没有这一步。结果是南、北都滞后，中原则超前。

这可以称为"中原为中心，南北为边缘"。这比说"北方为中心，南方为边缘"要合适。事实上，中原地区确实自古为中国的文化中心，语言上也是（何九盈 2007：151—155）。

地理语言学上把这种现象叫"ABA 分布"，其中 A 为存古，B 为创新（参看岩田礼 2009"绪论"）。在支思韵问题上，就是"A（北）—B（中）—A（南）"分布。不

---

① 南宋应以临安（杭州）官话为共通语，它当然是中原汉语的分支。杭州话变成一种特殊的吴语，自是元代以后的事。

② 当时北方地区在政治上是分裂的，不但远北，还有燕（北京）云（云中即大同）地区都在契丹人手里，不在北宋治下。但看来这并未影响当时的北京话在支思韵问题上与中原汉语共同发展，大概是因为两者在唐后期已经有了共同的音系状态。

过，这个分布表现得略有欠缺：在历史文献上，可以看到"A（北《蒙韵》）—B（中《中原》）"，但在元代缺了"A（南）"①；在现代方言上，则只能看到"B（中，洛阳等）—A（南，南京等）"，缺了"A（北）"。只有把历史文献和现代方言两项资料合起来，才能看到全貌。这也是本文乐于把长春、沈阳视为《蒙韵》类型的后裔的缘故。

4.7 在本文谈到《蒙韵》和《中原》的另两项音系差异上，是否也表现出官话中的"中原为中心，南北为边缘"呢？

第一项，古全浊声母。《蒙韵》所代表的北部官话保存浊音，《中原》清化，塞音平送仄不送。有"A（北）—B（中）"，缺"A（南）"。

北宋邵雍《声韵唱和图》保存全浊声母，但其中塞音依平仄分两种变体，浊平与次清相配，浊仄与全清相配（周祖谟 1943）。笔者（麦耘 1998）曾构拟其浊平为强气声，浊仄为弱气声②。邵雍音当然是《中原》的先驱。从《蒙韵》看不出全浊送气与否或气声强弱之别，但也不能说它所表现的汉语音系一定没有，因为八思巴字显然无法表现气声的强弱，何况在汉语里那只是条件变体，作为对音系统，并非必须表现出来。③

今天南部官话一般是浊音清化、塞音平送仄不送，跟中原官话无异④。目前没有证据显示它们在元代是像北宋中原汉语那样还读浊音/气声而分送气不送气，还是跟元代中原汉语那样已经清化而变同全清和次清。

第二项，见组开口三四等。《蒙韵》有别，今山西等地方言也有别；《中原》不分，现代中原官话也不分。但无论历史文献还是现代方言，南部官话都不分。所以也是有"A（北）—B（中）"，同样缺"A（南）"。

这两项都凑不成"ABA"分布，都缺南部的资料。不过南部官话会相对存古，这一点比较容易令人接受；本文讨论的重点是北部官话有时会比中部官话存古，以上两项都显露出这一点来。

4.8 上面分析《蒙韵》与《中原》的三项音系差异，并把它们作为元代北部官话与中部官话相对立的特征。当然，不能机械地凭这些特征划分方言。例如现代洪洞方言，韵图三四等见组有所分，是《蒙韵》类型（但零声母不同），而在支思韵问题上则属《中原》类型（资料见乔全生 1999），仅就这两点看，无法说洪洞方言的祖语是近代

---

① 若将《韵会》看作元代通行于福建的官话，这个缺倒可以补上。不过对此笔者无法认可，见前文注。如果往下延伸到明代，则是可以找到一些文献材料的。

② 其实分别构拟为送气和不送气的"清声浊流"也是可以的。清辅音送气、后接气声化元音，和清辅音不送气、后接气声化元音，这两种音型可以互为变体（参看麦耘 2018；还可参看朱晓农 2010a）。

③ 卓从之《中州乐府音韵类编》显示古全浊音在当时大都话中的表现为中部官话类型。

④ 泰如方言一般被归为江淮官话一片，其全浊清化后，塞音全部送气。不过此方言应该是很晚近才从吴语转为官话的（或可晚至清代），故在这个问题上不宜与其他南部官话放在一起讨论。

中部官话还是北部官话。

比较合适的说法是：当时确有典型的中部官话和北部官话两大类，但也有其他多个方言，这些方言或具有中部官话的这个特征，或具有北部官话的那个特征，并不会一刀切地"选边站"。事实上，现代方言的分区工作也每每会碰到这类情况，属于语言生态中的常见现象。

不管怎样，中心性的中部官话偏向于超前/创新，边缘性的南部、北部官话则较偏向于迟滞/存古，至少这个特点在本文讨论的这三项里体现出来了。

至于近代两个类型的官话及各个语音特征与现代方言的对应，它们后来的演化、接触、扩散、流徙等等，都还有待进一步调查研究。

参考文献

北京大学中国语言文学系语言学教研室　编　2003　《汉语方音字汇》（第二版重排本），语文出版社。
道　布　1983　《蒙古语简志》，民族出版社。
冯　蒸　2001/2006　《论〈切韵指掌图〉三/四等对立中的重纽和准重纽——兼论〈指掌图〉重纽和准重纽与〈蒙古字韵〉的关系》，《冯蒸音韵论集》，学苑出版社，2006。
高本汉　1915—1926/1940/1995　《中国音韵学研究》（中译本），商务印书馆，1995。
耿振生　2005　《〈中原音韵〉的原始著作权和它的基础方言问题》，《语言学论丛》第三十一辑，商务印书馆。
何九盈　2007　《汉语三论》，语文出版社。
黄笑山　1994　《试论唐五代全浊声母的"清化"》，《古汉语研究》第 3 期。
黎新第　2007　《对元代官话基础方言问题的再探讨》，《近代官话语音研究》，语文出版社。
李立成　2002　《元代汉语音系的比较研究》，外文出版社。
李　荣　1956　《切韵音系》，科学出版社。
李新魁　1983　《〈中原音韵〉音系研究》，中州书画社。
李新魁　1994　《广东的方言》，广东人民出版社。
刘海阳　2017　《韵图三四等对立在现代方言中的反映》，《方言》第 4 期。
刘勋宁　1995/1998　《再论汉语北方话的分区》，《现代汉语研究》，北京语言文化大学出版社，1998。
龙果夫　1930/2004　《八思巴字和古官话》（中译本），收入罗常培、蔡美彪 2004。
陆志韦　1947a/1988　《释〈中原音韵〉》，《陆志韦近代汉语音韵论集》，商务印书馆，1988。
陆志韦　1947b/1985　《古音说略》，《陆志韦语言学著作集》（一），中华书局，1985。
罗常培　1959　《论龙果夫的〈八思巴字和古官话〉》，《中国语文》第 12 期。
罗常培　蔡美彪　编著　1959/2004　《八思巴字与元代汉语》（增订本），中国社会科学出版社，2004。
吕叔湘　1985　《近代汉语指示词》，学林出版社。
麦　耘　1992/1995　《论重纽及〈切韵〉的介音系统》，收入麦耘 1995b。

麦　耘　1994/1995　《关于章组声母翘舌化的动因问题》，收入麦耘 1995b。
麦　耘　1995a　《〈蒙古字韵〉中的重纽及其他》，收入麦耘 1995b。
麦　耘　1995b　《音韵与方言研究》，广东人民出版社。
麦　耘　1998/2012　《"浊音清化"分化的语音条件试释》，收入麦耘 2012。
麦　耘　2000　《汉语语音史上词汇扩散一例——卷舌咝音使 i/j 消变的过程》，《声韵论丛》第 9 辑，（台湾）学生书局。
麦　耘　2002/2012　《汉语语音史上"中古时期"内部阶段的划分——兼论早期韵图的性质》，收入麦耘 2012。
麦　耘　2004/2012　《汉语语音史上的 ɿ 韵母》，收入麦耘 2012。
麦　耘　2005　《"〈韵会〉有前腭声母说"商榷》，《语言研究集刊》第二辑，上海辞书出版社。
麦　耘　2012　《著名中年语言学家自选集·麦耘卷》，上海教育出版社。
麦　耘　2015　《汉语的 R 色彩声母》，《东方语言学》第 15 期，上海教育出版社。
麦　耘　2016　《汉语方言中的舌叶元音和兼舌叶元音》，《方言》第 2 期。
麦　耘　2017　《对用统一标准划分方言的反思——以"浊音标准"为切入点》，《中国语文》第 3 期。
麦　耘　2018　《古全浊声母在湘南东安土话中的表现》，《汉语与汉藏语前沿研究——丁邦新先生八秩寿庆论文集》下卷，社会科学文献出版社。
麦　耘　2022　《中古音系研究框架——以介音为核心，重纽为切入点》，《辞书研究》第 2 期。
宁继福　1985　《中原音韵表稿》，吉林文史出版社。
宁忌浮　1997　《古今韵会举要及其相关韵书》，中华书局。
潘悟云　朱晓农　1982/2002　《汉越语和〈切韵〉唇音字》，《著名中年语言学家自选集·潘悟云卷》，安徽教育出版社，2002。
钱曾怡　主编　张树铮　罗福腾　副主编　2001　《山东方言研究》，齐鲁书社。
钱曾怡　主编　2010　《汉语官话方言研究》，齐鲁书社。
乔全生　1999　《洪洞方言研究》，中央文献出版社。
沈钟伟　集校　2015　《蒙古字韵集校》，商务印书馆。
宋洪民　2017a　《八思巴字资料与蒙古字韵》，商务印书馆。
宋洪民　2017b　《再论〈蒙古字韵〉中的喻三入疑》，《历史语言学研究》第十一辑，商务印书馆。
太田辰夫　1954/1991　《关于"汉儿言语"——试论白话发展史（中译本）》，《汉语史通考》，重庆出版社，1991。
王硕荃　2002　《古今韵会举要辨证》，河北教育出版社。
王文敏　陈忠敏　2011　《维吾尔语的内爆发音》，《民族语文》第 6 期。
王文敏　2017　《从维吾尔语清浊爆发音的性质看"清浊颠倒"现象》，"首届民族语文青年学者高级研修班"论文，广州。
许宝华　陶　寰　2015　《松江方言研究》，复旦大学出版社。
岩田礼　2009　《汉语方言解释地图》，（日）白帝社。
杨耐思　1981　《中原音系》，中国社会科学出版社。
《藏缅语语音和词汇》编写组　1991　《藏缅语语音和词汇》，中国社会科学出版社。
张启焕　陈天福　程　仪　1993　《河南方言研究》，河南大学出版社。
张玉来　耿　军　校　2013　《中原校本　附中州乐府音韵类编校本》，中华书局。

照那斯图　杨耐思　编著　1987　《蒙古字韵校本》，民族出版社。
赵翠阳　2014　《慧琳〈一切经音义〉韵类研究》，中国社会科学出版社。
赵相如　朱志宁　1985　《维吾尔语简志》，民族出版社。
赵元任　1928/2011　《现代吴语的研究》，商务印书馆，2011。
赵元任　1935/2002　《中国方言当中爆发音的种类》，《赵元任语言学论文集》，商务印书馆，2002。
郑再发　1965　《蒙古字韵跟跟八思巴字有关的韵书》，台湾大学。
郑张尚芳　1998/2012　《〈蒙古字韵〉所代表的音系及八思巴字一些转写问题》，《郑张尚芳语言学论文集》下册，中华书局，2012。
周祖谟　1943/1966　《宋代汴洛语音考》，《问学集》下册，中华书局，1966。
朱晓农　2010a　《全浊弛声论——兼论全浊清化（消弛）低送高不送》，《语言研究》第3期。
朱晓农　2010b　《语音学》，商务印书馆。
朱晓农　2018　《语音答问》，学林出版社。
Shen, Zhongwei（沈钟伟）2008　*Studies on the Menggu Ziyun*.（台湾）"中研院"语言学研究所。
Zee, Eric（徐云扬）1994　A theory of the bifurcation of the Middle Chinese voiced syllable-initial stops and affricates into aspirates and unaspirates after devoicing.《中国境内语言暨语言学》第2辑。

On Same Differences of Phonology between *Mongyoltshi'uin* and *Zhongyuan-Yinyun*, and the Phenomenon as "Zhongyuan as the Centre, North and South as the Edges" in the Old Mandarin

MAI Yun

Abstract: The paper discussed three differences of phonology between *Mongyoltshi'uin* and *Zhongyuan-Yinyun* as (i) the expression of the old 'voiced' consonants, (ii) the limit or mix of III division vs. IV division, and (iii) the discrepancy in Rhyme *Zhi-si*. In these sides, *Mongyoltshi'uin* kept the older features and mirrored the reality phonetic condition of the North Mandarin in Yuan Dynasty. At the same time, there were the Centre Mandarin which took *Zhongyuan-Yinyun* as the represent at the Zhongyuan area, and the South Mandarin at the south of the Huai River. The evolutionary rate varied in three Mandarins: the Centre Mandarin often appeared more innovations, but the North and South ones stagnated relatively.

Key words: reverse between the voiced and the voiceless, III division and IV division, Rhyme *Zhi-si*, character of *Mongyoltshi'uin*, distribution by 'ABA'

（麦耘　江苏师范大学语言科学与艺术学院　221009 / 中国社会科学院语言研究所　100732）

释"完""髡"

胡敕瑞

提　要　本文由两部分组成，分别讨论了"完"字以及从完得声的"莞"字的训释问题。第一部分讨论了"完"读如"髡"与读如"宽"的两种用法，这两种用法并非"完"的本义，而是"完"的两种假借用法。第二部分讨论了表示欢笑貌的"莞"与"莧"无关，而与"萈"有关。"莞"与"萈"音近相通，两字与从藋得声的"欢"音近相通。文章也订正了前人的一些错误看法。

关键词　传世文献　音近义通　训诂校勘

一　释"完"

《汉书·刑法志》："凡杀人者踣诸市，墨者使守门，劓者使守关，宫者使守内，刖者使守囿，完者使守积。"颜师古注："完谓不亏其体，但居作也。积，积聚之物也。自此以上，掌戮所职也。"

古代伤害人身肉体的刑罚，包括毁伤肌肤的墨、劓①、阉割生殖器官的宫刑，还有断截肢体的刖和大辟。颜注所谓"不亏其体"意谓不毁损人身肉体，特指未遭受墨、劓、刖、宫、大辟等五种肉刑②。根据颜师古的注释，"完者使守积"意谓"未遭受肉刑的人就让他们守护积聚之物"。"完者"虽然指未遭受肉刑的人，但其中的"完"并不是身体完好无损的意思。颜注过分强调"完谓不亏其体"，似有误解"完"的词义之嫌。此处"完"非谓身体完好无损，"完者"之"完"当读如"髡"。

《说文·髟部》："髡，剃发也。从髟、兀声。髡，或从元。"段玉裁注"亦从元声，古或假完为髡。"

---

* 本文是教育部人文社会科学重点研究基地重大项目"基于上古汉语语义知识库的历史语法与词汇研究"（18JJD740002）的阶段性成果。感谢匿名审稿人提出的中肯意见。

① 《战国策·秦策一》："法及太子，黥、劓其傅。"高诱注："刻其额，以墨实其中曰黥；截其鼻曰劓也。"

② 《汉书·刑法志》："五刑，墨罪五百，劓罪五百，宫罪五百，刖罪五百，杀罪五百，所谓刑平邦用中典者也。"颜师古注："墨，黥也，凿其面以墨涅之；劓，截鼻也；宫，淫刑也，男子割腐，妇人幽闭；刖，断足也；杀，死刑也。自此以上，司刑所职也。"《唐律·名例》："昔者，三王始用肉刑。"长孙无忌等疏："肉刑：墨、劓、剕、宫、大辟。"

"髡"或体从髟、从元（元即头），元亦声。"髡""完"皆从元得声，"完"可通"髡"。《集韵·没韵》："髡，去发刑，或作完。"《汉书》中的那段话乃引自《周礼》，《汉书》中的"完"在《周礼》中正作"髡"，文如下：

> 《周礼·秋官·司寇》："凡军旅、田役，斩杀、刑戮亦如之。墨者使守门，劓者使守关，宫者使守内，刖者使守囿，髡者使守积。"郑司农云："髡当为完，谓但居作三年、不亏体者也。"①

郑众认为"髡当为完"，欲将"髡"字改作"完"字②，不妥。"完"与"髡"音近相通，"完"是假借字，"髡"是本字。"髡者"指被髡除毛发的人，郑注所谓"不亏体者"正是指"髡者"。因为与"墨者""劓者""宫者""刖者""大辟"等亏损身体者相比，被髡除毛发的"髡者"乃是一种未毁损身体的轻犯③。《孝经·开宗明义》："身体发肤，受之父母，不敢毁伤，孝之始也。"髡除须发的髡刑是毛发受损，毁伤肌肤的黥、劓之刑是肌肤受损，断截肢体的刖和大辟是身体受损。断截肢体重于毁伤肌肤，而毁伤肌肤又重于髡除毛发，所以司马迁在《报任安书》中说"其次剔毛发、婴金铁受辱④，其次毁肌肤、断肢体受辱"。

或以为完刑即耐刑，这恐怕是不对的⑤。完刑是剔除头发，耐刑仅剔除须鬓（而不剔除头发），两种刑罚有轻重之别。

> 《说文·彡部》："耏，罪不至髡也。从而、从彡。耐，或从寸。诸法度字从寸。"

> 《汉书·高帝纪》："令郎中有罪耐以上，请之。"颜师古注引应劭曰："轻罪不至于髡，完其耏鬓，故曰耏。古耐字从彡，发肤之意也。"

新见出土材料也可说明"完"有别于"耐"，例如：

> 《岳麓书院藏秦简（叁）》简244："有（又）取卒畏夐冣（最）先去、先者次十二人。完以为城旦、鬼薪。有（又）取其次十四人，耐以……"

简文中既有"完"又有"耐"，可见完刑不同于耐罪。简文中的"完"亦读如"髡"，谓剔除头发。

《汉书》中除了有"完"读如"髡"的用例外，还见"完"的其他用例，例如：

---

① 郑玄注："玄谓此出五刑之中，而髡者必王之同族不宫者，宫之为翦，其类髡头而已。守积，积在隐者宜也。"
② 汉代"髡"刑多用"完"字，郑众或许是出于时俗用字的缘故而有此改字之说。
③ 《后汉书·仲长统传》："肉刑之废，轻重无品，下死则得髡钳，下髡钳则得鞭笞。死者不可复生，而髡者无伤于人。"
④ "去毛发"指髡刑，"婴金铁"指钳刑。《史记·季布栾布列传》："乃髡钳季布，衣褐衣，置广柳车中。"
⑤ 古人应劭、近人程树德、今人刘海年都认为"完"即"耐"，详参韩树峰《秦汉律令中的完刑》（《中国史研究》2003年第4期）。该文认为《睡虎地秦墓竹简》与《张家山汉简》记载的"完"刑，其含义因时而变。感谢匿名审稿人提醒关注出土文献中"完"的解读问题，并提供了下列岳麓秦简一例。

《汉书·惠帝纪》:"民年七十以上若不满十岁,有罪当刑者,皆完之。"孟康注:"不加肉刑髡鬀也。"颜师古注:"若,预及之言也。谓七十以上及不满十岁以下,皆完之也。"

古代的"肉刑"专指毁肌肤、断肢体等重刑,而"髡鬀"特指鬀去毛发的轻刑①。孟注的"不加肉刑髡鬀也"存在两种不同的读法:一是读作"不加肉刑,髡鬀也",二是读作"不加肉刑、髡鬀也"。按照第一种读法,孟注的意思是"不施加毁肌肤、断肢体的肉刑,只鬀除其毛发";按照第二种读法,孟注的意思是"不施加毁肌肤、断肢体的肉刑以及鬀除毛发的髡刑"。

颜师古的注释无助于判别孟注的哪一种读法正确,为此后世莫衷一是,至今犹存两种歧解。按照第一种读法,"皆完之"的"完"可读如"髡",《汉书·惠帝纪》一段话的意思是"老百姓年龄七十岁以上或不到十岁的,有犯罪该受处罚的,都不施加肉刑而只鬀除他们的毛发"。仓修良等(1996:331)即采用这种读法,认为"'当刑者皆完之',就是应当处肉刑的都改为剃光头发须鬓的毛发刑罚"②。按照第二种读法,"皆完之"的"完"可理解为"免",《汉书·惠帝纪》一段话的意思是"老百姓年龄七十岁以上或不到十岁的,有犯罪该受处罚的,都免除他们的处罚"。王先谦即采用这种读法,王先谦补注:"完,谓免也。荀《纪》作'免之'。"(1983:66)

至少有两点理由支持第二种读法比第一种读法好。也就是说,王先谦释"完"为"免"比仓修良等人读"完"为"髡"更为可取。理由之一,自古以来就有赦免老者和幼者之法。《周礼·秋官·司寇》载有"司刺掌三刺、三宥、三赦之法","壹赦曰幼弱,再赦曰老耄,三赦曰蠢愚"③。《汉书·食货志》:"七十以上,上所养也;十岁以下,上所长也。"因为七十以上的老者和十岁以下的幼童都是优养和助长的对象,所以都在免罪之列。理由之二,王先谦之所以将"完"释为"免",乃有荀悦《汉纪》的异文作为佐证。

《汉纪·孝惠皇帝纪》:"民年七十已上,十岁已下,有罪当刑者,免之。"《汉纪》乃由荀悦依据《汉书》改编而成,荀悦与班固同为东汉时人,他把《汉书》的"完之"改为"免之",应该是有依据的。

王先谦释"完"为"免",显然受了荀悦《汉纪》的启发。杨树达(1955:23)却不同意王先谦的解释。杨树达按:"《周礼·秋官·掌戮》郑司农注云:'完谓但居作三

---

① 《后汉书·冯鲂传》:"褒等闻帝至,皆自髡剔,负铁锧,将其众请罪。"李贤注:"谓剃去发也。"
② 还有一些类似的看法,如施丁(1994:40)注:"完:完刑。不加肉刑(不损其体),但劳作。"
③ 玄应《一切经音义》卷五"原赦":"《说文》:'赦,宽免也。'《三苍》:'赦,舍也。'《周礼》:'掌三赦之法,一赦幼小;二赦老耄,三赦愚蠢也。'"《汉纪·孝成皇帝纪》:"诏民年未满十岁贼斗杀人及犯殊死者,上请廷尉以闻,得减死。"

年，不亏体者也。'孟康云：'不加肉刑髡鬀'，义与彼合。若免则赦免不治罪，非其理矣。荀《纪》'免'殆是误字，王据彼为训，大误。"杨氏的按语有可商之处。首先，杨氏认为孟康注语"不加肉刑髡鬀"与郑众释义相合，并不符合事实。郑众的"不亏体者"是针对（未遭受毁肌肤、断肢体的）"髡者"而言的①，孟康的"不加肉刑髡鬀"是包括而非针对"鬀除毛发的髡刑"而言的。两者意义判然有别，不可牵合。其次，杨氏谓"若免则赦免不治罪，非其理矣"，然而年龄七十以上、十岁以下均赦免其罪，自古即有成法，并非不合理②。此外，杨氏怀疑荀悦《汉纪》的"免"是误字，亦是缺少客观证据的臆说，据此攻讦王氏的说法，难以令人信服。

王先谦根据荀悦《汉纪》的异文，对《汉书》的理解大致是对的。但是他径自将"完"释为"免"，的确容易让人产生疑窦。原因很简单，因为古籍中从未见到"完"释为"免"的其他例证。我们认为《汉书》"皆完之"的"完"当读作"宽"。

《说文·宀部》："完，全也。从宀、元声。古文以为宽字。"段玉裁注："此言古文假借字。"③

根据《说文》，古文可假借"完"为"宽"，"完"古音为匣纽元部、"宽"古音为溪纽元部，两字音近相通。不过传世文献罕见"完"用为"宽"例④，但是出土文献间见用例，例如：

《古玺汇编》4911："明上完下。"

《长沙五一广场东汉简牍（贰）》木两行540："世、定、昌、匡无他奸诈，请理出付部主者，亭长令具完厚任五人，征召可得。"

前一例，何琳仪（1998：1016）认为"晋玺'完'读'宽'。《广韵》：'宽，爱也。'"后一例，李均明（2017：2）认为简中的"完，延用古文'宽'的写法，《说文》：'古文以为宽字。'故'完厚'即'宽厚'，正直厚道的意思。"⑤《汉书·惠帝纪》"皆完之"的"完"亦当读作"宽"，"宽"有"赦免""宽宥"义，例如：

《史记·三王世家》："孝昭以骨肉之亲，不忍致法，宽赦旦妻子，免为庶人。"

《汉书·常山宪王刘舜传》："舜，帝少子，骄淫，数犯禁，上常宽之。"

---

① 换言之，"不亏体者"是指"鬀除毛发的髡刑"。郑众的意思是，髡者只服劳役三年，不受毁伤身体的肉刑。

② 荀悦《汉纪·孝景皇帝纪》："诏曰'其令八岁以下，八十以上及孕子未乳当鞠系者，无讼系之。'"免罪的年龄虽略有不同，但均谓年老、年幼无用治罪。

③ 《集韵·桓韵》："宽，缓也。古作完。"

④ 荀悦《汉纪·孝宣皇帝纪》："大夫田宽有功于齐。"又"夫近臣自危，非宽计也。"两个例句中的"宽"字，一本分别作"完"。

⑤ 《长沙五一广场东汉简牍（陆）》四四九+五八七六+五八六七+四三四四+三七七八+二五七四木两行："……□完厚吏、任各五人，尽力考实奸诈。"其中"完厚"亦读如"宽厚"。

《申鉴·政体》:"故先王之刑也,官师以成之,棘槐以断之,情讯以宽之。""宽"与"免"同义,均谓宽免、赦免①。班固《汉书》"皆完之"的"完"读作"宽",荀悦在《汉纪》中则改作"免",这是一种同意替换的改造。众所周知班固《汉书》好用古文,荀悦也许正是苦于班固《汉书》的艰涩难读,于是便将古奥的"皆完之"改成了浅易的"皆免之"。然而《汉书》"皆完之"的"完"不能像王先谦那样径训为"免",《汉书》"皆完之"的"完"当读作"宽",这是班固循古的一种用法。

本节所讨论《汉书》两例中的"完",均非"完"的本义,"完"的本义为"全"。《汉书·刑法志》"完者使守积"的"完"当读作"髡"(义为剔除毛发),《汉书·惠帝纪》"皆完之"的"完"当读作"宽"(义为宽免),两例分别是"完"的两种假借用法。"完"假借为"髡"是汉人的通行用法(例多见),以至于郑众认为"髡"当作"完";"完"假借为"宽"是汉人的存古用法(例罕见),以至于荀悦修改"完"为"免"。

二 释"莞"

"莞"是一种编织席子的蒲草,俗名"席子草";这种蒲草细管中空有点像葱,故又名"水葱"或"葱蒲";挑取这种草茎中的虚白细芯,可以渍油燃灯,故又名"灯芯草"。"莞"与"蒲""萑""芦""苇"相类,多丛生于原隰之地②。

《管子·地员》:"凡草土之道,各有谷造。或高或下,各有草土。叶下于郁,郁下于苋,苋下于蒲,蒲下于苇,苇下于萑。"

王念孙《读书杂志·管子第九》"苋"条曰:

"'苋'当为'莞'。《尔雅·释草》:'莞,苻蓠。'某氏曰:'《本草》云:白蒲一名苻蓠,楚谓之莞蒲。'《小雅·斯干篇》:'下莞上簟。'郑笺曰:'莞,小蒲之席也。'《释文》曰:'莞草丛生水中,茎圆,江南以为席,形似小蒲而实非也。'莞似蒲而小,故曰'莞下于蒲'。若'苋',则非其类矣。《逸周书·文传篇》曰:'润湿不穀,树之竹苇莞蒲。'《穆天子传》曰:'爰有萑苇莞蒲。'此文云'莞下于蒲,蒲下于苇,苇下于萑',则'苋'字明是'莞'字之讹。隶书'完'字或作'㝎',形与'见'相似,故诸书中'莞'字多讹为'苋'。(《夬》:'九五,苋陆夬夬。'虞注曰:'苋,读夫子苋尔而笑之苋。''苋'即'莞'字之讹,故《释文》云:'苋,一本作莞。'《论语·阳货篇》:'夫子莞尔而笑。'《释文》:'莞,作苋。'

---

① 慧琳《一切经音义》卷四十四"原赦"引《说文》:"赦,宽免也。从支,赤声也。"《史记·三王世家》:"宽赦旦妻子,免为庶人。"均能说明"宽""赦""免"同义。

② 《周礼·地官·司徒》:"五曰原隰,其动物宜臝物,其植物宜丛物。"郑玄注:"丛物,萑苇之属。"

《楚辞·渔父》：'渔父莞尔而笑。''莞'，一作'莧'。《列子·天瑞篇》：'老韭为莧。'《释文》：'莧，一作莞。'《文选·辨亡论》：'莞然坐乘其敝。'李善本作'莧'。)"①

王氏这条札记不但校订了《管子·地员》中的"莧"字，而且还广校其他书中的"莧"字，他认为这些书中"莧"字均是"莞"字形误。王氏校订的理由似乎很充分。第一，他说"若'莧'，则非其类矣"，意谓如果《管子·地员》文作"莧"，则与上下文所论之物不相类同（因为"莧菜"与"苇""蒲""萑"等草不同类）。第二，他说"隶书'完'字或作'兌'，形与'见'相似，故诸书中'莞'字多讹为'莧'"，明确说明了"莞"误为"莧"之由。第三，王氏还列举了《易》《论语》《楚辞》《列子》《文选·辨亡论》等文本存在"莧""莞"异文相讹混的证据。王氏的校订看似有理有据，因此其说广为学界所信从。

我们认为王念孙的这则校订恐怕不可信凭。从事理上看，隶书"完"字与"见"字形体的确很相似，但是早于隶书使用时代成书的《易》《论语》《楚辞》《管子》有可能在隶书使用之前就发生了错误②，而晚于隶书使用时代的《列子》《文选·辨亡论》则不可能发生因隶书形体相似而产生的讹混③。退一步讲，即便承认"莞"与"莧"存在因形体相似而导致误写的可能，这种误写在个体书写者手里亦往往是偶发性的，笔误不太可能如此普遍地发生在王氏列举的所有文本中。然而，仅仅作这番事理性的推阐尚不足以驳倒王氏，下面就以王氏所列举的具体例子来作更深入的讨论。

《周易·夬》："九五，莧陆夬夬，中行无咎。"虞翻注："'莧'，悦也。读'夫子莧尔而笑'之'莧'。"陆德明音义："'莧'，闲辨反，三家音胡练反，一本作'莞'，华板反。"

从虞翻注释可知，《周易》"莧陆夬夬"之"莧"与《论语》"夫子莧尔而笑"之"莧"读同。

《论语·阳货》："夫子莞尔而笑曰：'割鸡焉用牛刀！'"陆德明音义："'莞尔'，华版反，本今作'莧'。"黄焯（1980：216）校曰："案《释文》作'莧'，谛甚。《易·夬》'莧陆夬夬'虞注'莧，悦也。读如夫子莧尔一笑之莧'是也，今作'莞'者，盖'莧'省变作'莞'。"④

---

① 王念孙《读书杂志》，江苏古籍出版社，1985年，493—494页。括号内的字，王念孙原用小字注释。
② 《周易·夬》："九五，莧陆夬夬。"虞翻注："'莧'，悦也。"如果《周易》原本作"莞"，无论是词义引申或假借，"莞"都不可能训"悦"，这说明虞翻所见《周易》不作"莞"，而是作"莧"（通"莞"）。王念孙在引用虞翻注的时候，有意回避了这个对其不利的证据。由虞翻注可知，其所见《周易》并不作"莞"。
③ 《列子》一般认为是魏晋时期的伪作，《辨亡论》的作者陆机是西晋时人，魏晋已流行楷书。
④ 黄焯大概忽略了"莞""莧"音近可以相通，因此误以为"莞"乃"莧"字省变之误。

从陆德明释文可知，唐以前《论语》"夫子莞尔而笑"的"莞"本作"莧"[①]。黄焯校正指出陆德明释文确实是作"莧"（音华版反），而不是作"莧"（音闲辩反）。黄焯的这个校正很重要，这说明今本《周易》"莧陆夬夬"的"莧"、今本《论语》"莞尔一笑"的"莞"原本都应当作"莧"。"莧"与"莧"字形很相似，但仔细分辨是有差异的。

《说文·艹部》："莧，莧菜也。从艹、见声。"

《说文·莧部》："莧，山羊细角者。从兔足、首声[②]。凡莧之属皆从莧。读若丸。宽字从此。"

"莧"为细角山羊，许慎分析为形声字，恐不可信。"莧"应该是一个象形字，上像羊角（即丫）而不是"艹"头[③]，下像兔足而不是"见"字[④]。"莧"是莧菜，是从艹、见声的一个形声字。

《说文》"莧"字下曰"宽字从此"，谓"宽"字从莧[⑤]；《说文》"完"字下曰"古文以为宽字"，谓"完"用如"宽"。《说文》有关"宽"从莧得声、"完"读如"宽"的记载，让人恍然明白"莞"与"莧"存在通假关系，两字古音同为匣纽、元部。"莧"之通"莞"，犹如"完"之通"宽"：

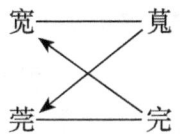

上一节"释完"已论证"完"读如"宽"，这一节"释莞"即论证"莧"读如"莞"。根据许慎的注音，可知"莧"亦读若"丸"；而"丸"又与"完"音同，两字亦多见通用。例如：

马王堆帛书《养生方》037—038c："完（丸）如鼠矢，阴干，□入八完（丸）叔（菽）酱中，以食。"

马王堆帛书《养生方》105c："即以松脂和，以为完（丸）。"

马王堆帛书《养生方》175c："若枣脂完（丸），大如羊矢，五十里一食。"

"完"读若"丸"，"莧"读若"丸"，因此"莧"亦读若"完"。"莧"字异体即作"羦"，而"羦"又从完得声，这是"莧"与"完"相通的一个佳证。

---

① 惠栋《九经古义》："案《论语》'莞尔而笑'，'莞'本作'莧'，见《释文》。邢昺撰《论语疏》依唐石经作'莞'，从俗作也。"

② 《说文·首部》："首，目不正也。从丫、从目。凡首之属皆从首。莧从此。读若末。"许慎分析"莧"为首声，不当。

③ 《说文·丫部》："丫，羊角也。象形。凡丫之属皆从丫。读若菜。"

④ 楷写宋体"宽"字亦多省去下面一点，简化以后写作"宽"，该字下部亦写作"见"。

⑤ 确切地说，"宽"字应从莧得声，是一个从宀、莧声的形声字。

《后汉书·马融传》："绢猑蹏，鏦特肩，胆完羱，搃介鲜，散毛族，梧羽翚。"李贤注："完羱，野羊也。臣贤案《字书》作'羦'，音户官反，与'完'通。"王先谦集解引惠栋曰："《类编》云'羦，山羊细角者。'"①

"羦"与"莧"音义皆同，应该是古今异体字。初文"莧"是象形字，后来改造为从羊、完声的形声字"羦"②。李贤特地注明"羦（即莧）"与"完"通。

既然"莧"与"完"相通，自然"莧"与"莞"亦相通。无怪乎《周易》"莧陆夬夬"之"莧"与《论语》"莧尔而笑"之"莧"各有别本作"莞"。因为"莧"与"莞"相通，因此一本作"莧"、一本作"莞"均无妨。王念孙未能分辨"莧""莞"之异，且不谙传世《周易》《论语》之"莞"原本作"莧"，因此误以为诸本"莧"字均是"莞"字形误。

《楚辞》《列子》《文选·辨亡论》诸本中的"莞"原本亦应是"莧"，这些文本中的"莧"分别有异文作"莞"，亦是由于"莧"与"莞"可相通用所致，并非如王氏所说"诸书中'莞'字多讹为'莧'"。为避繁复，下面只就陆机《辨亡论》一例再作讨论。

　　《文选·陆机〈辨亡论〉》："由是二邦之将，丧气摧锋，势衄财匮，而吴莞然坐乘其敝。"五臣注："善本作'莧'。"李善注："《论语》曰：'子之武城，闻弦歌之声，莞尔而笑。'何晏曰：'莞尔，小笑之貌。'"吕向注："莞然，笑貌。示宽乐也。"③

陆机《辨亡论》这段话亦见引于《三国志》裴松之注文，文如下：

　　《三国志·吴书·孙晧传》裴松之注："由是二邦之将，丧气摧锋，势衄财匮，而吴藐然坐乘其弊。"④

《文选》文作"莞然"，《三国志》裴松之注作"藐然"，根据五臣注及李善注，可知陆机原文当是"莞然"，裴松之注所引"藐然"应该有误。请比较以下"莞""藐"两字的俗体：

　　《字汇补·艹部》："莧，同莞。"
　　《直音篇·艹部》："莧，同藐。"

"莞"的俗体作"莧"，"藐"的俗体作"莧"。两字的俗体逼似，很容易发生混淆。陆机文中的"莞（然）"或有写作俗体"莧（然）"者，后人不辨"莧（莞的俗体）""莧（藐的俗体）"，遂误将"莧（莞的俗体）"写成了"莧（藐的俗体）"，后又将"莧（藐的俗体）"转写为正体"藐"。因此，陆机文中的"莞然"便误为裴松之注的"藐然"。

根据五臣注曰"善本作'莧'"，可知李善注本作"莧然"。因为"莧"与"莞"音

---

① 王先谦《后汉书集解》，中华书局，1984年，683页。
② 古今辞书多将"羦""莧"区分为两字，是不知两字为异体字。
③ ［梁］萧统编、［唐］李善注《文选》，中华书局，1977年，737页。
④ 《三国志》第五册，一一八〇页。

近相通，因此既可如五臣注本作"莞然"、亦可如李善注本作"莧然"。《文选》一本作"莞"、一本作"莧"与《周易》《论语》一本作"莞"、一本作"莧"的情况如出一辙。不同本子用字虽然不同，但表示的是同一个词，不存在对错是非。

王念孙由于未分辨"苋""莧"之别，于是误以为各种别本中的"苋"均为"莞"字形误。王氏的这一臆断不但造成了一条错误的校订，更诬妄了《易》《论语》《文选》等诸种别本存在的价值。因为正是由于这些别本保存了难得一见的"莧"与"莞"相通的事实，才让后人知晓在写本时代有些文本中的"莞"在别本中又写作"莧"。不同的本子虽存有"莞""莧"用字的不同，但这些不同的用字反映的是文字通假现象，而存有文字通假现象的别本都有其价值。

之所以存在"莞"与"莧"的异文，是因为"莧"与"莞"音近相通。也正因为"莧"与"莞"音近相通，所以才在诸本中出现了"莞"与"莧"异文的普遍现象。这种普遍现象是王氏所持"苋"为"莞"误写的观点难以解释的。因为文字误写带有偶发性，而文字通假才具有普遍性。

"莞"形容笑貌，已见《周易》《论语》《文选》诸例，古代辞书《广雅》亦有明确记载。

《广雅·释诂一》："莞，笑也。"王念孙《疏证》："莞者，《论语·阳货篇》：'夫子莞尔而笑。'何晏注云：'莞尔，小笑貌。''莞'，各本作'苋'，乃隶书之讹，今订正。"钱大昭《疏义》："莞者，疑'苋'之讹。《论语》：'夫子莞尔而笑。'《释文》'莞'作'苋'，云：'华版反，本今作莞。'《夬》：'九五，苋陆夬夬，中行无咎。'虞翻注：'苋，悦也。读若夫子苋尔而笑之苋。''苋'亦训笑，故何晏曰：'苋尔，小笑貌。'是汉以来《论语》皆作'苋'，张博士时尚未讹为'莞'也。《楚辞·渔父篇》：'莞尔而笑。'王逸注：'笑离龈也。莞，一作苋。'然则《楚辞》亦是'苋'字，传写者改为'莞'也。"①

王念孙《疏证》认为训笑之字当作"莞"，其他各本作"苋"乃隶书"莞"字之讹，这一观点与其《读书杂志》一致。钱大昭《疏义》则认为训笑之字当作"苋"，其他各本作"莞"乃是"苋"字之讹。钱大昭显然亦未能分辨"苋""莧"之别，他所提及的各本中的"苋"字其实当作"莧"字。训笑的本字不应是钱大昭所说的"苋"②，那么是否如王念孙所说当作"莞"呢？

"莞"本义是编席的蒲草，"莧"本义是细角的山羊。"莞""莧"形容笑貌，不可能从其本义引申而来，应该是其假借用法。"莞""莧"古音同为匣纽、元部，与这两个字

---

① 王念孙《广雅疏证》，中华书局，1983年，39页。钱大昭《广雅疏义》，中华书局，2016年，105—106页。

② "苋"的本义是苋菜，训笑的本字当然亦不是"苋"。

音相近且具笑乐义的字,很容易让人想到"欢"字。

  《说文·欠部》:"欢,喜乐也。从欠、萑声。"①

"欢"从"萑"得声,而《说文》有关"嚾"字的注音,透露了"莧"与"萑"的音近关系。

  《说文·吅部》:"嚾,呼也。从吅、莧声。读若讙。"

许慎注明"嚾"字"读若讙"。"嚾"从莧声,"讙"从萑声,由此可见"莧"与"萑"声字相关涉。文献中亦可见"完"与"萑"声字相关涉,例如:

  《汉书·息夫躬传》:"涕泣流兮萑兰,心结愲兮伤肝。"臣瓒曰:"萑兰,泣涕阑干也。"颜师古注:"瓒说是。萑音完。"

  《汉书·晁错传》:"萑苇竹萧,屮木蒙茏,支叶茂接。"颜师古注:"萑,乱。苇,葭也。萧,蒿也。萑音完。"

"萑"简体作"萑",古籍中亦见"莞"与"萑"相通用。例如:

  《诗·小雅·小弁》:"有漼者渊,萑苇淠淠。"王先谦《诗三家义集疏》卷十七注:"鲁'萑'作'莞',韩作'萑'。"

  《仪礼·公食大夫礼》:"司宫具几与蒲筵常,缁布纯加萑席寻,玄帛纯皆卷自末。"郑玄注:"萑,细苇也。末经所终有以识之,必长筵者,以有左右馈也。今文萑皆作莞。"

  《左传·昭公二十年》:"泽之萑蒲,舟鲛守之。"《风俗通义·山泽第十》引作"泽之莞蒲,舟鲛守之。"

由此可见,"莞""莧"与从萑得声的"欢"音近义通,符合通假的音义条件。表示欢笑貌的"莞""莧",其本字很可能就是"欢"。后世为此还专门造了一个"睆"字,《玉篇·口部》:"睆,胡版切,小笑兒。"《集韵·潸韵》收有"莧、莞、睆"三个异体,注曰"莧尔,笑兒,或作莞、睆。"②

引用书目

[汉]荀悦、[晋]袁弘:《两汉纪》(张烈点校),中华书局,2002。
[晋]陈寿、[宋]裴松之注:《三国志》,中华书局,2000。
[梁]萧统编、[唐]李善注:《文选》,中华书局,1977。
[清]惠栋:《九经古义》(补印本),商务印书馆,1957。

---

  ① 许书还有"懽"字。《说文·心部》:"懽,喜款也。从心、萑声。"段注:"《欠部》曰:'欢者,喜乐也。''懽'与'欢'音义皆略同。"
  ② 传世本《集韵》"莧"亦误作"苋",方成珪《集韵考正》案:"'莧'上讹从艹,据《类编·见部》正。黄薇香谓下当从兔足。"详参赵振铎《集韵校本(下)》,上海辞书出版社,2013年,490页。

［清］黎翔凤：《管子校注》（梁运华整理），中华书局，2004。
［清］钱大昭：《广雅疏义》（黄建中、李发舜点校），中华书局，2016。
［清］王念孙：《读书杂志》，江苏古籍出版社，1985。
［清］王念孙：《广雅疏证》，中华书局，1983。
［清］王先谦：《汉书补注》，中华书局，1983。
［清］王先谦：《后汉书集解》，中华书局，1984。

参考文献

仓修良　主编　1996　《汉书辞典》，山东教育出版社。
丁福保　编纂　1988　《说文解字诂林》，中华书局。
韩树峰　2003　《秦汉律令中的完刑》，《中国史研究》第 4 期。
何琳仪　1998　《战国古文字典——战国文字声系》，中华书局。
黄　焯　1980　《经典释文汇校》，中华书局。
李均明　2017　《东汉时期的候审担保——五一广场东汉简牍"保任"解》，《湖南大学学报》（社科版）第 5 期。
罗福颐　主编　1981　《古玺汇编》，文物出版社。
裘锡圭　主编　2014　《长沙马王堆汉墓简帛集成（陆）》，中华书局。
施　丁　主编　1994　《汉书新注》，三秦出版社。
吴　恂　1983　《汉书注商》，上海古籍出版社。
杨树达　1955　《汉书窥管》，科学出版社。
长沙市文物考古研究所等　编　2018　《长沙五一广场东汉简牍（贰）》，中西书局。
长沙市文物考古研究所等　编　2020　《长沙五一广场东汉简牍（陆）》，中西书局。
赵振铎　2013　《集韵校本》，上海辞书出版社。
朱汉民　陈松长　主编　2013　《岳麓书院藏秦简（叁）》，上海辞书出版社。

Explanation of "*Wan*（完）" and "*Guan*（莞）"
HU Chirui

Abstract: This paper consists of two parts, discussing the interpretation of "*wan*（完）" and "*guan*（莞）" respectively. The first part discusses the two usages of "*wan*（完）" reading as "*kun*（髡）" and "*kuan*（宽）". These two usages are not the original meaning of "*wan*（完）", but two borrowed usages of "*wan*（完）". In the second part, this paper discusses that the expression "*guan*（莞）" has nothing to do with "*xian*（苋）", but has something to do with "*huan*（莧）". "*Guan*（莞）" and "*huan*（莧）" are closely connected with "*huan*（欢）". The article also corrects some wrong views of predecessors.

Key words: the ancient books, closely connected between sounds and meanings, interpretation and collating

（胡敕瑞　北京大学中国语言学研究中心/北京大学中文系　100871）

论检验书的"风/中风"
及其验尸叙述模式

高婉瑜

提　要　宋代《洗冤集录》是中国第一本成系统的检验书，性质是古代验尸工作之指导手册。该书对各种死因有不同程度的描述，病故方面，与"风"有关的是"缠喉风""邪魔中风""中暗风""破伤风"。本文旨在探索《洗冤集录》所记"风""中风"之疾，从传统医学系统澄清"风"的意涵，审视检验书疾病描写的真确性及验尸的叙述模式。古代认为"风"指风邪，是外感的致病因素。根据本文的梳理，《洗冤集录》的"风"可作"病因""病名"解，但无"症状"之义。从病因到病名，是"转喻"思维的作用。该书所述之"中风"指狭义中风（内风），但所述征象表现不一致。本文发现《洗冤集录》的验尸叙述与医学意义上的病理描写不同，该书采取"先整体后局部""由上而下"的轮廓式体表书写。再者，该书是以几种常见的病故征象做描述，而非遍载各类病死的尸体状况。

关键词　检验书　疾病名　风　验尸　叙述模式。

一　前言

传统医学疾病名研究的成果颇丰，专书方面，余云岫花了十年时间（1937—1947）写了《古代疾病名候疏义》，是病名研究较早的专著，他讨论《尔雅》《方言》《说文解字》《释名》《广雅》、十三经等书所收病名之意涵，这些病名多为单音节词，为以后病名的研究打下基础。张显成《先秦两汉医学用语研究》的材料主要是简牍文献，医学用语包括疾病词，他挑选出简牍或传世文献中的病名，对溯源的工作有所裨益。张纲《中医百病名源考》考察96组病名的意涵，如疹、疫、瘟、瘴、蛊等等，以单音词居多。全书引证丰富，论述详细，具有较高的参考价值。

学位论文、期刊论文成果众多，研究者背景以中医学界为主流，有的做特定书籍的病名研究，有的专就某一病名讨论。有关"风"的研究，可参王一童分析老官山医简的《诊治论》《诸病一》《刺数》《逆顺五色脉脏验精神》的"五风""四方风""脏腑风""八风"的"风"，提到医简有"凡风者百病之长也"，与《内经》的思想一脉相承，医简诸多的"风"是触冒外风引发的，与《内经》所述相似。不过，老官山医简未出现

"中风"一名。(王一童 2016:24—38)

针对"中风"的讨论,谈的较深入的是高驰、朱建平(2014)《"中风"病名源流考》,他们整理了战国至清代有关"中风"的重要学说,对"中风"之病的转变有清楚的介绍。

李贞实《〈伤寒论〉病名研究》虽然没有针对"风"做讨论,但他对中医病名诊断的研究现状所做介绍是值得参考的。他提到以往中医病名的概念已经不适用现代,原因是:1. 病症不分,以症命名。2. 病证混淆,称病为证。3. 归属不定,一病多名。4. 涵盖性广,一名多病。5. 疾病早期,无病可断。6. 病种不分。7. 与国际水平差距较大。(李贞实 2007:6—8)

笔者观察检验书的病名,亦发现有"病症不分""病证混淆""一病多名"等现象,例如"中风"是病还是症?"中风"有众多异称,如"卒死""卒中死""中暗风"等等。再如"中风"不指单一疾病,而是对应了多种疾病,现代所说突发性脑血管疾病,古代亦并入"中风"。

大抵而言,研究疾病名以医籍、医简为主要材料,还有做十三经、小说、佛典、辞典的医学词语。检验书是验尸手册,记录各种死因与尸体状况,保留一些医学用语和疾病名称,目前将检验书列入病名研究材料者希见。

宋代宋慈(1186—1249)的《洗冤集录》(1247)是中国最早的检验书,内容包括相关的条例法规、检验方法、尸体变化、判定死因之依据等等。《洗冤集录》的诞生对当时与后代检验工作影响深远,在官方的推动下,该书成为验尸者的案头书,后世出现一批《洗冤》系列的书籍,如清代官署整理的《律例馆校正洗冤录》(1742)、清代许槤(1787—1862)的《洗冤录详义》(1854)等等。《洗冤集录》目前所知最早版本是依元本校刊的《宋提刑洗冤集录》,收于孙星衍《岱南阁丛书》,此为本文所据之本。

古代的验尸是依照现场的状况、死者的体表现象推测死因,以为断案判刑的依据。基于检验之性质,《洗冤集录》有丰富的死亡描写,其中有多笔"风"的叙述,如《条令》"诸保辜者"注:"他故谓别增余患而死。假殴人头伤,风从头疮而入,因风致死之类,仍依杀人论。若不因头疮得风而死,是为他故,各依本殴伤法。"[1]此段有三例"风"字,据文意,三例应同义,但此处的"风"做何解呢?再如《自刑》:"又有人因自用口齿咬下手指者,齿内有风,着于痕口,多致身死,少有生者。"[2]此段的"风"与前揭之"风"所指相同吗?该书还记载其他多音节的"风",如"缠喉风""破伤风""邪魔中风""中暗风"。其中,"邪魔中风""中暗风""卒中死"宋慈是分条书写,所述情况

---

[1] [宋]宋慈编:《宋提刑洗冤集录》卷一《条令》,页4。
[2] [宋]宋慈编:《宋提刑洗冤集录》卷四《自刑》,页44。

颇为相类，同中尚有差异，似是三种不同的疾病，不过亦有主张"中暗风"即为"卒中死"之说。

本文旨在梳理《洗冤集录》"风""中风"之记录，审视检验体系如何描写"风"。"风"既为疾病，传统医学的"风"与"中风"所指为何？医学体系如何看待"风"与"中风"？若从医学脉络检视检验书"中风"的描述，是否贴切呢？透过对比，掌握检验书疾病书写的状况。众所周知，事物名称反映文化与思维，疾病的命名呼应古代疾病观，疾病名犹如认识疾病思维的一面镜子，是值得深究的课题。

二 "风"之内涵与疾病观

本节分两点论述，先谈传统医学所看待的"风"，接着，澄清"风"一词的意义。

（一）传统医学的"风"

传统医学认为"风"是致病的原因，是气候环境的病因，① 如《素问·风论》："故风者，百病之长也，至其变化，乃为他病也，无常方，然致有风气也。"② 此段谈到诸多疾病来自"风"（气）的侵袭，风善变动，无一定的常规，能引起疾病，医籍有众多以"风"命名之病，如"风湿""风寒""羊痫风"（癫痫）；或依所侵扰之脏腑位置为风命名，如"心风""肝风""肺风""脾风""肾风""胃风"。

医学所见的"风"不仅根据地理方位命名，还融入"正邪""虚实""阴阳"等思想。就"正邪"而言，"正风""邪风"伤人程度有别，如《灵枢·刺节真邪》："正气者，正风也，从一方来，非实风，又非虚风也。邪气者，虚风之贼伤人也，其中人也深，不能自去。正风者，其中人也浅，合而自去，其气来柔弱，不能胜真气，故自去。"③ 正气即是正风，"从一方来"指太乙所居之方，风得时之正为正风，④ 正风和而柔弱，中人较浅。虚气是虚风，善行数变，所以中人较深。⑤

以顺时与否区分"虚实"之风，见《灵枢·九宫八风论》："风从其所居之乡来为实风，主生，长养万物；从其冲后来为虚风，伤人者也，主杀，主害者。谨候虚风而避之，故圣人曰避虚邪之道，如避矢石然，邪弗能害，此之谓也。"⑥ 所谓"实风"是从顺

---

① 黄崇民：《认识传统医学的真貌》，页69—73。
② 杨维杰编：《黄帝内经素问译解》，页324。
③ 杨维杰编：《黄帝内经灵枢译解》，页546。
④ ［清］薛雪：《医经原旨》卷四《疾病邪气》，页10—11。
⑤ 栗山茂久《身体的语言》提到虚风代表偶然与不可测性，变化迅速且突然，才会与最剧烈、突发的疾病有关，例如中风、痉挛、发疯。风的变化无常，正是其成为百病之始的原因。参见栗山茂久著、陈信宏译（2000：276）。
⑥ 杨维杰编：《黄帝内经灵枢译解》，页567。

当令节气吹来的风，可生养万物。违反节令所吹之风称"虚风"，会伤害生命，要设法回避。栗山茂久亦认为"风"的致病力量与宇宙秩序有关，"风"的威胁来自时间的错乱，与空气本质、本身的方位无关。①

致病的"风"有很多种，"风"究竟是什么呢？张仲景《伤寒论》"阳明病若能食名中风"，成无己注："胃为水谷之海，风为阳邪。"②指明"风"是邪气中的阳邪，是一种外感的"病因"。"风"可称为"气"或"风气"，传统医学有"六气"，即风、寒、暑、湿、燥、火，六气随四时规律的变化，若一旦反常，会变成致病邪气，称为"六邪"或"六淫"。③

"风"被视为"邪气"的例子在古医籍不胜枚举，"风邪"经常连用，成为双音词，可以当"病因"解，如《诸病源候论·风邪候》："风邪者，谓风气伤于人也。人以身内血气为正，外风气为邪。若其居处失宜，饮食不节，致腑脏内损，血气外虚，则为风邪所伤。"④此段指出"风邪"属于外风气，由外侵入人体。《诸病源候论·风口㖞候》："风邪入于足阳明、手太阳之经，遇寒则筋急引颊，故使口㖞僻，言语不正，而目不能平视。"⑤"风邪"侵入经络，引起口歪斜、言语困难、眼睛无法平视的症状。《秘传证治要诀·中风》："天地间惟风无所不入，一罅不塞，来不可御。人之一身，缜密者少，疎漏者多。风乘之也，轻则为感，重则为伤，又重则为中。"⑥"风"无所不入，由外而内使人致病，人身有许多疏漏，易受风之侵袭，导致感风、伤风、中风。

据上所述，回头检视《洗冤集录》"诸保辜者"注所谓"风从头疮而入""因风致死""不因头疮得风而死"的"风"，《自刑》中"齿内有风，着于痕口，多致身死"的"风"，均指"风邪"之义，是一种外感的"病因"。

（二）"风"可表病因与病名

陈增岳（2017：210—211）提到疾病名称可分为两类："病名"与"证名"。"病名"是疾病的名称，例如霍乱、消渴。"证名"是描述疾病症状的名称，例如心烦、纽痛。

笔者认为就"风"而言，单用时可以是前揭之"病因"，还可指"病名"，或以语素身份与其他语素组成双音节"病名"，如《灵枢·寿夭刚柔》："病在阳者名曰风，病

---

① 栗山茂久著、陈信宏译（2000：271—272）。
② ［汉］张仲景述、［晋］王叔和撰次、［金］成无己注解：《注解伤寒论》卷五《辨阳明病脉证并治法》，页3。
③ 详细的论述参见［明］张介宾：《景岳全书》卷一《表证》，页7—8。
④ 丁光迪主编：《诸病源候论校注》，页64。
⑤ 丁光迪主编：《诸病源候论校注》，页11—12。
⑥ ［明］戴元礼：《秘传证治要诀》卷一《中风》，页1。

在阴者名曰痹，阴阳俱病名曰风痹。"① 此段中，"风"与"风痹"皆是"病名"。从"病因"义到"病名"义，是"转喻"（metonymy）思维的结果，病因"风"有高度显著性，故以"风"作为疾病的命名基础；如同病因"暑"有高度显著性，故以"暑"为疾病命名基础，衍生病名"中暑"。

《洗冤集录》有"风"当"病名"的记载。见《疑难杂说上》："如有涎及肿，恐患缠喉风死，宜详。"② 检验时，如果尸体（喉咙）有唾液而且肿起现象，要考虑罹患"缠喉风"所死的。根据《太平惠民和剂局方》所附《指南总论·论中风证候》论缠喉风证："皆因积热痰涎，上攻咽喉，口开不得，水浆不下。"③ "缠喉风"是风邪侵入咽喉，咽喉肿痛，导致口不能开，难以吞咽的疾病。

又如《洗冤集录·验他物及手足伤死》："若在辜限外死，须验伤处是与不是在头，及因破伤风灌注，致命身死。"④ 检验时，要考虑受伤处是否受风邪灌注，引发"破伤风"之病而死。依据《圣济总录·破伤风》："破伤风者，因卒暴伤损，风邪袭之，传播经络，致使寒热更作，身体反强，口噤不开，甚者邪气入藏，则不可治。"⑤ 古代认为"破伤风"是风邪侵入伤口所导致的疾病。

病名"缠喉风""破伤风"的结构中，语素"风"起的是类名作用，标志此类疾病是外感风邪所致，前面搭配"入侵部位"，如喉咙、伤口，类似的例子还有前揭"心风"（风邪沿经脉侵入心脏）、"肺风"（风邪沿经脉侵入肺脏）等等。

陈增岳曾主张"风"可表证名（症状）一说，笔者认为尚可商议。传统医学"证"与"症"有别，证名、症状不宜混谈。"证"指"证候"，是病机的外在显现，包含病变的部位、原因、性质、邪正关系等等，揭露的是疾病本质。"症"指"症状"，是疾病反映的表面现象，病患主观感受或客观病态的改变，如头痛、喉咙痛、腹泻。例如《诸病源候论·淋病诸候凡八论·石淋候》记载石淋是一种"疾病"，"证候"是"肾虚为热所乘，热则成淋"，"症状"是"小便则茎里痛，尿不能卒出，痛引少腹，膀胱里急，沙石从小便道出，甚者塞痛，令闷绝。"⑥ 故，陈增岳认为"风"表示"症状"一说是有问题的。

有些医学辞典的解释与陈增岳之说类似，如《中医大辞典》《中医名词术语大辞典》主张"风"有病症之义，又称"风症"，引例是"风胜则动""诸暴强直，皆属于

---

① 杨维杰编：《黄帝内经灵枢译解》，页68。
② ［宋］宋慈编：《宋提刑洗冤集录》卷一《疑难杂说上》，页9。
③ ［宋］太平惠民和剂局编、刘景源点校：《太平惠民和剂局方》，页439。
④ ［宋］宋慈编：《宋提刑洗冤集录》卷四《他物及手足伤死》，页41。
⑤ ［宋］徽宗敕编：《圣济总录》，页33。
⑥ 丁光迪主编：《诸病源候论校注》，页441—442。

风",风症的特点是动摇、震颤或挛急,而且不是来自外在风邪,而是肝风内动(内风)所致。①

笔者认为就两辞典引例来看,"风胜则动"的"风"是病因,动才是症状;"诸暴强直,皆属于风"的"诸暴强直"是症状,"风"是病名或病因。也就是动摇、震颤是"肝风内动"(内风)的症状。再者,既称为"风症",指的就是"风病"之症状,语意通顺。若以上举引例证明"风"做"症状"解,证据尚嫌不足。

事实上,古医籍的"风"(肝风、内风)难以直接解为"症状",如《临证指南医案·中风》:"凡肾液虚耗,肝风鸱张,身肢麻木,内风暗袭,多有痱中之累。"②前四分句是主谓句,"肾液""肝风""内风"都是当事主语,是名词,"身肢"是受事主语,是名词,"虚耗""鸱张""麻木""暗袭"是谓语,描述主语发生的状况(症状),所以,症状之义由"谓语"肩负,而非"主语"即是症状。若将"肾液""肝风""身肢""内风"释为有"症状"义,语义是窒碍的。其他例子如"虚则内风再旋""肝胆内风鼓动盘旋""内风无时不动""肝风盛则摇头""肝风冲上""肝风之状,多汗恶风""则知肝风上攻,必致眩晕",所谓的"内风""肝风"都是致病因素(病因),而不是"症状"。

综合前述,笔者主张检验书、传统医学的"风"是"风邪"之义,古人认为诸多疾病起因于风邪由外部侵袭身体,是外感病,例如"心风""缠喉风""破伤风"。"风"可单用指"病因"或"病名",亦可与语素组成当"病名",不过,在出土或传世文献中,"风"未见指"证名"(症状)之确例。

三 检验书"中风"的内涵及验尸叙述模式厘析

《洗冤集录》有几则"中风"的叙述,该书的"中风"是指何义? 所描述的征象有何根源? 这几则记载中有多少的相似或歧异?《洗冤集录》检验中风死或病死的验尸记录以何种模式书写? 在论述之前,先从传统医学的脉络看"中风"一名的内涵。

(一)古医籍"中风"之辨

传统医学所谓的"中风"与西方医学所指不同,宋代以前认为"中风"是外风(内虚邪中)所致,多言其"证";宋代以后认为是内风导致,多谈其"因";明代不再纠结病因内外。(高驰、朱建平 2014,刘红豆、张宪忠 2020)主张"中风"是外感病的代表,如《诸病源候论·中风候》:

中风者,风气中于人也。风是四时之气,分布八方,主长养万物。从其乡来

---

① 李经纬等主编:《中医大辞典》第二版,页 345;《中医名词术语大辞典》,页 83—84。
② [清]叶桂撰、华岫云辑:《临证指南医案》,页 3。

者，人中少死病；不从其乡来者，人中多死病。其为病者，藏于皮肤之间，内不得通，外不得泄。其入经脉，行于五脏者，各随脏腑而生病焉。①

"风"之伤人程度与顺时与否有密切关系，"风"从皮肤进入经络脏腑，导致疾病产生。此处的"中风"解为"感受风邪"之义，是"病因"，而非一种特定的"病名"。

"感受风邪"是致病的原因，能引发多种疾病，战国《素问》提到"其病各异，其名不同"，如"偏风""胸风""目风"等等，属于广义的"中风"，见《风论》：

风之伤人也，或为寒热，或为热中，或为寒中，或为疠风，或为偏枯，或为风也，其病各异，其名不同。……风中五脏六腑之俞，亦为脏腑之风，各入其门户，所中则为偏风。风气循风府而上，则为胸风，风入系头，则为目风，眼寒……。②

狭义的中风（突发性脑血管疾病）是内因所致，明代虞抟《医学正传·总论》已说得非常清楚，见：

是以古之名医，皆以外中风邪，立方处治。惟河间刘守真氏所谓中风瘫痪者，非谓肝木之风实甚而卒中之，亦非外中于风，良由将息失宜，心火暴甚，肾水虚衰不能制之，则阴虚阳实而热气怫郁，心神昏冒，筋骨不用而卒倒无所知也。亦有因喜怒思悲恐，五志有所过极而卒中者。夫五志过极，皆为热甚。俗云风者，言末而忘其本也。东垣李氏明之，亦谓中风者非外来风邪，乃本气自病也。……若肥盛者，则间而有之，亦是形盛气衰，故如此耳。③

据文意，狭义中风是"非外中于风"，而起因于内，内风的形成与调养休息失宜、心火旺盛、肾水衰弱，或五志（情绪）起伏过大，或身材肥胖，形盛气衰有关。可知初始时，狭义中风指"感受内风"之义，是一种"病因"。

后来，狭义的中风从"病因"转喻为"病名"，衍生诸多异称，如孙思邈引《内经》之言，见《备急千金要方·论杂风状》："中风大法有四：一曰偏枯，二曰风痱，三曰风懿，四曰风痹。"④ 所谓"偏枯"，症状是半身不遂；所谓"风痱"，症状是四肢不收、智乱不甚；所谓"风懿"，症状是奄忽不知人，咽中塞窒窒然，舌强不能言。这些症状与现代所谓的突发性脑血管疾病相符。⑤

其他的临床症状还有痰涎壅塞、口眼歪斜、牙关紧急、腰背反张、涎流失音，见宋代陈自明《妇人良方大全·妇人中风诸症方论》："夫中风者，因内虚而中之也。……其症或肢体不遂，或手、足偏枯，或痰涎壅塞，或口、眼歪斜，或牙关紧急，或腰背反

---

① 丁光迪主编：《诸病源候论校注》，页2。
② 杨维杰编：《黄帝内经素问译解》，页320—323。
③ ［明］虞抟：《医学正传》，收于［清］陈梦雷等编：《医部全录》，页33。
④ ［唐］孙思邈：《备急千金要方》，页153。
⑤ "中风"异名的讨论，可参见张洪斌（1992），刘光华、吴振起、赵明山（2008），曾霞、裴丽（2018）。

张。若眼开口闭,涎流失音者难治。如眼闭口开,鼾睡遗尿者死。"① 症状有轻重之别,然此病大抵难以治疗。

金元时期,中风有源于火论(心火暴甚)、气论(内伤致病)、湿论(痰热生风)王履认为上述诸说是"类中风",而非中风,见《医经溯洄集·中风辨》:"因于风者,真中风也。因于火、因于气、因于湿者,类中风而非中风也。"② 王履强调"中风"(真中风)是内风所致,其他因素引起者不是真中风,而是类中风。

后来,明代出现从"阴、阳"或"闭、脱"角度区分"中风"类型,如明代李中梓《医宗必读·真中风》:"凡中风昏倒,先须顺气,然后治风。……最要分别闭与脱二证明白。如牙关紧闭,两手握固即是闭证。……若口开心绝,手撒脾绝,眼合肝绝,遗尿肾绝,声如鼾肺绝,即是脱证。"下注:"更有吐沫,直视,肉脱,筋骨痛,发直摇,头上撺,面赤如妆,汗出如珠,皆脱绝之症。"③ 从牙关、双手、口、眼、涎沫、肌肉、头发、头、面色、汗水到遗尿,所述多为体表症状。闭证的症状多是向内收缩,脱证则是向外释放,而且脱症比闭症容易死亡。这些叙述可与《洗冤集录》互参。

明代虞抟分析前人的论述,觉得疑义甚众,遂提出不谈风邪,只从证候判断中风,见《医学正传·总论》:

> 夫上古之论中风,一以为外感风邪之候。及乎三先生之论一出,皆以风为虚象,而谓内伤正气为病。然三先生又别各有外感之论,而使后学狐疑不决。故王安道有论三子主气、主火、主湿之不同,而与昔人之主风不合,而立真中类中之目,岐为二途,愚窃疑焉。曰卒中、曰暴仆、曰暴瘖、曰蒙昧、曰喎僻、曰瘫痪、曰不省人事、曰语言謇涩、曰痰涎壅盛,其为中风之候,不过如此。无此候者,非中风之病也。④

简而言之,只要出现卒中、暴仆、暴瘖等,就是"中风",反之,不是"中风"。尽管虞抟主张由证候判之,不过,后世对狭义中风的起因仍多从"内风"论述,而且因肝为风脏,还衍生"肝风内动"之说。

(二)检验书的"中风"内涵

《洗冤集录》"中风"异称有六种,体表的描写随其名称各有所偏。笔者将六个病名分为两类,一是"卒死",包括"邪魔中风卒死""卒死""卒中死""卒死于邪祟",二是"暗风",包括"中暗风""暗风"。将原文整理成表,以清眉目。

---

① [宋]陈自明著、[明]薛立斋注:《妇人良方大全》,页1。
② [明]王履:《医经溯洄集》,页50。
③ [明]李中梓:《医宗必读》卷六《真中风》,页2。
④ [明]虞抟:《医学正传》,收于[清]陈梦雷等编:《医部全录》,页33。

类别	名称	《洗冤集录》所述症状
卒死类	邪魔中风卒死	尸多肥，肉色微黄，口、眼合，头鬓紧，口内涎沫，遍身无他故
	卒死	肌肉不陷，口、鼻内有涎沫，面色紫赤
	卒中死	眼开睛白，口、齿开，牙关紧，间有口、眼㖞斜，并口两角、鼻内涎沫流出，手脚拳曲
	卒死于邪祟	其尸不在于肥瘦，两手皆握，手、足、爪甲多青
暗风类	中暗风	尸必肥，肉多㳽白色，口、眼皆闭。涎唾流溢
	暗风	口、眼多㖞斜，手、足必拳缩，臂、腿、手足细小，涎沫亦流

上述症状最大共同点是出现"涎沫"，其次是"手、足拳缩或握""口、眼㖞斜"。对照医籍，这些是"狭义中风"征象，而非广义的中风邪。

"卒死"是医籍常见词语，"卒"有急义，见《玉篇·衣部》："卒，急也。"《广韵·没韵》："卒，急也，遽也。"①"卒死"一名着眼于死之迅速、急促。卒死原因众多，如三虚而遇贼风、挟鬼神气等等。

"邪魔中风卒死"只见于《洗冤集录》，邪魔中风容易以为是外在的中风邪引起的，根据清代许梿《洗冤录详义》，"邪魔中风卒死"与"邪祟卒死"相同，邪魔是内因，为比喻，其实是气血衰耗，元神不守所致，不是真有鬼邪附着。邪祟是外因，如十疰、五尸、中恶客忤，是感触邪恶逆忤脏气所致，是实有鬼邪为患。面色紫赤的卒死属于中阳，为真中风。②

两相比较，宋慈的书写不区分内、外因之中风，许梿则着重"因"与"阴阳"之辨，主张"邪魔中风卒死"与"中阳的卒死"皆为中风，唯内、外因有别。笔者认为依传统医学的观点，既然区分内因的中风、外因的中风，显示两者不同，难点在于统称作"中风"，未将两类不同的疾病截然切割，独立命名，才导致历来诸多歧见。许梿宣称"邪魔中风卒死"源自内因，"邪祟卒死"源自外因，又说两者均是"中风"，其说虽符合传统医学的理路脉络，但是从检验书"验尸记录"来看，两者症状未重出，各有侧重，甚至在"尸体肥瘦"与否已显分歧。

"卒中"是医籍常见词语，宋慈的记录仍未细分"卒中"症状，许梿则认为"卒中死"之记载至少混合两种因素的症状，即口、齿闭，牙关紧急属于肝风乘胃；口、眼㖞斜，手、足拳曲是风中经络。③"风中血脉经络"的观点源自汉代张仲景《金匮要略》，主张以风入经络脏腑来分证。《东垣医集·中风有三》亦云："中血脉，则口、眼㖞邪，亦有贼风袭虚伤之者也。"④可见宋慈、许梿之说均符合传统的风疾观。

---

① ［梁］顾野王：《玉篇》卷二八《衣部》，页6。［宋］陈彭年等著：《新校宋本广韵》，页482。
② ［清］许梿：《洗冤录详义》卷三《尸伤查说》，页7。
③ ［清］许梿：《洗冤录详义》卷三《尸伤查说》，页7。
④ ［金］李东垣：《东垣医集》，页307。

所谓"暗风",指中风的前兆,《素问玄机原病式·火类》:"则水化制火热,甚而生涎至极则死,微则发过如故,至微者但眩瞑而已,俗云暗风。"① 宋慈描写的"中暗风"症状与"邪魔中风卒死"有部分类似,如肥胖、口、眼闭起、流唾液。许梿则提到"暗风"是内虚暗风,与外来风邪不同,可见其重视中风之"因"。② 至于"暗风"出现"臂、腿、手、足细小"的症状,许梿的解释是因为虚风中腑。③ 据《圣济总录·诸风门》:"中脏者多滞九窍,中腑者多着四肢。"④ 中腑会造成手、足拘急不仁、肢体痿癖,故宋慈记为"臂、腿、手、足细小"。

(三)检验书验尸的叙述模式

古医籍分为医学理论、方剂药物、临床各科、预防养生等诸多类型,内容涵盖医学理论与知识、病因、病机、证候与疗法。检验书旨在记录尸体变化,判别死因,作为诉讼决狱的证据,验尸是以目视方式检查体表,甚少做解剖检验,叙述模式聚焦于"体表"描写。然而,有些疾病的症状不一定反映于"尸体外观",例如中风之"暴瘖""蒙昧""语言謇涩"无法从体表得知。基于医疗与检验两系统实质的差异,检验书验尸书写与医书写作旨趣有别,自成特色。

从前揭表格可知《洗冤集录》"中风"死亡围绕着体态、肤色、五官、牙齿、体液、四肢状态描写,大抵遵循"先整体后局部""由上而下"的模式书写,先观察尸体的肥瘦、肤色、面色状况,再检视五官、腹肚、手足等等。与宋慈相较,许梿《洗冤录详义》更重视病因的澄清。

再者,《洗冤集录》以多个名称指称"中风",征象叙述不依病理做区分,所述或有参差。不乏身体同一部位却有不同症状的情形,如谈到肤色,有称"肉色微黄",有称"肉多滉白色";谈到口、眼,有称"口、眼合",有称"口、眼闭"。

出现这个情形是因为传统医学重视征候,相同征候的征象表现不一,可能因机体、侵害处、时节有别,引发症状便有差异。⑤ 其次,《洗冤集录》不是单一个案的记录,而是验尸经验的汇整,所述只是常态的表现,而非毫无例外适用所有尸体。这点从宋慈的叙述模式可见端倪,他有时用评注副词"必",如"尸必肥",加强判断的强度,也有数

---

① [金]刘完素:《素问玄机原病式》,页42。
② [清]许梿:《洗冤录详义》,卷三《尸伤查说》,页7。
③ [清]许梿:《洗冤录详义》,卷三《尸伤查说》,页7。
④ [宋]徽宗敕编:《圣济总录》,页1。
⑤ 相同的疾病可能因为患者体质、季节、地狱、病程产生不同的证候。洪丕谟、陶御风提到同为冠心病,有人的症状是气短气急,畏寒怯冷,脉象沉细,属气阳两虚之证;有人的症状是胸痛胸闷,口唇紫绀,脉象弦滑,属痰瘀交阻之证。又如中气下陷证的症状可以是气短无力、神情疲困、小腹有下坠感、脉虚大无力。参见陶御风、王佑民、洪丕谟(1995:27)。

十次用程度副词"多",如"尸多肥""多口不咬舌""喉下则舌多出",叙述保留不确定性。大抵而言,只要不违反证候,同一疾病有可能出现不同征象、症状。

值得一提的是《洗冤集录》验尸叙述模式常见"发髻"一项,如"邪魔中风卒死"的"头髻紧",如描述"被打死者"是"发髻乱"。因为发髻紧、松与否,可作为推测死因的参考,有助于断案。反观医籍,则不太注意"发髻"的状况。

最后,验尸着重的是死因推测与尸体表象,是一种"轮廓式"观察,不是"医学意义"的查验。以"病死"为例,《洗冤集录·病死》:"凡因病死者,形体羸瘦,肉色痿黄,口、眼多合,腹肚多陷,两眼通黄,两拳微握,发髻解脱,身上或有新旧针灸瘢痕,余无他故,即是因病死。"① 此段未提到何种疾病,便认为病死者外表会有八种特征,这些特征的描写均是一种"轮廓式"书写。姑不论所记是否有片面之疑虑,换个角度来说,这反映了古人对病死的认知与印象。

回到"中风"之例,所中之风的类型、病机、病理会影响尸体的表象,但检验时,只要知道死者是"中风"而死即可,不须记录是"何种风"(如心风、肝风)引起。原因是当"非理致死"时,要仔细检验,进行复验,以免冤情;反之,检验程序较简略。确定是病死,无"非理死"情形,听取口供即可写验状,不须牒请复验。

另外,在反对解剖的古代,要凭借目测断定何病致死,颇具难度,何况还要查究病因、病理,已超出当时的检验能力。因此,检验"病死"的叙述模式是大略提及几种常见疾病的体表征象,如"邪魔中风卒死""卒死",而不做医学意义式的遍载各种病故之尸体状况。

四 结语

梳理传统医学"风"的记载,"风"是指风邪之义,是一种外感的致病因素(病因)。"正邪"之风、"虚实"之风、"不同方位"之风侵入人体引起的危害有深浅之别。《洗冤集录》写到"风从头疮而入""因风致死""齿内有风"的"风"都是当"病因"解,"风"还可以当"病名"解,如"缠喉风""破伤风",从病因到病名,是"转喻"的结果。据笔者查考,"风"可当"病因"或"病名",但没有"证名"(症状)之义。

有关"中风"一名,传统医学的观点是认为是外风引起的,是一种"病因",可对应诸多疾病,如偏风、胸风、目风等等,此为广义的"中风"。突发性若是因"内风"引起的,则是狭义的"中风",相当于现代所说的脑血管疾病。狭义的中风本为"感受内风"之义,是"病因",后来转喻为"疾病名"。

《洗冤集录》"中风"有两类,共六个异称,其中"卒死"着眼于死亡急促,"暗风"

---

① [宋]宋慈编:《宋提刑洗冤集录》卷四《病死》,页51。

是中风的前兆，宋慈的验尸记载不严加区分中风的病因，但是清代许梿的说解则重视厘清病因。《洗冤集录》验尸的叙述模式是将尸体征象做"先整体后局部""由上而下"的书写，采取"轮廓式"叙述，观察体表变化，不做医学意义或各种疾病病故的描述。观察该书不同异称的"中风"，征象的共同点是出现"涎沫"，其他则因机体、侵害处、时节等因素或有参差。"发髻"是查验重点，谈"邪魔中风卒死"提到有"发髻紧"的情形。简言之，若确定是中风、病死，只要描述尸体的体表征象，不须详查病因（内因、外因）。因为中风、病死不属于"非理死"，故验尸叙述可较简略。

引用书目

［汉］张仲景述、［晋］王叔和撰次、［金］成无己注解：《注解伤寒论》，民国十二年（1923）北京中医社修补清光绪间江阴朱文震刊本。
［梁］顾野王：《玉篇》，《钦定四库全书·经部十》，中国哲学书电子化计划。
［唐］孙思邈：《备急千金要方》，（台湾）中国医药研究所，1990。
［宋］陈彭年等著：《新校宋本广韵》，（台湾）洪叶文化，2007修订二版。
［宋］陈自明著、［明］薛立斋注：《妇人良方大全》，（台湾）文光图书有限公司，1984。
［宋］徽宗敕编《圣济总录》，元清刊本。
［宋］宋慈编：《宋提刑洗冤集录》，《丛书集成简编》，台湾商务印书馆，1966。
［宋］太平惠民和剂局编、刘景源点校：《太平惠民和剂局方》，人民卫生出版社，1985。
［金］李东垣：《东垣医集》，人民卫生出版社，1993。
［金］刘完素：《素问玄机原病式》，民国十二年（1923）北京中医社修补清光绪间江阴朱文震刊本。
［明］戴元礼：《秘传证治要诀》，民国十二年（1923）北京中医社修补清光绪间江阴朱文震刊本。
［明］李中梓：《医宗必读》，明崇祯十年（1637）刻本。
［明］王履：《医经溯洄集》，民国十二年（1923）北京中医社修补清光绪间江阴朱文震刊本。
［明］虞抟：《医学正传》，收于［清］陈梦雷等编：《医部全录》，人民卫生出版社，1988—1991。
［明］张介宾：《景岳全书》，《钦定四库全书·子部五》，中国哲学书电子化计划。
［清］许梿：《洗冤录详义》，《续修四库全书·子部》972册，影印上海辞书出版社图书馆藏清光绪三年湖北藩署刻本。
［清］薛雪：《医经原旨》，中国哲学书电子化计划。
［清］叶桂撰、华岫云辑：《临证指南医案》清乾隆三十三年（1768）卫生堂刻本。
杨维杰编：《黄帝内经素问译解》，（台湾）台联国风出版社，1984。
杨维杰编：《黄帝内经灵枢译解》，（台湾）台联国风出版社，1984。
《中医名词术语大辞典》第十版，（台湾）启业书局，1989。

参考文献

曾霞　裴丽　2018　《中风相关病名古文献考略》，《中国医药导报》第12期。
陈增岳　2017　《汉语中医词汇史研究》，暨南大学出版社。

丁光迪　主编　1991—1992　《诸病源候论校注》，人民卫生出版社。
高　驰　朱建平　2014　《"中风"病名源流考》，《中华中医药杂志》第5期。
黄崇民　1996　《认识传统医学的真貌》，（台湾）台湾书店。
李经纬等　主编　2004　《中医大辞典》第二版，人民卫生出版社。
李贞实　2007　《〈伤寒论〉病名研究》，北京中医药大学硕士论文。
栗山茂久　著　陈信宏　译　2000　《身体的语言——从中西文化看身体之谜》，（台湾）究竟出版社。
刘光华　吴振起　赵明山　2008　《〈黄帝内经〉中风明实考辨》，《吉林中医药》第2期。
刘红豆　张宪忠　2020　《中风病风邪探析》，《中国中医药现代远程教育》第1期。
陶御风　王佑民　洪丕谟　1995　《中国传统医学漫话》，（台湾）林郁文化事业有限公司。
王一童　2016　《老官山医简诸"痕"、诸"瘅"、诸"风"病名考释研究》，成都中医药大学硕士论文。
余云岫　编著　张苇航　王育林　点校　2012　《古代疾病名候疏义》，学苑出版社。
张　纲　2001　《中医百病名源考》，（台湾）文光图书有限公司。
张洪斌　1992　《论中风命名》，《山东中医学院学报》第3期。
张显成　2000　《先秦两汉医学用语研究》，巴蜀书社。

On "*Feng* (风)/*Zhong Feng* (中风)" in the Examination Books and the Description Model of Autopsy

KAO Wan-Yu

Abstract: *Collected Cases of Injustice Rectified*, written during the Song Dynasty, is the first Chinese examination book written from a systematic standpoint. Its intended purpose was to serve as a coroner's manual for autopsy. It contains different levels of description regarding various causes of death. Among the wide array of diseases, the *feng*-type diseases include *chan hou feng*, *xie mo zhong feng*, *zhong an feng*, and *po shang feng*. This paper aims to discuss the diseases that are related to "*feng*" and "*zhong feng*" in the *Collected Cases of Injustice Rectified*; clarify the meaning of *feng* from the system of traditional Chinese medicine; examine the validity of the description of diseases in the examination books; and explore the descriptive model of autopsy. In traditional Chinese medicine, "*feng*" refers to *feng xie*, meaning external pathogenic factors. However, in *Collected Cases of Injustice Rectified*, *feng* might refer to causes or names of diseases, without referring to the associated symptoms. As a result of metonymy, *feng* has changed from being associated with the cause of disease to the name of the disease. Moreover, "*zhong feng*", as mentioned in *Collected Cases of Injustice Rectified*, refers specifically to "stroke" *(nei feng)*, meaning cardiovascular disease, with six different names. The common characteristics regarding the six names of "*zhong feng*" can be seen in the saliva and its different attributes that occur due to varying body types, the area affected, and the season. Lastly, the description of autopsy mentioned in *Collected Cases of Injustice Rectified* differs from the pathological medical records. The description of an autopsy begins with an outlined explanation and then presents the recorded changes in the body's exterior starting with the whole body to specific parts and from upper to lower parts.

Key words: examination books, names of diseases, "*feng* (风)", autopsy, the description model

（高婉瑜　台湾高雄师范大学国文学系）

《夷坚志》名物词考辨四则*

胡绍文

提　要　文章对《夷坚志》中四个词语的词义和理据进行了考辨。"窝机"同"窝弓""窝弩",是隐藏的捕猎装置。"马门"指船门,其理据并非"闩"之析字或边门;"马"是舟的代称,源于吴越方言中以马喻舟。"丙穴"辞书多释为地名,实指鱼穴,"丙"是鱼的代称,源自《尔雅》"鱼尾谓之丙"。宋代食用和入药的"猪石"指猪肾,得名于肾虚引起的石水病;现代汉语方言中"猪石"还指猪卵,体现了词义的时代性和地域性差异。

关键词　《夷坚志》　窝机　马门　丙穴　猪石

　　洪迈的《夷坚志》是南宋篇幅最大的志怪小说集,其语料时代清晰、用语文白夹杂、方言口语词丰富,在近代汉语研究方面价值较高。本文选取其中的疑难词语四则进行考辨,在词义辨析的基础上,分析其构词理据,以就教于方家。本文所用《夷坚志》的版本为中华书局2006年何卓点校本。

一　窝机

　　(1)其法惟煮草乌头汁以淬箭镞,拖窝机,伺于虎出入道上。尝有一虎,为箭所伤,不能行,倚树蹲立。(支乙志卷七《桂岩鸷兽》,850页)

"窝机"《夷坚志》仅见此例,其他文献罕见。从语境来看,射虎时,先以毒药涂箭,然后"拖窝机",在老虎出没之地等候。"拖窝机"当指放置捕虎所用的装置。类似的记载见于唐传奇:

　　(2)近昏黑,而遇一猎人,于道旁张弜弓,树上为棚而居……果有一虎哮吼而至,前足触机,箭乃中其三班,贯心而踣。(唐裴铏《马拯传》)

"弜弓"是射虎的装置,其上有"机",当同例(1)"窝机"。"弜弓"又作"窝弓":

　　(3)增赏累金,运粮给众,药矢窝弓,罟获陷阱,罗山竟野,射必命中。(宋姚炎《捕虎记略》)

---

* 基金项目:教育部人文社科规划基金项目"《夷坚志》词汇研究"(17YJA740015)。

（4）今夜又该我们两个捕猎，和十数个乡夫在此，上上下下放了窝弓药箭等他，正在这里埋伏。（《水浒传》第二十三回）

又见"窝弩"：

（5）便收拾窝弩以擒猛虎，安排香饵以钓鳌鱼。（《三国志通俗演义》卷十二）

（6）窝弩即古之耕戈也。今人惟用射猎，而守营防袭，是亦暗机最利之器。（明程宗猷《蹶张心法·窝弩说》）

还见"机弓弩"并提：

（7）一人言皇帝曰："广西、四川穷山蛮獠，多置机弓弩，射虎豹熊黑，毒药傅箭首，人马皮肉立溃烂，可取之。"（明何乔远《名山藏》卷六十三）

"窝机""窝弓""窝弩"是配有毒箭来猎捕猛兽的装置。"机"本指弓弩上发箭的装置。《说文·木部》："机，主发谓之机。"后词义由部分引申指整体，指代弓弩。《文选·扬雄〈长杨赋〉》："猋腾波流，机骇蠢轶。"吕延济注："机，弩也。言弩发箭若惊骇而出，又如蜂聚飞而过也，皆取其盛疾貌。"弓、弩语义相通，"窝机""窝弓""窝弩"同。

窝机（窝弓、窝弩）用于狩猎，还用于军备。布置窝弩要牵长线来帮助触发机关。

（8）其山人射猛兽者，名曰窝弩，安顿交迹之衢，机傍引线，候兽过，带发而射之，一发所获，一兽而已。（明宋应星《天工开物》卷下）

（9）凡安营之所，临晚之际，于四方要路咽喉窄狭之处，预下此弩，以防奸细，使奸细撞动，游线毒箭自发而中，百不失一。猎人射虎兽，常用此也。（明程宗猷《蹶张心法·下窝弩说》）

"机旁引线""游线"都体现了设置窝机需要牵线。明程宗猷《蹶张心法》中详细记载了窝弩的制作过程，上有游线和游线桩，多个窝弩用一根长线牵引。其中《下窝弩图》（图1）形象地再现了《夷坚志》中"拖窝机"的情景：

图1 《下窝弩图》
（出自明程宗猷《蹶张心法》，明天启耕余剩技本）

关于"窝机"的得名之由,"机"即弓弩机关,"窝"指隐藏。《大明律释义》卷十九"窝弓杀伤人"条释曰:"猛兽若虎豹之类坑穽,掘地为之,而以物蔽其上,所以陷兽也。窝即山野有窝可藏弓处,故曰窝弓,以索悬其机,兽触之,则机发而中也。"清程穆衡《水浒传注略》第二十二卷:"窝弓,窝弩,藏机坎中,踏之则矢发也。"

由于窝机具有隐蔽性,常会误伤行人。唐律中已有对窝弓误杀伤人的处罚条例。《唐律疏议》卷二十六:"'诸施机枪①作坑穽者,杖一百……其深山迥泽,及有猛兽犯暴之处而施作者,听。仍立标帜,不立者,笞四十。以故杀伤人者,减斗杀伤罪三等。"宋窦仪《刑统》、宋佚名《律》同。《大明律》、乾隆五年(1740)颁布的《大清律例》、晚清《大清现行新律例》《大清现行刑律》均有"窝弓杀伤人"条,可见这一装置沿袭已久。

二 马门

(10) 朝请郎刘公佐罢衡州守,舟行归京师,道中得疾。其妻赵氏,每夕必至所寝处,视诊药饵。时方盛夏,<u>马门</u>不关。(乙志卷十一《白猕猴》,279页)

(11) 舟师之妻大呼曰:"急焚香,龙入船矣。"惊顾,见一物缴绕,超出水面,正当<u>马门</u>压焉。(乙志卷十五《皇甫自牧》,314页)

"马门"为宋代俗语,指船舱门。龙潜庵(1985:93)、白维国(2011:986)、白维国等(2015:1230)均有收录。

关于马门的得名之由,有三种说法:①"马门"是"闯"的析字。宋朱翌《猗觉寮杂记》卷下:"船门曰马门,盖闯字之分也。引首而观曰闯。"宋曾三异《同话录》:"舟之设屋开门而入,其门谓之马门。必先闯而后能入,因其字义析而称之也。郑山父云:尝见人举,似在何小说中。若无它义,此说虽近迁就,似亦得之矣。"明顾元庆《檐曝偶谈》、明唐顺之《稗编》、清赵翼《陔余丛考》、清陈元龙撰《格致镜原》均有引述。②"马门"得名于位置靠边。清人梁绍壬不赞成析字说,对其得名之由感到困惑。《两般秋雨盦随笔》卷四:"马字之为用不一,然不外记数象形二义……惟檐铁曰铁马,船舱内边门曰马门,则不知何所取义。"梁章钜在其基础上,指出"马门"得名于位置靠边,《浪迹续谈》卷八"通用字":"铁马亦是象形,凡乘马者皆从边上,则舟中之边门亦象形也。"清方浚颐《戏咏马门》诗序:"河头船之两旁各有门,大者八门,小者六门,统名之曰马门。"③"马"指船。王锳(2008:79)释"马船""搜马"时推测:"大约是以陆地之马比喻水中快船。"

---

① "机枪"实为窝机装置。"枪"当训为"橁"。《国语·齐语》:"时雨既至,挟其枪、刈、耨、镈,以旦暮从事于田野。"韦昭注:"枪,橁也。"

以上三说，前两说较为可疑。《说文·门部》："闯，马出门貌，从马在门中，读若郴。""闯"无引首而观之义，进出船门需引首也比较牵强。如果马门是边门，则不应仅限于指船门，但文献和口语中未见其他边门称为"马门"。

笔者赞同王锳先生的推断，并在其基础上进一步考察，认为"马门"之"马"是船的代称，源自吴越方言中以马喻舟。

古代马、舟都是重要的交通工具，南方舟的重要性等同于北方的马，南人常以马喻舟。《吴越春秋》卷一〇《句践伐吴外传》："越王喟然叹曰：'越性脆而愚，水行山处，以船为车，以楫为马。'"历代文献中，见"赤马""驰马""飞马""水马"等指船。

汉代以来，船有"赤马舟""赤马船""赤马"等称呼。《释名·释船》："轻疾者曰赤马舟，其体正赤，疾如马也。"南朝徐陵《丹阳上庸路碑》："专州典郡，青鬼赤马之船；皇子天孙，鸣凤飞龙之乘。"唐阙名《对射猿判》："乘流振楫，方从赤马之游；满月弯弧，遂落玄猿之影。"清戚学标《追和朱春源归田韵四首》其二："买得吴江赤马舟，打宽挝鼓恣归游。"

又见"驰马"指船。晋崔豹《古今注·杂注》："孙权名舸为赤马，言其飞驰如马之走陆也，又以舟名驰马。"五代马缟《中华古今注·孙权舸船》："孙权，吴之主也，时号舸为赤龙，小船为驰马，言如龙之飞于天，如马之走陆地也。"宋晁说之《乘小艇戏作》："婆儿未用伧儿怪，赤马能战驰马败。"自注："赤马是晋舡名，驰马是吴舡名。"

"水马"也可指船。《荆楚岁时记》："五月五日竞渡，俗为屈原投汨罗日，伤其死所，故并命舟楫以拯之。舸舟取其轻利，谓之飞凫，一自以为水车，一自以为水马。"宋白玉蟾《舟程苦迟》："水马轻便胜陆行，冲风溯水反多程。"宋邓深《七夕竞渡》："水马相先急画桡，朱楼红粉宴笙箫。"清蒋士铨《一片石》第四出《宴阁》："【夜行船】金碧楼台天尺咫，波疾卷，水马飞驰。"

以马喻舟，还表现在将舟形的器具称为"马"。如宋代拔秧时乘坐的农具"秧马"（图2），就是船形。宋苏轼《秧马歌序》："予昔游武昌，见农夫皆骑秧马。以榆枣为腹，欲其滑；以楸桐为背，欲其轻。腹如小舟，昂其首尾，背如覆瓦，以便两髀雀跃于泥中。系束蒿其首以缚秧。日行千畦，较之伛偻而作者，劳佚相绝矣。"元王

图 2　秧马
（出自元王祯《农书》卷八，清武英殿聚珍版丛书本）

祯《农书》、明徐光启《农政全书》、清鄂尔泰《授时通考》中秧马的配图，均为船形。

"赤马""驰马""水马"等指船，见于吴越方言。宋代提出析字说者，朱翌为舒州怀宁县（今安徽潜山）人（参见钟振振2009）；曾三昇为临江新淦（今江西新干）人。① 皆因不解吴越方言而误解了"马门"的理据。停船的码头原作"马头"，也与以马喻舟有关。

三　丙穴

（12）后胡获罪来福州，黄致子鱼红酒为饷。胡报以诗曰："盈尺子鱼来<u>丙穴</u>，一瓶女酒敌新州。"（支戊志卷九《胡邦衡诗谶》，1126页）

《汉语大词典》"丙穴"有两个义项：①"地名。大丙山之穴，在今陕西省略阳县东南，与勉县接境。四川省城口县南、广元县北、雅安县南亦有丙穴。"四部《中国历史地名大辞典》（刘钧仁1980：51，郑梁生1984：51，魏嵩山1995：221，史为乐2005：563）收录的丙穴，分布大体相同。②"鱼名，亦泛指嘉鱼。"以上两个义项，均不适用于此例，诗中"子鱼"为福州出产，并非辞书所列诸地。

"丙穴"初见于左思《蜀都赋》："嘉鱼出于丙穴，良木攒于褒谷。"其得名之由，唐代已经众说纷纭：

（13）左太冲《蜀都赋》云："嘉鱼出于丙穴。"注云："丙穴在汉中沔阳县北，有鱼穴二所，常以三月八月取之。<u>丙，地名也</u>。鱼鳞细，似鳟鱼。"《博物志》说同。或云：<u>鱼以丙日出穴</u>。故陈藏器云："嘉鱼，乳穴中小鱼，能久食，力强于乳。<u>丙者，向阳穴</u>，多生此鱼，鱼复何能择丙日出入耶？"议者以陈言为是。郦善长云："<u>穴口向丙</u>。"又引柏枝山，"山有丙穴，穴方数丈，水有嘉鱼，常以春末游渚，冬入穴。故知丙穴之鱼，不独褒汉中有也。"（唐段公路《北户录》卷二）

宋陆佃《埤雅·释鱼》见"丙"为形状说："旧言尾象篆文丙字，故曰丙穴。盖《尔雅》'鱼枕谓之丁，鱼肠谓之乙，鱼尾谓之丙'，则鱼尾象丙，岂特嘉鱼而已。"

综合来看，关于"丙穴"的得名有五说：①"丙"为地名，出自《文选注》、《博物志》；②丙为时间，鱼丙日出穴；③"丙"指方位，向阳穴，出自郦道元《水经注》；④像鱼尾之形的洞穴，出于《埤雅》；⑤大丙山之穴，见于《汉语大词典》。

以上五说，"丙"为时间说最为玄虚，未见采信。将"丙穴"释作向阳穴或形似鱼尾的穴，仍未得其实。多地有丙穴，释"丙穴"为具体的地点，也较为可疑。《汉语大词典》释为大丙山之穴，既无法解释大丙山之外的丙穴，也忽视了丙穴的出现时代早于

---

① 曾三昇为曾三聘之弟，据《宋史·曾三聘传》："曾三聘，字无逸，临江新淦人。"

大丙山。"丙穴"已见于六朝,"大丙山""小丙山"始见于宋代文献,不可能是穴因山而得名。

（14）大景山、小景山,"景"字本为"丙",国讳改之,并在县东南七十里。其山峻崖,南北相对,阔七里,其崖峻削,高百余丈。山衣石发,被于崖际。北有穴,方圆二丈余,其穴有水潜流,土人相传为丙穴。（宋乐史《太平寰宇记》卷一百三十五）

"土人相传为丙穴",也说明"丙穴"出现得更早,当是山因穴而得名,丙穴所在之山名为大丙山、小丙山。

笔者以为:"丙穴"即鱼穴,"丙"是鱼的代称。

首先,"丙穴"是鱼穴之名。晋张华《博物志》:"江阳县北,有鱼穴二所,常以二月八日出鱼,曰丙穴。"① 此处明确指出两个鱼穴叫"丙穴"。唐杜甫《将赴成都草堂途中有作先寄严郑公五首》:"鱼知丙穴由来美,酒忆郫筒不用酤。"宋黄鹤注:"丙穴固在汉中,然地志载邛州大邑县有嘉鱼穴,万州梁山县柏枝山有丙穴,方数丈,出嘉鱼。""嘉鱼穴""丙穴"并提,语义相同,"丙穴"即指鱼穴。

其次,丙穴分布很广,无论何处的丙穴,都盛产嘉鱼,"丙穴"就是产鱼的洞穴。

（15）水发县东南柏枝山,山下有丙穴,穴方数丈,中有嘉鱼,常以春末游渚,冬初入穴,抑亦襃汉丙穴之类也。（北魏郦道元《水经注》卷三十三）

（16）丙穴在巴郡明通县井峡中,其穴凡十,其中皆产嘉鱼。（《方舆览胜》卷五十九）

（17）丙穴在兴州,有大丙小丙,鱼出石穴中,今雅州亦有之,蜀人甚珍其味。左思所谓"嘉鱼出于丙穴"者。赞曰:二丙之穴,厥产嘉鱼。鲤质鳟鳞,为味珍腴。（宋宋祁《益部方物赞·嘉鱼赞并序》）

（18）苍梧大江之南山曰火山,下有丙穴,嘉鱼出焉。（宋周去非《岭外代答》卷十）

以上丙穴的分布地点北至兴州、南到苍梧,相去甚远,其共同点是盛产嘉鱼。"丙穴"就是产鱼之穴。

第三,"丙穴"指鱼穴,文献中多有用例。南北朝何逊《肴馔》:"鲙温湖之美鲋,切丙穴之嘉鲂。"唐杨弘贞《溜穿石赋》:"下漱花浮,似出桃源之外;乘流鱼跃,如辞丙穴之中。"唐李蒙《南有嘉鱼赋》:"钓嘉鱼在丙穴,得奇士于滋川。"宋洪适《渔家

---

① 此条为《博物志》佚文,文献收录时异文较多:《后汉书·郡国志·南阳郡》刘昭注、《北户录》卷二"江阳"作"汉中沔阳","二月"作"三月";《太平御览》卷九三七"三月八日"作"二月八月";"曰丙穴",《太平御览》作"鱼曰丙穴"。

傲引》:"巨鱼漏网成虚设,圄圄从它归丙穴。"以上诸例"丙穴",释为"鱼穴"语义通畅。

"丙穴"首见于晋代,与当时雅学兴盛的背景相关。"丙穴"指鱼穴,源自《尔雅·释鱼》:"鱼枕谓之丁,鱼肠谓之乙,鱼尾谓之丙。"郭璞注:"此皆似隶书字,因以名焉。""丁、乙、丙"都是鱼的身体部位,从构词上看,丁穴、乙穴、丙穴均可指鱼穴;但鱼枕、鱼肠隐藏在体内,鱼尾是典型的外部特征,故以"丙"代鱼最为直观,所以"丙穴"成为鱼穴的代称。后世"丙"多作天干之用,鱼尾义并不常见,以至出现了对"丙穴"的误解误释。

四 猪石/石子

(19) 陈试取猪石一双,使庖人如常法批切,渍以盐酒,仍注水焉。自持一炬燎其腹,俄闻铫中汩汩有声,及炬尽举盖,石子已糜熟。(三志壬卷九《开州铜铫》,1534 页)

"猪石"在文献和方言中有猪肾、猪卵两说。

(20) 豚卵,即牡猪外肾也。牡猪小者多𤣻,去卵,故曰豚卵。《济生方》谓之"猪石子"者是也。《三因》治消渴方中有石子荠苨汤,治产后蓐劳有石子汤,并用猪肾为石子,误矣。(明李时珍《本草纲目》卷五十上)

由此可知:宋人《三因方》中"石子"指猪肾;李时珍认为当指猪卵。明清以后李说更为流行:《骈字类编》《佩文韵府》释"猪石"均引《本草纲目》。《中国医学大辞典》(谢观 1921:1270)、《中医大辞典》(李经纬 2005:1608)均将"猪石子"释为猪卵。现代汉语方言中,"猪石"也有猪卵和猪肾的差别。据李荣、谢留文(1998:48):今江西于都方言中"石子"可指阉割出来的公猪、公牛、公鸡等的睾丸。网络上有"猪石冬菜汤"的菜谱,配图为猪腰子,发布者指出当地将猪肾称为"猪石",[①]惜不知其具体方言点。

作为食用和入药的"猪石""石子",始见于宋代文献。从词语分布、入药方法和药方源流来看,宋代的"猪石"当指猪肾,"石子"指肾脏。

笔者统计了《中国基本古籍库》所见唐宋元医书中"猪、羊"与"卵、肾、石"的搭配,[②]分布如下:

[①] "猪石冬菜汤"食谱见于九州醉网 https://www.zhms.cn/zf/389779.html;又见于好豆网 https://m.haodou.com/recipe/967700/。

[②] 明清文献中多为唐宋用例的引述,故不予考虑。

表 1

	肾		卵			石		
	猪肾	羊肾	猪卵	豚卵	羊卵	猪石（子）	羊石（子）	石子
唐	42	64	1	1	0	0	0	0
宋	30	41	0	0	0	12	4	3
元	13	11	0	0	0	0	0	3

从上表来看："猪肾""羊肾"入药常见；"猪卵"较为少见。宋代医书中，除了魏岘《魏氏家藏方》中"肾""石"并行，其他医书用"石"则不用"肾"。入药方法上，猪肾一般是煮食，猪卵为阴干。唐孙思邈《千金翼方》卷三："（豚卵）一名豚颠，阴干藏之，勿令败。"唐王焘《外台秘要》卷十五："猪卵一具，阴干百日。"

从药方源流来看，用"石子""猪石"的三个宋代医方，源自唐孙思邈《千金要方》，原方均作"猪肾"。

（21）a. 石子汤，治蓐劳。猪肾一对去脂膜四破、香豉、当归、白芍、粳米、葱白，右㕮散，分两剂，用水三升，煮一小碗，去滓，分三服。（宋陈言《三因极一病证方论》卷十八）

b. 猪肾汤，治产后虚羸喘乏、乍寒乍热病如疟状，名蓐劳方。猪肾一具去脂四破，若无用羊肾代、香豉绵裹、白粳米、葱白各一两，右四味以水三斗煮取五升去滓任情服之。（唐孙思邈《千金要方》卷四）

（22）a. 石子荠苨汤：荠苨、石膏各三两，人参、茯苓、花粉、磁石、知母、干葛、黄芩、甘草各二两，右㕮散用水三盏，腰子一只去脂膜。（宋陈言《三因极一病证方论》卷十）

b. 猪肾荠苨汤方：猪肾一具、大豆一升、荠苨、石膏各三两，人参、茯神、磁石绵裹、知母葛根、黄芩、甘草、栝蒌根各二两。（唐孙思邈《千金要方》卷六十三）

c. 猪肾荠苨汤方：猪肾一具去脂膜、大豆一升、荠苨三两、人参二两、茯神二两、磁石二两碎、知母二两、葛根二两、黄芩二两、栝楼二两、甘草二两炙、石膏三两。（唐王焘《外台秘要》卷十一）

（23）a. 若曾伤九月胎者当预服猪石汤。猪石汤：猪石一具剥去筋膜洗净、白术四两去芦切焙、茯苓去黑皮、桑寄生拣净、干姜炮裂、干地黄洗净焙、芎藭洗焙各三两、麦门冬一升汤浸去心焙、大豆三合略炒、附子一枚中者炮裂去皮脐切。（宋朱端章《卫生家宝产科备要》卷二）

b. 猪肾汤：若曾伤九月胎者当预服此方。猪肾一具、茯苓、桑寄生、干姜、干地黄、芎藭各三两、白术四两、附子中者一枚、大豆三合、麦门冬一升。

（唐孙思邈《千金要方》卷二）

c. 若曾伤九月胎者当预服<u>猪肾汤方</u>。<u>猪肾</u>一具、茯苓、桑寄生、干姜、干地黄、芎藭各三两、白术四两、麦门冬一升去心、附子中者一枚炮、大豆三合。（唐王焘《外台秘要》卷三十三）

《千金方》《外台秘要》之"猪肾"，宋人作"猪石""石子"。例（21）a"石子""猪肾"并提，例（22）a"石子""腰子"并举，可见宋人口语中"猪石"便是猪肾。

宋代医书中的"猪石（子）"，除《本草纲目》外，元明医书引作"猪肾""猪腰子"。详见下表：

表 2

序号	药方名	用药	出处
1	喝起散	用獖猪石子一个，去筋膜	宋王衮《博济方》卷1
	鳖甲散 一名喝起散	用獖猪肾一枚，去筋膜	明朱橚《普济方》卷230
2	烧石子茴香散	每服用獖猪石子一对，切去筋膜，切作薄片	宋王衮《博济方》卷2
	烧肾子	用獖猪腰子一对，去筋膜，切作片子	明朱橚《普济方》卷31
3	磁石丸	用羊石子或獖猪石子，去筋膜，生细研	宋王衮《博济方》卷2
		用羊肾子或猪肾子，去脂膜，生研细	明朱橚《普济方》卷192
4	烧肾散	每服用獖猪石子一只，筋膜切细	宋王衮《博济方》卷3
		用猪肾一枚去筋膜细切	元罗天益《卫生宝鉴》卷10
5	巴戟散	用猪石子一对，去筋膜，每石子一个入末一钱	宋王衮《博济方》卷5
		用猪腰子二只，去筋膜，每一只入药散一钱	清程林《圣济总录纂要》卷19
6	煨肾圆	用雄猪石子贰只，破开去膜，入药糁在内	宋魏岘《魏氏家藏方》卷8
	煨肾散	以独猪腰子一只，薄批开去筋膜，掺药在内	元许国祯《御药院方》卷6
	煨肾丸	以猪肾一枚，薄批五七片	元朱震亨《脉因证治》卷2
	煨肾散	用獖猪腰子，竹刀劈开，内划成纵横路入药	明万全《万氏家传养生四要》卷4

由此可见：宋代的"猪石"指猪腰子，"石子"指内肾，除了李时珍，元明清医书编纂者均无异议。称肾为"石子"，可能源自肾虚引起的"石水"病。"石水"已见于《黄帝内经》，《灵枢经·邪气脏腑病形》："（肾脉）太甚为阴痿，微大为石水，起脐已下至小腹䐜䐜然，上至胃脘，死不治。"隋巢元方《诸病源候总论》卷二十一"石水候"："肾主水，肾虚则水气妄行，不依经络，停结聚在脐间，小腹肿大，硬如石，故云石水。其候引胁下胀痛而不喘是也。脉沉者名曰石水，尺脉微大亦为石水，肿起脐，下至小腹垂垂然，上至胃脘，则死不治。"

宋代见"石子""猪石（子）""羊石子"的医书，编撰者均有浙闽方言背景。[①]"猪石"指猪肾可能是南宋时期闽浙等地方言词。李时珍将"猪石"误为猪卵，可能是受后世方言的影响。"猪石"指猪肾，而"肾"有外肾、内肾之分，今江西于都方言中的"石子"指外肾，而非宋代文献中的内肾，体现了方言词的地域性和时代性差异。

以上四个词语，构词理据较为隐晦。前三例都涉及构词语素的指代义，"窝机"中"机"是部分代整体，"马门"中"马"为比喻性用法，"丙穴"中"丙"是鱼的代称。"猪石"则与传统文化观念相关。在词义辨析和理据探寻的过程中，要注意从文化视角探寻具体的语素义，才能接近词语的原貌。

引用书目

[魏]吴普等述、[清]孙星衍、孙冯翼辑：《神农本草经》，科学技术文献出版社，1996。
[唐]段公路：《北户录》，清光绪十年（1884）十万卷楼丛书本。
[唐]孙思邈：《备急千金要方》，《景印文渊阁四库全书》第735册，（台湾）商务印书馆，1986。
[唐]王焘：《外台秘要》，《景印文渊阁四库全书》第736册，（台湾）商务印书馆，1986。
[唐]长孙无忌：《唐律疏议》，四部丛刊三编景宋本。
[宋]陈言：《三因极一病证方论》，《景印文渊阁四库全书》第743册，（台湾）商务印书馆，1986。
[宋]洪迈：《夷坚志》，中华书局，2006。
[宋]乐史撰、王文楚等点校：《太平寰宇记》，中华书局，2007。
[宋]朱端章：《卫生家宝产科备要》，南宋淳熙十一年（1184）南康郡斋刻本。
[元]王祯：《农书》，清光绪二十五年（1899）广雅书局刻武英殿聚珍版丛书本。
[明]程宗猷：《蹶张心法》，明天启耕余剩技本。
[明]李时珍：《本草纲目》，《景印文渊阁四库全书》第772册，（台湾）商务印书馆，1986。
[明]朱橚：《普济方》，《景印文渊阁四库全书》第756册，（台湾）商务印书馆，1986。
[清]梁章钜：《浪迹续谈》，中华书局，1981。
李剑国辑校：《唐五代传奇集》，中华书局，2015。
曾枣庄、刘琳主编：《全宋文》，上海辞书出版社/安徽教育出版社，2006。

参考文献

白维国　主编　2011　《白话小说语言词典》，商务印书馆。

[①] 《三因方》编撰者陈言为南宋名医，青田（今浙江景宁县）人。《卫生家宝产科备要》编撰者朱端章，长乐（今福建长乐）人。《魏氏家藏方》之魏岘，鄞县（今浙江宁波）人，宁宗嘉定初以朝奉郎提举福建路市舶。据宋人郎简《博济方》序：《博济方》编者王衮是太原人，曾为钱塘酒官。洪迈宦游四方，足迹遍及大半个中国，《夷坚志》中多闽浙方言词（参见黄幼莲1988）。

白维国 主编 江蓝生 汪维辉 副主编 2015 《近代汉语词典》,上海教育出版社。
黄幼莲 1988 《〈夷坚志〉俗语词选释》,《温州师范学院学报》(哲学社会科学版)第2期。
江蓝生 曹广顺 编著 1997 《唐五代语言词典》,上海教育出版社。
李经纬 主编 2005 《中医大辞典》(第2版),人民卫生出版社。
李 荣 主编 谢留文 编纂 1998 《于都方言词典》,江苏教育出版社。
刘钧仁 原著 塩英哲 编著 1980 《中国历史地名大辞典》,(日本)凌云书房。
龙潜庵 1985 《宋元语言词典》,上海辞书出版社。
马蹄疾 编 1980 《水浒资料汇编》,中华书局。
史为乐 主编 2005 《中国历史地名大辞典》,中国社会科学出版社。
王 锳 2008 《宋元明市语汇释》(修订增补本),中华书局。
魏嵩山 主编 1995 《中国历史地名大辞典》,广东教育出版社。
谢观等 编著 1921 《中国医学大辞典》,商务印书馆。
臧励龢等 1931/1982 《中国古今地名大辞典》,商务印书馆香港分馆。
钟振振 2009 《〈全宋词〉朱翌小传辑补》,《华中师范大学学报》(人文社会科学版)第2期。

Notes on the Names and Description of Four Words in *Yi Jian Zhi* (《夷坚志》)
HU Shaowen

Abstract: This paper discusses the meanings and rationale of the words "*woji*(窝机)", "*mamen*(马门)", "*bingxue*(丙穴)" and "*zhushi*(猪石)" in *Yi Jian Zhi* (《夷坚志》). "*woji*(窝机)" is the hidden hunting device. "*mamen*(马门)" refers to the gate of a ship, and its rationale is not the split of the character "*chen*(闱)" or the side gate. Horse is a synonym for boat, which is derived from the Wuyue dialect where the horse is used to refer to the boat. "*bingxue*(丙穴)" is often used as a place name, which actually refers to fish hole. "*Bing*(丙)" is a synonym for fish, which is derived from *Er Ya* (《尔雅》). "*Zhushi*(猪石)" used as food and medicine in the Song Dynasty refers to pig kidney, which is named after stone water disease caused by kidney deficiency; in modern Chinese dialect, "*zhushi*(猪石)" also refers to pig testicle, reflecting the temporal and regional differences in the meaning of words.
Key words: *Yi Jian Zhi* (《夷坚志》), "*woji*(窝机)", "*mamen*(马门)", "*bingxue*(丙穴)", "*zhushi*(猪石)"

(胡绍文 上海师范大学人文学院古籍所 200234)

明清大型字书释义失误例释*

熊加全

提　要　明清大型字书仍存在许多释义失误的问题。论文在对明清大型字书释义失误的内容进行全面测查与研究的基础上，选取 17 字进行考辨，以期为相关字的正确解读提供参考。
关键词　明清大型字书　释义失误　辨正

　　明清是我国字书发展史的最后总结阶段，在这一时期出现了《字汇》《正字通》《康熙字典》等一批重要的大型字书。学界对这一时期的字书已有一些研究，取得了很大的成绩，但其中仍有大量释义失误的问题。这些内容基本上被现代大型字典《汉语大字典》（以下简称《大字典》）和《中华字海》（以下简称《字海》）未作考辨地加以继承，降低了其编纂质量与利用价值，也影响了人们对其理解与适用。文章在对明清大型字书进行全面测查与研究的基础上，选取释义失误的 17 字进行考辨，以期为相关字的解读与使用提供参考。由于《字汇》和《正字通》不仅是明清时期的重要字书，也是《康熙字典》与现代大型字典《大字典》和《字海》编纂的重要基础，文章各例先引《字汇》和《正字通》，然后以"按"字揭出笔者考释。不当之处，敬请方家指正。

　　1. 姈：《字汇·女部》："姈，离呈切，音灵。女字。"（103 上）
　　《正字通·女部》："姈，离呈切，音灵。女字。一曰女佼慧。"（233 上）
　　按：《广韵》平声青韵郎丁切："姈，女字。"（12）《集韵》同。《新修玉篇》《篇海》引《馀文》亦同。《直音篇》卷一《女部》："霎，音令。女字。姈霎，同上。"（28 下）《详校篇海》卷二《女部》："姈，离呈切，音灵。女字。"（119 下）《篇海类编》同。故"姈"即训"女字"，为"女子人名用字"。《正字通》谓"一曰女佼慧"，于前代字韵书皆无征，当从女、伶为说，不可据。《康熙字典·女部》："姈，《广韵》《集韵》并郎丁切，音灵。女字。一曰女佼慧。"（208 下）《康熙字典》承袭《正字通》之误而收录"女佼慧"这一义项，亦非。《大字典》《字海》"姈"字下分别据《正字通》之说而收录"女子聪敏伶俐""女子聪敏"这一义项，并非。

---

* 基金项目：本文是国家社科基金项目"明清大型字书疑难字考释与研究"（21BYY027）与中国博士后科学基金特别资助项目"《字汇》《正字通》注音释义对比整理与研究"（2017T100600）研究成果之一。

2. 姖：《字汇·女部》："姖，大透切，音豆。姓也。"（105 上）

《正字通·女部》："姖，旧注：音豆。姓也。姓谱无姖。"（239 下）

按：《玉篇·女部》："姖，丁候切。姖讀，詎說也。亦作誋。"（17 下左）《新修玉篇》《篇海》引《玉篇》同。《直音篇》卷一《女部》："姖，音鬪。詎貌（說）。又音豆。"（29 上）《详校篇海》卷二《女部》："姖，丁候切，音鬪。姖讀，詎說也。"（120 下）《篇海类编》同。故"姖"当训"姖讀"，"姖讀"也作"誋讀"，义指"不能言"。《字汇》改训"姓也"，于历代字韵书皆无征，当因从"豆"为说而误，因为"豆"有"姓"这一义项。故《正字通》谓"姓谱无姖"，是也。《康熙字典》"姖"字下未收"姓也"这一义项，是也。《大字典》"姖"字下据《字汇》之误而收录"姓"这一义项，亦非。

3. 岺：《字汇·山部》："岺，其廉切，音钳。山名。"（125 下）

《正字通·山部》："岺，讹字。旧注音钳，泛云山名，泥。"（292 下）

按：《楚辞·东方朔〈七谏·怨世〉》："世沈淖而难论兮，俗岺峨而参嵯。"洪兴祖补注："岺峨、参嵯，不齐貌。言时世之沉没财利，用心淖溺，不论是非，不别忠佞，风俗毁誉，高下参嵯，贤愚合同，上不任贤，化使然也。岺，一作岑。补曰：并鱼今切。"故"岺"当训"岺峨，不齐貌"。又《集韵》平声盐韵其淹切："岺，山名。"（292）《集韵》训"山名"，当为丁度等因不识而妄补，不可据。《康熙字典·山部》："岺，《集韵》其淹切，音钳。山名。"（263）《字汇》《康熙字典》亦训"山名"，当皆因承袭《集韵》之谬而误。《大字典》"岺"字下据《集韵》之误而收录"山名"这一义项，亦非。

4. 嵺：《字汇·山部》："嵺，力幺切，音聊。《玉篇》：'山名。'又落包切，音劳。义同。"（130 上）

《正字通·山部》："嵺，连乔切，音聊。《玉篇》：'山名。'张协《七命》：'嶰谷嵺嶆张其前。'注：'嵺嶆，深空貌。'又爻韵音劳，义同。"（301 下）

按：《玉篇·山部》："嵺，力幺切，又落包切。山名。"（103 上左）《康熙字典·山部》："嵺，《玉篇》力幺切，《集韵》怜萧切，并音聊。《玉篇》：'山名。'又《集韵》：'嵺嶆，山险也。'张协《七命》：'嶰谷嵺嶆张其前。'注：'嵺嶆，深空貌。'"（274 下）《玉篇》训"山名"，疑非是。《文选·张协〈七命〉》："溟海浑濩涌其后，嶰谷嵺嶆张其前。"李善注："《汉书》曰：'取竹之嶰谷。'《音义》曰：'嶰谷，昆仑北谷名。'嵺嶆，深空之貌也。嶰，音解。嵺，音牢。嶆，音曹。"（491 上）故"嵺"当训"嵺嶆，深空之貌也"。《玉篇》训"山名"，当为望形生训。又《玉篇·山部》"嶆"字下文又曰："嶆，昨遭切。山。"（103 下右）《玉篇》训"嶆"为"山"，亦非。据上文所引《文选·张协〈七命〉》李善注可知，"嶆"亦当训"嵺嶆，深空之貌也"。《集韵》平声爻韵力交切："嵺，山名。"（189）《集韵》训"山名"，当因承袭《玉篇》之谬而误。《集韵》平声豪韵郎刀切又曰："嵺，嵺嶆，山险。或作嶚。"（195）《集韵》于此处训"嵺"

为"唧嶙，山险"，是也；然其谓"唧"或作"崂"，疑非是。《玉篇·山部》："崂，力刀切。山名。"（103下右）故"唧"训"唧嶙，山险"，与"崂"音同义别，二字不可混同，《集韵》谓"唧"或作"崂"，非是。《字汇》《正字通》《康熙字典》"唧"字下皆据《玉篇》收录"山名"这一义项，俱非。《大字典》"唧"字下据《集韵》之误而收录"山名"这一义项，疑亦非是。

5. 嶐：《字汇·山部》："嶐，莫彼切，音靡。《玉篇》：'山也。'"（132下）

《正字通·山部》："嶐，母礼切，音靡。山貌。王褒《洞箫赋》：'徒观其傍山侧兮，则岖嵚岿崎，倚巇迤嶐，诚可悲乎，其不安也。'注：'皆山险峻貌。'言箫干生于危地常不安也，旧注引《玉篇》泛训山名，非。"（305下）

按：《玉篇·山部》："嶐，莫彼切。山。"（103下右）《集韵》上声纸韵母被切："嶐，山名。"（317）《正字通》谓《字汇》引《玉篇》训"山名"非，所言当是。《文选·王褒〈洞箫赋〉》："徒观其傍山侧兮，则岖嵚岿崎，倚巇迤嶐，诚可悲乎，其不安也。"李善注："岖嵚岿崎，皆山险峻之貌。迤嶐，邪平之貌。言竹生其旁，故侧不安。嶐，音靡。"（244上）故"嶐"当训"迤嶐，邪平之貌"，即指"山微斜而平缓的样子"。《玉篇》训"山"，当为望形生训。《集韵》《字汇》训"山名"，当皆为《玉篇》所误。《康熙字典·山部》："嶐，《玉篇》莫彼切，《集韵》母彼切，并音靡。迤嶐，山貌。王褒《洞箫赋》：'岖嵚岿崎，倚巇迤嶐。'注：'皆山险峻貌。'"（280上）《康熙字典》未收"山（名）"这一义项，是也。《大字典》"嶐"字下据《玉篇》《集韵》之误而收录"山名"这一义项，疑亦非是。

6. 廙：《字汇·广部》："廙，夷益切，音弋。屋通也。"（144下）

《正字通·广部》："廙，同廙。旧注廙亦作翼，分廙、廙为二，训屋通，非。"（334下）

按：《篇海》卷三《广部》引《川篇》："廙，音弋。屋通也。"（619上）《康熙字典·广部》："廙，《篇海》夷益切，音弋。屋通也。"（314上）《正字通》所言当是。《说文·广部》："廙，行屋也。从广，異声。"（191上）段玉裁注："行屋，所谓幄也。"王筠句读："行屋者，张之如屋，用之行路也。"《玉篇校释》"廙"字下注："二徐《说文》作'行屋也'，漏夺'下声'二字，则与《巾部》之'帟'同。行屋谓行旅所张之幄也，非'廙'字义。'行屋下声'者，在屋内缓步轻声，小心翼翼，《礼》云'堂上不趋'是也，故接引《苍颉篇》'谨敬皃'以申许义。"（4223）胡氏所言近是。原本《玉篇·广部》："廙，余力反。《说文》：'行屋下声也。'《苍颉篇》：'谨敬皃也。'野王案：今亦为翼字，在《羽部》也。"（488—489）《名义·广部》："廙，余力反。谨敬皃。"（220上）《新撰字镜·广部》："廙，余力反。行屋下声；谨敬白（皃）；翼也。"（578）《玉篇·广部》："廙，余力切。行屋下声。又谨敬也。亦作翼。"（104上右）故二徐本《说文》"廙"训"行屋也"，当为"行屋下声也"之误。段玉裁、王筠皆据二徐本《说文》

之谬而误作说解,俱失考证。"廡",原本《玉篇》《名义》《新撰字镜》皆作"廤",故《说文》本当作"廤",而今本作"廡"者,亦当为二徐本之误。《篇海》训"屋通也",非是。《字汇》《康熙字典》训"屋通也",皆因承袭《篇海》之谬而误。《大字典》"廤"字据《篇海》训"屋通",又以《正字通》之说作为"一说",并非;《字海》"廤"字亦据《篇海》训"屋通",亦非。

7. 彌:《字汇·弓部》:"彌,绵兮切,音迷。《说文》:'弛弓也。'又弓张满也。《易》之'彌纶'、《诗》之'彌月',皆取此义。又长也;久也;大也;徧也;甚也;益也。"(148 下)

《正字通·弓部》:"彌,莫皮切,音迷。益也;久也;甚也;徧也。《易·系辞》:'彌纶天地之道。'《诗·大雅》:'俾尔彌尔性。'又:'诞彌厥月。'注:'终也,终十月之期也。'"(343 下)

按:《字汇》据《易》之"彌纶"、《诗》之"彌月"而训"彌"为"弓张满也",疑非是。《易·系辞上》:"《易》与天地准,故能彌纶天地之道。"高亨注:"《释文》引京云:'准,等也。彌,遍也。'《集解》引虞翻曰:'纶,络也。'彌纶即普遍包络。此二句言《易经》所讲之道与天地齐等,普遍包络天地之道。"又《诗·鲁颂·閟宫》:"彌月不迟,是生后稷。"程俊英、蒋见元注:"彌,满。彌月,满月。郑笺:'彌,终也……终人道十月而生子,不迟晚。'"故《字汇》据《易》之"彌纶"、《诗》之"彌月"而训"彌"为"弓张满也",非是。《大字典》"彌"字下据《字汇》此误而收录"弓张满"这一义项,亦非。又《集韵》上声纸韵母婢切:"瀰,水盛皃。或作浘、洋、沔。"(316) 同一小韵下文又曰:"彌,止也。《周礼》:'彌灾兵。'或作弭,通作弭。"(316)《集韵》"弥"训"水盛皃",而"彌"训"止也",二者义训区别甚明,《大字典》引《集韵》"彌"字此训却作"水盛皃",据此而收录"水盛貌"这一义项,此即因误植"瀰"字之义于"彌"字之上而致的训释失误,故《大字典》"彌"字下此义项应删。

8. 愛:《字汇·心部》:"愛,是有切,音受。人名。汉有武安侯愛。"(160 上)

《正字通·心部》:"愛,旧注:音受。汉有武安侯愛。按:《史(记)》田蚡子梧国除外,同姓异姓王子侯、恩泽侯、功臣侯,皆无武安侯名愛者,旧注人名,无稽。《诗·陈风》:'舒懮受兮。'朱传:'懮受,忧思也。'愛,时倒反,叶懰、皓、慅。愛即懮受之义,《诗》借用受,义难通。"(369 上)

按:《集韵》上声有韵是酉切:"愛,阙。人名。汉有武安侯愛。"(434)《康熙字典·心部》:"愛,《集韵》是酉切,音受。义阙。"(354 上)《汉书·王子侯表》:"武安侯愛,楚思王子。"故"愛"即为"人名用字"。又《正字通》谓"愛"即"懮受"之义,《诗·陈风·月出》"舒懮受兮"之"受"借用"受",其说疑非是。《诗·陈风·月出》:"月出皓兮,佼人懰兮,舒懮受兮,劳心慅兮。"程俊英、蒋见元注:"懮受,叠韵,形容女子行步舒徐婀娜。《玉篇》：'㥛受，舒迟之皃。'"此说是也。"㥛受"即为叠韵连绵词，义为"行步舒迟之皃"，而非"忧思也"之义，且《诗经》本作"受"，而非作"㥛"，"㥛"更无"㥛受"之义，故《正字通》之说不可据。《大字典》"㥛"字下据《正字通》之说而收录"忧思"这一义项，非是。

9. 撪：《字汇·手部》："撪，盆本切，盆上声。上车撪也。"（184上）

《正字通·手部》："撪，輂字之讹。輂亦作㯇，非从手。旧注音盆上声，上车撪，误。车撪之㯇本作輂。《木部》有㯇，与輂同。"（426下）

按：《新修玉篇》卷六《手部》引《川篇》："撪，盆本切，上。车撪。"（59上右）《篇海》卷十二《手部》引《川篇》："撪，盆本切，上。车撪也。"（761下）"撪"字，《新修玉篇》《篇海》"盆本切"后的"上"字，当皆指"撪"读"盆本切"为上声字，而非释义用字，"车撪"即指"车篷"。《详校篇海》卷四《手部》："撪，盆本切，音盆，上声。上车撪也。"（277上）《篇海类编》同。《详校篇海》《篇海类编》训"上车撪也"，当皆因误认"上"为释义用字而误。《字汇》训"上车撪也"，亦因承前而误。《正字通》谓"撪"即"輂"字之讹，疑非是。《说文·车部》："輂，大车驾马也。从车，共声。"（305上）段玉裁注："輂，按：《左氏传》：'陈畚梮。'梮者，土轝。《汉（书）·五行志》作輂，是梮乃輂之或字也。《史（记）·河渠书》'山行即桥'，一作梮，《夏本纪》正作梮，《汉（书）·沟洫志》作'山行即梮'。韦昭注：'梮，木器，如今轝床，人举以行也。'""輂"，《广韵》音"居玉切"。"撪"与"輂（㯇）"音义俱别，二字不可混同，故《正字通》之说非是。《康熙字典·手部》："撪，《海篇》音义同捹。按：《集韵》作輂，部本切，加手赘。"（428上）《康熙字典》所言是也。《玉篇·手部》："捹，蒲本切。车弓也。"（32上左）《方言》卷九："车枸篓，秦晋之间自关而西谓之枸篓，西陇谓之㯇，南楚之外谓之篷。"郭璞注："车枸篓，即车弓也。㯇，即畚字，蒲晚反。"周祖谟校笺："畚，戴本作輂，是也。"（56）"枸篓""车輂""车弓"训异义同，皆指"车篷"。"㯇"，《集韵》音"部本切"；"畚"，《广韵》音"扶晚切"，《集韵》又音"部本切"。故"撪"与"㯇""畚"音义并同，即为异体字。从字形演变关系来看，"撪"当即"畚"之增旁俗字。《大字典》收录"撪"字，其下分为两个义项：第❶义项据《康熙字典》所引《海篇》之说而谓同"捹"；第❷义项据《篇海》训"上车撪"。据上文可知，"撪"当即"畚"之增旁俗字，而《大字典》收录"上车撪"这一义项，亦当因误认"上"为释义用字而妄增，因此，《大字典》应删去第❷义项，直谓"撪"即"畚"之俗字，即可。

10. 泊：《字汇·水部》："泊，弱角切，音薄。止息也；舟附于岸曰泊。又漂泊流寓也。又水白貌。又澹泊恬静无为貌。"（244上）

《正字通·水部》："泊，蒲各切，音薄。水皃。又止息也。舟附岸曰泊。又漂泊流

寓也。又澹泊恬静无为貌。《扬雄传》：'泊，如也。'"（583 上）

按：《集韵》入声铎韵白各切："泊，止也。一曰水白皃。"（726）《集韵》又训"泊"为"水白皃"，疑非是。《名义·水部》："泊，菩各反。止舩也。"（195 上）《龙龛》卷二《水部》："泊，傍各反。止也。"（235）《玉篇·水部》："泊，步各切。止舟也。"（91 上右）故宫本《王韵》入声铎韵傍各反："泊，止也。"（525）《广韵》入声铎韵傍各切："泊，止也。"（411）《集韵》训"泊"为"水白皃"，于前代字韵书皆无征，当为望形生训。《详校篇海》卷四《水部》："泊，弼角切，音薄。止息也。又漂泊流寓也。又舟附于岸曰泊。又水白貌。又澹泊恬静无为貌。"《篇海类编》同。《详校篇海》《篇海类编》《字汇》亦训"水白貌"，当皆因承袭《集韵》之谬而误。《资治通鉴·唐纪十八》："怀舜等信之，留老弱于瓠芦泊，率轻锐倍道进，至黑沙，无所见，人马疲顿，乃引兵还。"胡三省注："泊，水白为泊。"（6516）胡三省训"泊"为"水白"，亦当为《集韵》所误。从文意来看，"瓠芦泊"之"泊"当义同"罗布泊""梁山泊"之"泊"，义为"湖泽"。《康熙字典·水部》："泊，《广韵》傍各切，《集韵》《韵会》白各切，并音薄。止也。舟附岸曰泊……又水貌……又澹泊恬静无为貌。"（601 上）《正字通》《康熙字典》"泊"字下未收"水白貌"这一义项，是也。《大字典》"泊"字下据《集韵》之误而收录"水白貌"这一义项，亦非。

11. 爇：《字汇·火部》："爇，女涉切，音聂。火也；又小暖也。亦作暵。"（643 上）

《正字通·火部》："爇，俗字。小暖不必别作爇、暵。"（643 上）

按：《篇海》卷十三《火部》引《玉篇》："爇，女涉切。火也。或作暵。"（791 上）《篇海》训"火也"，疑非是。《名义·火部》："爇，女涉反。爗（煠）也。"（211 下）《玉篇·火部》："爇，女涉切。煠也。或作暵。"（100 上左）《玉篇·日部》又曰："暵，女涉切。小煠也。"（95 下左）故"爇"即"暵"之异体字，当训"煠也"。《篇海》训"火也"，"火"当即"煠"字误刻。《详校篇海》卷五《火部》："爇，女涉切，音聂。火也。亦作暵。小煠也。"（322 上）《篇海类编》同。《详校篇海》《篇海类编》《字汇》"爇"字下俱收"火也"这一义项，皆因承袭《篇海》之谬而误。《康熙字典·火部》："爇，《广韵》尼辄切，《集韵》昵辄切，并音聂。《玉篇》：'煠也。或作暵。'《广韵》本作暵，小煠也。"（682 上）《康熙字典》"爇"字下未收"火也"之训，是也。《大字典》《字海》"爇"字下皆据《篇海类编》收录"火"这一义项，亦并非是。

12. 牆：《字汇·爿部》："牆，同牰。"（273 下）

《正字通·爿部》："牆，牰牂牆并俗字。"（646 下）

按：《新修玉篇》卷二十九《牀部》引《馀文》："牆牂牰，三力丁切。床笫也。"（233 上左）《篇海》卷十一《牀部》引《馀文》："牆牂牰，三力丁切。床梯也。"（746 上）"牆""牂""牰"诸字，《新修玉篇》与《篇海》义训不同，《新修玉篇》所言是也。《集韵》平声青韵郎丁切:"𤕷𤖗𤖖,床第。或从零、从令。"(462)此是其证。《直音篇》卷七《爿部》:"𤕷,音令。床第。𤖗𤖖,并同上。"(307下)据上文可知,《直音篇》训"床第",当为"床笫"之误。《详校篇海》卷四《爿部》:"𤕷𤖗𤖖,力丁切,音零。床梯也;又床第。"(255上)《篇海类编》同。《详校篇海》《篇海类编》"𤕷""𤖗""𤖖"三字下亦收录"床梯也"这一义项,皆因承袭《篇海》之谬而误。《康熙字典·爿部》:"𤕷,《集韵》郎丁切,音灵。床笫。或作𤖗、𤖖。"(688下)《康熙字典》未收"床梯"之训,是也。《大字典》《字海》"𤕷"字下皆据《篇海类编》之谬而收录"床梯"这一义项,俱失考证。

13. 犦:《字汇·牛部》:"犦,匹各切,音朴。牛未大曰犦牛。"(277下)

《正字通·牛部》:"犦,俗字。旧注音朴,牛未大曰犦牛,泥。"(655上)

按:《名义·牛部》:"犦,普角反。特也。"(232上)《龙龛》卷一《牛部》:"犦,匹角反。牛未劇也。"(117)《玉篇·牛部》:"犦,普角切。特牛也。"(109上左)《新修玉篇》《篇海》引《玉篇》同。笺注本《切韵》(斯2071)入声觉韵匹革反:"犦,牛未治。"(141)敦煌本《王韵》入声觉韵匹角反:"犦,[牛]未[治];特牛。"(423)故宫本《王韵》入声觉韵匹角反:"犦,特牛。"(512)故宫本《裴韵》入声觉韵匹角反:"犦,牛未治。"(606)《唐韵》入声觉韵匹革反:"犦,牛未劇。"(692)《广韵》入声觉韵匹角切:"犦,牛未处(劇)。"(379)《集韵》入声觉韵匹角切:"犦,特牛。"(659)《直音篇》卷六《牛部》:"犦,音朴。特牛。"(249下)《详校篇海》卷一《牛部》:"犦,匹角切,音朴。特牛。"(68上)《篇海类编》同。故《字汇》训"牛未大曰犦牛",于前代字韵书皆无征,"牛未大"当为"牛未劇"之误。《康熙字典·牛部》:"犦,《广韵》《集韵》并匹角切,音璞。《玉篇》:'特牛。'《广韵》:'牛未劇。'"(701上)《康熙字典》据《广韵》训"牛未劇",此亦其证。《大字典》"犦"字下据《字汇》之误而收录"小牛"这一义项,非是。

14. 皉:《字汇·白部》:"皉,同玼。"(307上)

《正字通·白部》:"皉,同玼。"(721上)

按:《广韵》上声荠韵千礼切:"玼,玉色。"同一小韵同一反切下文又曰:"皉,白色也。"(181)《广韵》训"皉"为"白色也",非是。故宫本《王韵》上声荠韵千礼反:"玼,色鲜。或作皉。"(476)故宫本《裴韵》同。故宫本《王韵》、故宫本《裴韵》将"皉"置于"玼"字之下作为之异体字,同训"色鲜",《广韵》却将二字分开,训"玼"为"玉色",而改训"皉"为"白色",非是。《玉篇·白部》:"皉,且礼切。色鲜絜也。或作玼。"(95上右)此亦其证。《名义·白部》:"皉,且礼反。新鲜也。"(203上)《新撰字镜·白部》:"皉,且礼反。新色鲜。"(552)以上二书亦未训"白色",此亦为其证。故"皉"即"玼"之异体字,义指"鲜明貌"。《广韵》误将"皉""玼"二字分开,训"玭"为"玉色",又改训"皉"为"白色",非是。《集韵》上声纸韵浅氏切:"玭,玉色鲜洁。或作皉。"(310)《集韵》此说是也。《集韵》上声荠韵此礼切又曰:"玭,《说文》:'玉色鲜也。'引《诗》:'新台有玭。'"同一小韵同一反切下文又曰:"皉,白也。"(341)《集韵》又将"玭""皉"二字分开,训"玭"为"玉色鲜也",而训"皉"为"白也",此当因承袭《广韵》之谬而误。《龙龛》卷四《白部》:"皉,千礼反。白色也。"(431)《龙龛》训"皉"为"白色也",当因"玭""皉"二字分部而妄改,亦不可据。《字汇》《正字通》谓"皉"同"玭",是也。《康熙字典·白部》:"皉,《集韵》此礼切,音泚。白也。一曰色鲜洁。"(794上)《康熙字典》承袭《集韵》之误而未作校正,失考证。《大字典》《字海》"皉"字下分别据《广韵》《集韵》之谬而收录"白色"这一义项,并非。

15. 皵:《字汇·皮部》:"皵,于亮切,音鞅。青面。"(308上)

《正字通·皮部》:"皵,俗字,青面不必别作皵。"(722下)

按:《玉篇·皮部》:"皵,于亮、于明二切。青皃。"(122下左)《玉篇》训"青皃",疑非是。《名义·皮部》:"皵,于向反。青面。"(267上)故宫本《王韵》去声漾韵于亮反:"皵,青面。"(505)以上诸书皆为其证。故《玉篇》训"青皃",当为"青面"之误。《广韵》去声漾韵于亮切:"皵,青面。"(337)上文平声庚韵于惊切:"皵,清(青)皃。"(121)《广韵》训"青面",是也;然又训"清(青)皃",当为《玉篇》所误。又《集韵》去声漾韵于亮切:"皵,青血也。一曰面苍。"(600)《集韵》训"青血也",于前代字韵书皆无征,当为"青面也"之误。《字汇》径训"青面",是也。《康熙字典·皮部》:"皵,《广韵》《集韵》并於惊切,音英。《玉篇》:'青貌。'又《广韵》《集韵》《正韵》并於亮切,音怏。义同。又青血也。一曰面苍。"(798上)《康熙字典》"皵"字下收录"青貌"、"青血也"这两个义项,即因承前而误。《大字典》"皵"字下分别据《玉篇》《集韵》之误而收录"青貌""青血"这两个义项,并非。

16. 䁩:《字汇·目部》:"䁩,居御切,音据。目惊䁩䁩然;又恐也。"(315下)

《正字通·目部》:"䁩,䀠、瞿并通。《说文》:'䁩,举目惊䁩然也。'义与䀠同,戴侗合䀠、瞿、䁩为一。旧本䁩、䀠同音义,分为二,非。《六书统》:䁩,放目而视,从目、从夰。夰,放也,背《说文》本训,因夰立义,亦非。"(739上)

按:《说文·夰部》:"䁩,举目惊䁩然也。从夰,从䀠,䀠亦声。"(215上)《正字通》所言当是。《说文·䀠部》:"䀠,左右视也。从二目。"(68上)徐灏注笺:"左右视者,惊顾之状。"又《说文·瞿部》:"瞿,鹰隼之视也。从隹,从䀠,䀠亦声。"(73下)徐锴系传:"惊视也。""䀠""瞿""䁩",《广韵》皆音"九遇切"。故"䀠""瞿""䁩"音义皆同,当为同字异体。《正字通》谓《六书统》从"夰"为说而训"䁩"为"放目而视"非,所言是也。又《详校篇海》卷三《目部》:"䁩,九遇切,音句。恐也;又目惊罪罪。又古迥切，音同。注同。又觉悟也。"（173下）《篇海类编》同。《详校篇海》《篇海类编》又训"眾"为"觉悟也"，疑非是。《集韵》上声迥韵畎迥切："眾，目惊也。"同一小韵同一反切下文又曰："憬，觉悟也。"（426）故《详校篇海》《篇海类编》又训"眾"为"觉悟也"，当因"眾""憬"音同，进而误植"憬"字之义于"眾"字之上所致的训释失误。《大字典》"眾"字下据《正字通》所引《六书统》而收录"放目而视"这一义项，然《正字通》本谓此义非是，故《大字典》转录失当；《大字典》"眾"字下又据《篇海类编》之误而收录"觉悟"这一义项，亦失考证。

17.穳：《字汇·禾部》："穳，七浪切，仓去声。禾颖也。"（333下）

《正字通·禾部》："穳，俗字。禾颖不必别作穳。"（776下）

按：《玉篇·禾部》："穳，七浪切。禾顷也。"（74下左）《集韵》去声宕韵七浪切："穳，禾顷也。"（602）《新修玉篇》卷十五《禾部》引《玉篇》："穳，七浪切。禾穳倾也。"（136下右）"倾""顷"字同，注文之中的"穳"字当为字头误重。又《篇海》卷十三《禾部》引《玉篇》："穳，七浪切。项也。"（796下）"项"当为"顷"字误刻。《直音篇》卷四《禾部》："穳，七浪切。禾顿也。"（169下）《直音篇》训"禾顿也"，"顿"当为"顷"字误刻。《详校篇海》卷五《禾部》："穳，七浪切，音仓去声。禾顿也。"（329下）《篇海类编》同。《详校篇海》《篇海类编》亦训"禾顿也"，皆因承袭《直音篇》之谬而误。《字汇》训"禾颖也"，于前代字韵书亦无征，"颖"当为"顷"字之误。《康熙字典·禾部》："穳，《集韵》七浪切，仓去声。禾颖也。"（873上）《康熙字典》训"禾颖也"，即因承袭《字汇》之谬而误。《大字典》"穳"字下据《字汇》之误而收录"禾颖"这一义项，亦非。

以上通过举例的方式对明清大型字书释义失误的17个例字进行了考辨，事实上其中还贮存大量释义失误的现象，有待于我们对其进行系统的考辨与研究。由于明清是我国字书发展的最后总结阶段，明清大型字书在中国辞书史上具有重要的地位，所以对其释义失误的问题进行全面的考辨，不但有助于明清大型字书文本的校勘与整理，而且还有利于现代大型字书《大字典》和《字海》的修订与完善。因此，我们应加强对明清大型字书释义失误的问题进行系统的考释与研究，以期为明清大型字书文本的校勘与整理及现代大型辞书的修订与完善提供参考。

引用书目

［汉］许慎：《说文解字》，中华书局，2016。
［南朝梁］顾野王：《大广益会玉篇》（简称《玉篇》），中华书局，1987。

［南朝梁］顾野王:《玉篇》(残卷),《续修四库全书》228 册影印日本昭和八年京都东方文化学院编东方文化丛书本。

［唐］慧琳:《一切经音义》(简称:慧琳《音义》)(《中华大藏经》本),中华书局,1993。

［唐］空海:《篆隶万象名义》(简称《名义》),中华书局,1995。

［宋］陈彭年:《钜宋广韵》,上海古籍出版社,1983。

［宋］丁度:《集韵》,上海古籍出版社,1985。

［辽］释行均:《龙龛手镜》(简称《龙龛》),中华书局影印高丽本,1982。

［金］韩道昭:《改并五音类聚四声篇》(简称《篇海》),《四库存目丛书》影印明成化七年募刻本。

［金］邢准:《新修累音引证群籍玉篇》(简称《新修玉篇》),《续修四库全书》影印金刻本。

［明］李登:《详校篇海》,《续修四库全书》影印明万历三十六年赵新盘刻本。

［明］梅膺祚:《字汇》,上海辞书出版社影印康熙二十七年刻本,1991。

［明］(旧题)宋濂:《篇海类编》,《四库存目丛书》影印北京图书馆藏明刻本。

［明］徐复:《广雅诂林》,江苏古籍出版社,1992。

［明］章黼:《直音篇》,《续修四库全书》影印明万历三十四年明德书院刻本。

［清］段玉裁:《说文解字注》,上海古籍出版社,1988。

［清］张玉书等:《康熙字典》,上海古籍出版社,1996。

［清］张自烈、廖文英:《正字通》,中国工人出版社影印康熙九年序弘文书院刊本,1996。

参考文献

汉语大字典编辑委员会　2010　《汉语大字典》(第二版),四川辞书出版社/崇文书局。

胡吉宣　1989　《玉篇校释》,上海古籍出版社。

冷玉龙等　1994　《中华字海》,中华书局/中国友谊出版公司。

周祖谟　1983　《唐五代韵书集存》,中华书局。

周祖谟　1993　《方言校笺》,中华书局。

A Critical Study of Errors in Correcting Explanation in Large Dictionaries of the Ming and Qing Dynasties

XIONG Jiaquan

Abstract: There are still many mistakes in large dictionaries of the Ming and Qing Dynasties. In order to provide reference for the correct interpretation of related characters, this paper selects 17 example characters to discuss on the basis of comprehensive investigation and research on the contents of the misinterpretation of large dictionaries of the Ming and Qing dynasties.

Key words: large dictionaries of Ming and Qing Dynasties, errors in identifying explanation, correction

(熊加全　湖南科技学院文法学院　425199)

明代白话小说《禅真逸史》的基础方言探析

许思雨　刘永华

提　要　明代白话小说《禅真逸史》的基础方言是明代河洛方言，这可以从书中沿用至今的河洛方言特征词、北方方言词和通语词来证明。《禅真逸史》中的南方方言词极少，构不成反证，因而该书是明代河洛方言研究中不可多得的白话语料。

关键词　《禅真逸史》　河洛方言　白话语料

《禅真逸史》是成书于明代崇祯时期的长篇白话小说，全称《新镌批评出像通俗奇侠禅真逸史》，又名《奇侠禅真逸史》《残梁外史》《妙相寺全传》，共八卷四十回，近四十万字。该书作者是明代作家方汝浩。对于方汝浩的籍贯，学界大致有三种观点：一、方汝浩是河南洛阳人，但寓居南京。例如孙楷第（1957：189—190）认为，"慈眼堂藏本无禅真源流，而卷首较他本多一序，后署'瀔水方汝浩清溪道人识'。据此乃知作者方汝浩洛阳人。然慈眼堂藏明万卷楼本《东度记》，又题'荥阳清溪道人著'，则又似郑州人，不知何故。或一为本贯，一为家所在之地。至清溪道人之号，似因南京青溪而起。然则汝浩固寓南京者矣。"二、方汝浩是浙江衢州、兰溪人。例如戴不凡（1980：271）认为，"我颇疑'瀔水'乃'瀫水'之误，瀫水，衢江也。浙之衢州、兰溪一带古属吴郡，古爽阁主人自署'古吴'。"三、方汝浩是河南荥阳人。例如申畅（1991）认为，"方汝浩的籍贯，应系河南荥阳，而不是浙江兰溪一带。"以上各家均着眼于版本、题识和河流名称进行考证，本文则拟从方言特征词、区域特征词和通语词三个方面讨论《禅真逸史》的基础方言，以此来确定方汝浩的籍贯及其作品的方言背景。因荥阳隔虎牢关紧挨洛阳，地处河洛方言的中心区，故本文对荥阳、洛阳不做进一步区分。为把调查对象限制在一个可控的范围内，本文以张生汉（1999）书中收录的词语为主要调查对象。

一 河洛方言特征词考证

方言特征词是"有地方色彩的独特词语"（詹伯慧 1991：54），可以用来识别语料的方言归属。本节假设《禅真逸史》的基础方言是河洛方言，从该书中选取河洛方言特征词来验证这一假设。按"只此一家（詹伯慧 1991：54）""对内一致、对外排他（张振兴 2004，李如龙 2014）"的要求，本节用两个标准来选取河洛方言特征词进行验证：（1）从《禅真逸史》中选取的特征词又见于《歧路灯》①，或能在今河洛方言中找到相关证据；（2）这些词不见于汉语史上任何其他语料和今其他方言材料。这应该算是比较严苛的标准。因为河洛方言的通语基础方言地位，独有的方言成分应该极少；《禅真逸史》《歧路灯》与有记载的今河洛地区中方言词只能是方言词的一部分，重合的数量应该不大。但更严格的标准会更有利于本节的论证。本节查到六个河洛方言特征词。

1. 滚：河流主河道改道。例如：

（1）杜成冶将手指着殿外道："兀的不是鬼王来也！"阿丑急回头看时，倏然不见了父母，但见一片长江，阻住去路，滔滔大浪，从脚跟边滚来。（《禅真逸史》第二十回）

（2）黄河往南一滚，把他哥的地都成了河身，他哥也气的病死了。（《歧路灯》第五回）

（3）黄河无岸水无涯。"你说找谁说理去！黄河水滚来滚去，把我们村大片的滩地滚丢了。"董炅说，"我小的时候，黄河水在河道北侧流，南侧给我们村留出来大片的滩地，……现在黄河水流到河道南侧了，一下子逼到大堤跟前，滩地一点也没给我们留下。"（《沿着黄河看小康：九堡依然是渔村》，《河南日报》2020/09/17）

（4）黄河水利委员会有关专家说，在"二级悬河"的条件下，一旦发生较大洪水，将造成重大河势变化，黄河主流有可能横走、斜走，甚至出现滚河，黄河主流将直冲大堤，增大了"冲决"和"溃决"的危险。（《黄河：发大水可能出现滚河》，《新华每日电讯》2003/07/22）

例（1）写的是阴司的事情，"长江"只是长长的江河之义。大殿不可能建在江里，长江"滚"来，就是改道涌入大殿的意思。例（2）是清代黄河改道的例子。例（3）是现代黄河在大堤内大片的滩地上来回改道的例子，黄河水"滚来滚去"是当地百姓的说法。例（4）的黄河"滚河"即冲决大堤而改道的现象是水利专家的说法。

---

① 《歧路灯》是公认的清代中期具有河南方言特色的著作。例如姚雪垠（1980：4）就指出"(《歧路灯》)用河南地方色彩的语言写清初的河南社会生活"（姚雪垠《歧路灯》序）。见李绿园（1998：4）。《歧路灯》作者李绿园是宝丰人，宝丰原属洛阳。

《集韵》："滚，古本切，音衮。大水流貌。""滚"由大水流貌引申为河流改道义，是河南黄河中下游沿岸百姓对黄河主河道改道的特别称谓。黄河历史上发生过多次改道事件，黄淮平原就主要由黄河、淮河下游泥沙冲积而成，河滩内的改道则更为频繁。知网上可以检索到篇名中含有"滚河"的科学治黄的论文四篇，研究的区域从三门峡、原阳、长垣到今山东东明县，这一范围包括洛阳在内，东明县历史上多次归属河南。

2. 肯依：答应，依允。例如：

（5）春香叫他出去，又不肯依。（《禅真逸史》第三十二回）

（6）班役袖着银子，藏过两个锞儿，交与税桌十四两。那小马仍然不肯依。（《歧路灯》第七回）

（7）后见王母娘娘巧施奸计才觉大事不妙，急忙跪在王母娘娘面前苦苦哀求。可王母娘娘心狠手毒，怎么肯依了他们？（《金童玉女遭贬记》，洛阳网 2009/06/02）

（8）李膺得到线报，派兵直接破柱抓人，将其逮到洛阳监狱。经审讯，证据确凿，张让弟立即被处死了。张让哪里肯依，随即上告桓帝说李膺制造冤案。（《喜托龙门》，《洛阳日报》2019/02/19）

张生汉（1999：63）引用《歧路灯》第九十七回"没有那个不依，那个不肯的"，说明"肯依"是同义复合词，此说甚是。以上四例的"肯依"在同一个方言区的历时线条上连续使用，都是一个韵律单位，应当是同一种用法。这与通语中"能愿动词'肯'+应允动词'依'"组成的状动式短语完全不同。

3. 些：语气词，表示对别人的话语不满或否定的语气。例如：

（9）色之一字，正合空字之义，如何我佛反又以为戒？这个只恐戒得不是些！（《禅真逸史》第八回）

（10）绍闻一片声叫看茶。茅拔茹道："还吃茶么？"绍闻道："啥话些！"（《歧路灯》第二十二回）

（11）你说哩是个屁话，看着你倒霉我就过哩得劲些？（今新蔡方言引自李艳 2011：41）

上面前两例是感叹句，例（11）是反诘句，反诘与感叹功能相通。这三例都表示对别人话语的不满或否定。据张生汉（1999：138），今河南不少地方仍有这种用法。分布地区至少包括洛阳、郑州、平顶山、驻马店的一些县市。例（11）是驻马店市新蔡县的用例。李艳（2011：41）认为，新蔡县的"些"没有表示敦促的用法，而主要表示惊奇、讥讽等感叹语气。这其实主要表达的仍是不满和否定，是明清河洛方言中"些"的主要意义。

李小军（2008：402）认为"些""哨"的基本语气义都是"催促"，只是在不同语境中"催促"义可能强弱不一。这与河洛方言以表不满和否定为主的"些"语义不同。

孙锡信（1999：141）认为宋代贺铸《减字浣溪沙》"东风寒似夜来些"句中的"些"表测度语气，同时带有对事实的承认和无可奈何的情绪。无可奈何里包含有不满和否定，只不过是河洛方言把不满和否定的强度表达的比较多而已。

4. 脚赶：紧跟着。例如：

（12）二人厮拖厮扯，脚赶着转入山坳里来。（《禅真逸史》第四回）

（13）这两个凭窗觑时，果然是一土地形状之人，飞行不定。急急丢了针线，脚赶脚一齐滚下楼去，奔入轩子里。（《禅真后史》第三十三回）

（14）到此时，肩上一个褡裢，一替一脚步行起来，如何能吃消？（《歧路灯》第四十四回）

（15）您想啊，谁家的黄花闺女被绑架了，敢等到过了夜再去赎？所以往往是这边被绑到山上，那边脚跟脚赎金就送来了。（《经典洛阳：绿林一抹女儿红》，《洛阳日报》2006/10/30）

（16）然而，这样的好天气从今日起出现一个大转折，冷空气卷土重来，疾风冷雨也前后脚跟着。（《明日全省有小到中雨》，《郑州晚报》2009/03/19）

（17）我和你手握着手取暖，脚跟着脚咚咚咚敲响大地的鼓点。（《岁寒图》，《郑州日报》2021/03/01）

上边前两例"脚赶着"和"脚赶脚"是《禅真逸史》和《禅真后史》①中的例子。例（14）的"替"跟"赶"语义相同。后三例的"脚跟脚""前后脚跟着""脚跟着脚"尚存于今河洛方言。可见"跟""赶""替"三者语义相同，构式都是"脚+动词（着）+（脚）"。

5. 烂乎：指食物烹饪得软烂。例如：

（18）不多时，提了一只白煮鸡，烂乎猪蹄，数样果品，一大壶美酒，笑嘻嘻走入店来。（《禅真逸史》第二十二回）

（19）老太太拍拍那只大白狗的头说："它老了，得了白内障已经失明了，牙也不好，我得把它的食儿做得烂乎些。"（《邻家的宠物》，《郑州日报》2008/10/16）

（20）奶奶没了牙，娘便把鸡蛋糕掰成碎块泡到碗里，给奶奶吃的菜也是炖得烂乎乎的。（《何当得报三春晖》，《郑州日报》2019/05/29）

"乎"为词尾。在河洛地区，除了"烂乎"，也说"烂乎乎""软乎""软乎乎""热乎""热乎乎"等一类词。如《郑州晚报》2010年1月20日通讯："记者看到这些女款的纯羊毛防寒服几近崭新，厚厚的料子摸起来软乎暖和。""软乎""软乎乎"是"软"的生动式，"热乎""热乎乎"是"热"的生动式，它们是通语词。

---

① 《禅真后史》是《禅真逸史》的续书，作者仍是方汝浩。

6. 京圆：元宵的一种。例如：

（21）着道人买了两个猪腿，将那隔夜磨起的米粉，裹了馅子，做下一盒京圆，蒸熟了，用两个朱红盒子盛着。又取象牙梳子一副、名人诗画、檀香骨子金扇二柄，藏于匣内，使道人挑了，行童引路，送到元宵夜里借点灯的那一家去，分付道："如此如此。他若不肯收时，不要管他怎的，只出了盒子就走。"（《禅真逸史》第六回）

（22）北宋时，吕原明在《岁时杂记》中说："京人以绿豆粉为科斗羹，煮糯为丸，糖为臛，谓之圆子盐豉。捻头杂肉煮汤，谓之盐豉汤，又如人日造蚕，皆上元节食也。"除此之外，唐朝人郑望之在《膳夫录》中称，人们也食油锤，类似于后来的炸元宵。（《月亮之下的诗意饮食》，《洛阳晚报》2013/02/21）

例（21）的"京圆"是一种点心，由原料糯米粉、豆沙馅和下文的"元宵夜"说明这是一种元宵。该例中提到元宵用"盒子"装盛，今河洛地区仍有重大节日抬食盒的习惯。食盒俗称"食撺"，抬食盒是把食物放在层层撺在一起的提盒里送亲朋好友的习俗。例（22）表明唐代时洛阳人已有元宵节食品，"油锤"与炸元宵相似，宋人改造为"'圆子'盐豉"。"圆子"即着眼于元宵的形状。洛阳在唐时是"东都"，北宋时是"西京"，"京圆"指的即是洛阳的汤圆。

二 北方方言词考证

凡《禅真逸史》收录的词语，见于《歧路灯》《红楼梦》《儿女英雄传》《金瓶梅》《聊斋俚曲》等北方语料，而不见于《三言二拍》《儒林外史》等南方方言语料，或者南方方言语料中用例相对很少，即可认定为北方方言词语。本文检索到《禅真逸史》中的"厮"类词、程度副词"怪"、处置式标记"交/叫/教"很符合北方方言特征，如表1所示。

表1 北方方言词在明清文献中的使用情况①

	厮~			怪	交/叫/教
	厮打	厮熟	厮杀		
《禅真逸史》	10	7	25	1	2
《歧路灯》	6	0	0	3	8
《金瓶梅》	11	0	2	2	3
《警世通言》	1	1	1	0	0
《儒林外史》	0	0	0	0	0

① 本文已把表中同时期其他语料全部考察完毕，所列几本书是根据语言现象本身的情况选的具有表中列举的各种现象、数量对比又较明显的语料。

张生汉（2001）认为河南话最有代表性的是"厮～"一类。因"厮"类词成员较多，本文选择了《禅真逸史》中使用频率比较高的"厮打""厮熟""厮杀"来比较，这些数据能很好地说明"厮"类词是北方词语[①]，《禅真逸史》中的"厮"类词使用明显属于北方言语习惯。程度副词"怪"、处置标记"交/叫/教"的数据也是如此。

马真（1991：10）认为"怪"是不便于表示亲昵、满意、爱抚、调皮等感情色彩的形容词，如不说"怪普通的"。但冷相影（2018：27）认为与普通话的"怪"不同，河南浚县方言程度副词"怪"可以修饰表示亲昵、满意、爱抚、调皮等感情色彩的形容词。例如：

（23）贫僧有个好方子救他，只是怕怪难说。（《禅真逸史》第一回）

（24）怪普通嘞。（今浚县方言）

李蓝、曹茜蕾（2013）指出，今用"叫"作处置标记的地区有河南的浚县、叶县，山东的枣庄、郯城，山西的太原、大同，湖北的襄樊、丹江口等地。事实上今河南境内和周边的中原官话区一般都用"叫"字处置句。"叫"在明代时可写作"交""教"，作处置式标记的在《禅真逸史》中有2例，例如：

（25）头陀逞生平手段，交两把戒刀幌一幌，掷起半空。（《禅真逸史》第十七回）

（26）王太尉分付虞候，凡一概闲杂人等，夜深之际，不许在寺混扰，都教赶出山门外去。（《禅真逸史》第四回）

例（25）的"交"很明显是处置式标记。例（26）的"教"也是如此，"教"的宾语省略。这句话的"教"不太可能表使役，因为"凡"以后的内容都是"分付"的话语，都是以言行事的语力作用的范围，不需要"教"二次表示使役。

明清时期"交/叫/教"处置式也主要见于北方文献，如表2所示：

表2 明清时期"交/叫/教"处置式的使用情况[②]

作品名称	"叫"表处置次数	作品时期
《金瓶梅》	3	明（隆庆至万历年间）
《红楼梦》	4	清（乾隆年间）
《歧路灯》	8	清（乾隆年间）
《儿女英雄传》	3	清（道光年间）
《品花宝鉴》	6	清（道光二十九年）

[①] "厮"一般为副词，在"厮～+宾语"中为词头。见王凤娇、周志锋（2014）。

[②] 该表引自刘琳霞（2016：37）。《红楼梦》中"叫"字处置句应为4例，因文中例句"大爷既留下底子，再叫送果子来的人问问，他这帐是真的假的"明显不表处置，动词"叫"是"招唤"义。《歧路灯》中"叫"字处置句应为8例（傅书灵2007）。《品花宝鉴》方言背景不详，但成书较晚，不影响"叫"字处置句在《红楼梦》《歧路灯》以前是北方方言的结论。

这些北方方言词基本可以排除《禅真逸史》的基础方言为南方方言的可能性。此外，还可以以《禅真逸史》中没有现出的南方方言词把《禅真逸史》的语言排除出南方方言的假设。例如程度副词"顶"，《禅真逸史》中没有"顶好""顶大""顶富"这类"顶"作程度副词的用法，但《朱子语类》《醒世明言》中有，说明"顶"是南方方言词，《禅真逸史》的语言不是南方方言背景。王琳、李炜（2013）指出南方方言有"表容任类使役时使用与给予动词同形的使役标记'给'"的现象，《初刻拍案惊奇》《二刻拍案惊奇》《喻世明言》《警世通言》和《醒世恒言》等都有这种"给"，而《禅真逸史》没有，同样不支持《禅真逸史》的语言是南方方言背景。

三　通语词考证

凡张生汉（1999）收录的词语，同时见于《禅真逸史》《歧路灯》，又见于《三言二拍》《儒林外史》等南方方言语料，即可认定为通语词，共检得通语词40个。举例如下：

1. 黄昏：夜晚，晚上。除《禅真逸史》《歧路灯》，《警世通言》有用例。例如：

（27）讲不尽黄昏寂寞，白昼凄凉。（《禅真逸史》第七回）

（28）白日凄凉，黄昏寂寞。（《警世通言》第三十四卷）

（29）内眷烧黄昏纸儿。（《歧路灯》第六十三回）

例（27）的"黄昏"与"白昼"对文，是晚上之义。例（28）的"黄昏"与"白日"对文，与例（27）相差无几，说明这是当时的常见表达。例（29）的"烧黄昏纸"是河洛一带的民俗，今河洛地区仍在入夜后烧纸祭奠先人。张生汉（1999：53）收录了这个义项。

2. 随便：顺便，趁便。除《禅真逸史》《歧路灯》，《醒世恒言》有用例。例如：

（30）夫妻二人，雇轿马跟随仆从到庙还愿，随便到桃源洞游玩。（《禅真逸史》第三十六回）

（31）随便带些玉器，到京发卖，一举两得。（《醒世恒言》第二十卷）

（32）说了些婆娘琐碎家常，亲戚稠密物事，随便就提起隆吉从娄先生读书的话。（《歧路灯》第三回）

把检到的另38个通语词及其出现的书名和回次列为表3，这些词能很好地说明《禅真逸史》语言的主体成分属于通语而非方言。

表 3　通语词条目、意义及文献中的分布情况

词语	意义	张生汉（1999）页码	《禅真逸史》回次	《歧路灯》回次	书名、回（卷）次
腌臜	污辱	1	18	42	《警世通言》3
不来	动作行为无法完成或不能持续	9	8	15	《二刻拍案惊奇》15
触	冒犯	17	32	46	《警世通言》13
的确	确切	25	40	88	《初刻拍案惊奇》1
点	暗中指使	28	8	34	《金瓶梅》52
发话	情绪激烈地高声说话	33	1	26	《初刻拍案惊奇》13
发落	打发	35	3	1	《二刻拍案惊奇》13
各人	自己	43	8	6	《红楼梦》67
根究	彻底追查	44	10	67	《儒林外史》20
果然	确然无疑	48	31	56	《二刻拍案惊奇》15
即如	相当于"就好比"	56	29	69	《二刻拍案惊奇》33
急切	仓促中	57	17	33	《警世通言》1
紧	相当于"很"	59	11	30	《二刻拍案惊奇》9
款	推迟	66	13	59	《醒世恒言》11
流落	在外流浪漂泊	71	30	80	《二刻拍案惊奇》7
门第	家庭的社会地位等级	76	32	20	《儿女英雄传》18
起去	起来	88	25	51	《警世通言》13
腔儿	派头	89	24	66	《红楼梦》68
惹下	触怒	96	25	107	《醒世恒言》13
任意	肆意	98	8	102	《二刻拍案惊奇》11
十分	确然	103	9	56	《二刻拍案惊奇》18
顺手	手头方便	113	6	61	《醒世恒言》34
调停	安排	119	18	108	《二刻拍案惊奇》17
同	共同参与	120	2	31	《儒林外史》17
投	投靠	120	29	80	《二刻拍案惊奇》11
投奔	所投靠的人或地方	121	26	76	《喻世明言》15
先	先前	128	29	34	《二刻拍案惊奇》18
向来	以前	134	12	67	《醒世恒言》2
吆喝	训斥	144	32	56	《儿女英雄传》5
一定	确定的、不可更改的	147	1	93	《警世通言》4
一片声	连续、大声地	148	35	13	《儒林外史》45
一起	一帮	148	1	71	《儿女英雄传》3
应	应验	154	23	86	《醒世恒言》7
原	本来	157	16	46	《醒世恒言》1

续表

字	文化水平	167	6	44	《初刻拍案惊奇》19
字迹	文字	168	32	64	《儒林外史》23
字眼	用在语句中的字或词	169	13	8	《初刻拍案惊奇》5
总是	总之是	170	1	10	《二刻拍案惊奇》8

崔尔胜（2012）认为《禅真逸史》的语言具有吴方言特征，并阐释了"皂甲"和"师太"两词的吴方言背景；皂甲指"府衙中的差役"，师太指"对年长道士的尊称，包括男性"。但这两个词是名词，很容易借入一个新的语言系统。本文检索到的6个河洛方言特征词有动词、形容词、语气词等，相对不太好借入一个新的语言系统。3组北方方言词也把《禅真逸史》排除出了南方方言系统。河洛方言特征词、北方方言词的数量与40个通语词相比较则表明，《禅真逸史》是以通语写作为主，因应了白话小说的传播需要，作者有尽量使用通语的倾向；另一方面也说明了明代的河洛方言中，通语成分为主，方言成分的比例并不高。① 从《禅真逸史》的语言的整体面貌上来看，该书应是以北方方言的河洛方言为基础方言。其中借入的个别南方方言词语，则表明作者受到过南方方言的影响。作者自然应是河洛地区人氏。

参考文献

崔尔胜　2012　《〈禅真逸史〉吴方言词语二则》，《池州学院学报》第1期。
戴不凡　1980　《小说见闻录》，浙江人民出版社。
傅书灵　2007　《〈歧路灯〉"叫"字句考察》，《周口师范学院学报》第4期。
冷相影　2018　《浚县方言程度副词研究》，河南大学硕士论文。
李　蓝　曹茜蕾　2013　《汉语方言中的处置式和"把"字句》（上），《方言》第1期。
李绿园　1998　《歧路灯》，中州古籍出版社。
李如龙　2014　《论方言特征词的特征——以闽方言为例》，《方言》第2期。
李小军　2008　《语气词"吵"的来源及其方言变体》，《语言科学》第4期。
李　艳　2011　《新蔡方言语气词研究》，华中师范大学硕士论文。
刘琳霞　2016　《扶沟方言"叫"字句研究》，陕西师范大学硕士论文。
马　真　1991　《普通话里的程度副词"很、挺、怪、老"》，《汉语学习》第2期。
申　畅　1991　《明代中州小说大家方汝浩及其代表作〈禅真逸史〉》，《河南师范大学学报》第1期。
孙楷第　1957　《中国通俗小说目录》，作家出版社。
孙锡信　1999　《近代汉语语气词》，语文出版社。
王凤娇　周志锋　2014　《从"长相厮守"谈"厮"的词缀用法》，《辞书研究》第6期。

---

① 尽管《歧路灯》被认为是典型的河南方言背景作品，但通过对已报道的该书中河南方言词语的逐一考察，本文发现其中的河南方言特征词和北方方言词的数量也并不多，跟《禅真逸史》的情况相似。

王　琳　李　炜　2013　《琉球官话课本的使役标记"叫"、"给"及其相关问题》，《中国语文》第2期。
詹伯慧　1991　《汉语方言及方言调查》，湖北教育出版社。
张生汉　1999　《〈歧路灯〉语词汇释》，河南大学出版社。
张生汉　2001　《从〈歧路灯〉看十八世纪河南方言词汇》，《河南广播电视大学学报》第4期。
张振兴　2004　《闽语特征词举例》，《汉语学报》第1期。

The Basic Dialect Analysis of the Ming Dynasty Vernacular Novel *Chan Zhen Yi Shi*（禅真逸史）

XU Siyu　LIU Yonghua

Abstract: The basic dialect of the Ming Dynasty vernacular novel *Chan Zhen Yi Shi*（禅真逸史）is the Heluo dialect of the Ming Dynasty, which can be proved from the Heluo dialect characteristic words, northern dialect words and common language words in the book that are still in use nowadays. There are few southern dialect words in *Chan Zhen Yi Shi*, which can't constitute counter-evidence. Therefore, this book is a rare vernacular material in the study of Heluo dialect in the Ming Dynasty.

Key words: *Chan Zhen Yi Shi*（禅真逸史），Heluo dialect, vernacular materials

（许思雨　刘永华　西北大学文学院　710127）

"偏"的客套话语义及相关复合词语义研究

雷冬平　胡丽珍

提　要　动词的语义取决于其所支配的论元和使用语境。当动词"偏"的论元是人物或者饭食类名词时，"偏"的"背着"语义抽象出见面寒暄回答语的一种客套话，义为"先用或已用酒食"，后来也可以指占先享用的其他行为。"偏"可与"背""倍"构成同义连用的复合词"偏背"与"偏倍"，皆可表"隐瞒"义。"偏"也可与"陪""杯"构成与吃喝事件有关的"偏陪"和"偏杯"，前者可看成是动词，具有"先吃""失陪"义；后者也可表达为"偏了杯"，具有"喝酒过量"义，不宜看成为词。

关键词　动词　偏　偏背　偏倍　偏陪　偏杯

一　引言

在现代汉语少量文献的对话语境中，动词"偏"有一种特殊的用法。如：

（1）四铭还嚼着饭，出来拱一拱手，说："就在舍间用便饭，何如？……""已经偏过了。"薇园迎上去，也拱一拱手，说。（鲁迅《彷徨》）

（2）他冲这位素不相识的车把式深深打了一千说："偏了您哪！"（邓友梅《烟壶》）

例（1）中"已经偏过了"就是"已先吃过了"的意思。例（2）看上去好像用错了，其实联系前文，还是用在见面打招呼中。此例的上文是：车把式正盘腿坐在炕上，就着驴肉喝烧刀子。见又来了客人，忙欠欠身说："来了你哪。喝我这个？"正是有这个上文，所以例（2）中的他（乌世保）说"偏了您哪"其实还是回答车把式的邀请。只不过主语省略了，实际上"我偏了，您哪！"意思就是"我先前已经吃过了，您自个喝吧。"这种"偏"凸显说话人先于听话人已完成了某一种动作。这种用例在现代汉语中

---

* 本文为重庆市社会科学规划重点项目"论元结构理论下的汉语常用单音节动词的语义演变研究"（2021NDZD15）、重庆师范大学人才引进基金项目"基于大型语料库的汉语构式演变研究（19XWB005）""汉语常用单音节动词的语义演变研究（19XWB004）"的部分研究成果。

共检索到十个用例①。《现代汉语词典》(2016:996)释这种"偏"为:"客套话,表示先用或已用过茶饭等(多接用'了'字):我偏过了,您请用吧。"《汉语大词典》和《汉语大字典》对此亦有解释②,但从我们所搜集到的近代汉语和现代汉语的用例来看,二者的释义并不是特别准确,《汉语大词典》释语中的"用膳"是吃饭比较文言的说法,但除了吃饭,"偏"还可以用在像例(2)中的"喝烧刀子"(即"喝烧酒")这样的语境中。《汉语大字典》释语中同样没有提到"酒"。因此,它们的释语表述都是不够准确的。但是二者的释义强调的都是"已经吃过",在表示动作先前已经发生这一点上,二者的认识是一致的。

另外,我们发现字典辞书还收录了含有"偏"这一语素的"偏背""偏倍""偏陪"以及"偏杯"等四个双音节复合词,都解释为类似"偏"的用法。那么,它们的性质如何,与"偏"关系又怎样的?它们语义形成的理据是什么?等等。这些问题都是了解这些词语所需要解决的。本文从"偏"表示客套话语义的形成出发来分别考证含有"偏"的复合词的语义及其成词理据。

二 动词"偏"客套话语义特征及其形成

2.1 动词"偏"表客套语的早期用例

动词"偏"在现代汉语中表示见面打招呼客套话的用法,其实在清代已能见到不少用例。如:

(3)凤姐才吃饭,见他们来了,便笑道:"好长腿子,快上来罢。"宝玉道:"<u>我们偏了</u>。"凤姐道:"在这边外头吃的,还是那边吃的?"(清·曹雪芹《红楼梦》第十四回)

此例是非常典型的用法,凤姐叫宝玉他们吃饭,宝玉回答说"我们偏了",意思就是"我们吃过了,您就不用客气了"。这是见面寒暄客套话。也可以直接回答"偏过了"。如:

(4)胡巡捕听说他来,因为一向要好的,赶忙进去请了安,说:"护院正会客

---

① 通过北京大学CCL语料库和北京语言大学BCC语料库对现代汉语进行搜索,共计得到十条这种用法的例句,其中刘震云《头人》中就有五例,而且五例的语境是一致的,都是:"村长,这儿吃罢!""村长,我这儿先偏了!"祖上也心平气和地摆摆手:"吃吧吃吧!"其他四例只是将对象由"祖上(村长)"换成了"宋家掌柜(保长)""三姥爷(老三)""妗舅(妗叔)"和"贾祥"。从这五例的对话中可以看出,在语义上,"偏"换成"吃"完全是可以的。其他用例则是老舍、鲁迅、汪曾祺及邓友梅各一例,还有一例是相声段子中的例子。

② 《汉语大词典》(第一册)(1986:1561)义项14释之为"客套话。指先已用膳"。《汉语大字典》(第一册)(1990:195)义项16释之为"客套语。表示先用过或已用过茶饭"。

哩,等等再上去回。大人吃过饭了没有?"黄道台说:"偏过了。老哥,你这称呼要改的了,兄弟是降调人员,不同老哥一样吗?"(清·李宝嘉《官场现形记》第四回)

(5)步青问道:"你们吃饭没有?"大家见步青来,都起身,道:"偏过了。"(清末·姬文《市声》第二十一回)

以上二例中都是回答"偏过了"。因为这三例的前句都是问"吃饭了没有",问的都是过去的情况,回答当然就是"吃过了"。回答时,说话人想要表达的是一种感谢和歉意,歉意来自于我"偏了"您吃过饭了。而现代汉语刘震云的五个例子都是"我这儿先偏了",也是因为对方看到自己正在吃饭,说声"不好意思,我这儿先吃上了",都是一种客套的说法。

2.2 动词"偏"从"偏离"义到"多拿多占"义的引申

那么,"偏"的这种见面寒暄客套的动词用法来自何处呢?《说文·人部》:"偏,颇也。从人,扁声。"段玉裁注解:"颇,头偏也。引申为凡偏之称。故以颇释偏。二字双声。""凡偏之称"即不论具体的"偏"(如空间的"不居中"),还是抽象的"偏"(如情感上的"偏私"),都可以称"偏"。古代汉语中,"偏"的形容词和副词用法比较多,但是也有动词用法。如:

(6)其父为其孤也,而使妾为其继母,继母如母,为人母而不能爱其子,可谓慈乎?亲其亲而偏其假,可谓义乎?(汉·刘向《列女传·魏芒慈母》)

此例中的"偏"就是情感上的"偏离","亲其亲而偏其假"是说"爱护自己的孩子,而疏远她的继子"。"疏远"是一种意译,其实就是对"其假"不公正,因为父母感情偏向了亲生孩子,就会偏离了继子。再如:

(7)音徽千里断,魂梦两情偏。(唐·元稹《酬窦校书二十韵》诗)

此例主要写分别后的音信断绝,分别的无奈,看此诗的下文"鹤方同北渚,鸿又过南天",这是描写聚少离多、人生背离的无奈。因此"音徽千里断,魂断两情偏"不是说"千里相隔,音信断绝;然魂梦相牵,情谊更深"之义①,因为这样解释是违背了整首诗歌的主题。两句诗歌的意义应该是"千里相隔,音信断绝;虽魂牵梦绕,却相逢难圆。""偏"就是"偏离","两情偏"即"两情错开"或"两情偏离",表示难以再在一起了。再如:

(8)致知、力行、用功不可偏,偏过一边,则一边受病。(宋·朱熹《朱子语类》卷九)

此例中两个"偏",都是"偏向"义,因为偏向一边,那么另一边就会受到忽略。

---

① 《汉语大字典》(1990:196)将例(8)之"偏"解释为"浓、深"义。

当然，第一个"偏"也可理解成"偏废"，因为"偏废"就是因为"偏向"了一边而导致了另一边"废除"了。《汉语大词典》释"偏废"为"重视某人、某事、某物而忽视其他人和事物"之义，其义是。

（9）如上蔡之说，则专于力行而废讲究之义，似皆偏了。（宋·朱熹《朱子语类》卷二十）

此例说的是用功的方向偏了。此"偏"亦是方向偏离之"偏"。无论是形容词的"偏"，还是动词的"偏"，其核心义素都是"不正、不居中"。如果"偏离"的"偏"用在比较的语境上，"偏"则容易引申出"多占"之义。如：

（10）刚才不是我不依您的话，天下的事惟公平正直合秤一般，你要偏了，不是往这头子搭拉，就是往那头子搭拉。（明末·西周生《醒世姻缘传》第二十二回）

（11）拿了天平进去，逐封兑过，银比法马都偏一针。（同上，第九十六回）

以上二例中，第一例"偏"用在秤杆上，秤杆上的秤砣偏了，体现的是秤砣要么是往左拉了，要么是往右拉了；第二例则用在称天平上，天平指针偏了，体现到重量上同样是所称的东西，要么是少了，要么是多了，"偏"均表示重量的偏离。例（11）说"偏一针"，其实就是天平的指针不居中，从上下文看是为了面子好看，天平的指针是向右偏出一小格刻度，所以说"偏一针"其实就是多出一针之义。那么，当这种刻度或指针"偏离"之"偏"后接财物等论元时，"偏"发展出"多拿多占"义。再如：

（12）内中有做刚的，做柔的，讲到每人十两，二十七个共做二百七十两；内中两个为首的叫是"大将"，每将各偏十两，共二百九十两。（明末·西周生《醒世姻缘传》第八十三回）

例（12）中动词"偏"搭配的是"十两（银子）"，这种"偏"不再合适理解成"偏离"义，只能理解成"多占、多拿"义。例（12）中的句义是，二十七个人，每人十两就是二百七十两，其中还有两个为首的每人多拿（"偏"）十两，因此共计是二百九十两银子。

动词"偏"的这种与钱财搭配表示"多拿多占"的用例还较为常见。再如：

（13）俺寻思着不动嫂子的东西，把他六家子的银子，每家子减下一两来，粮食也每家子减下一石来，把这六两银子，合这六石粮食，我情四分，二官儿情两分。就比别人偏一个钱也体面上好看。（明末·西周生《醒世姻缘传》第二十二回）

"偏一个钱"就是"比别人多拿一个钱也在面子上好看的"之义。当然，"偏"的这种表"多拿多占"义形成后，其论元范围发生了扩展，不再限于钱财，也可以是其他事物，且这种用法可以用数量词或者指代词来充当"偏"的论元。如：

（14）他挑唆那病老婆把家财都赔嫁了那个小淫妇，到后来养活发送，我都要与那小窦子均出，偏了一些，我也不依！（明末·西周生《醒世姻缘传》第五十六回）

（15）二人的心里又待要比别人偏些甚么，不待合众人都是一样。（同上，第二十二回）

二例中的名词已经省略，例（14）中的"一些"虽然还可以补充为"偏了一些家财"，但（15）已经不好补出什么内容了，"偏些甚么"中"甚么"可以指心里想要多占的任何东西。

我们认为，表示见面寒暄的客套话"偏"，其中一个语义源头就是来自于这种"多拿、多占"义的"偏"。这是一条语义引申路径：不正的偏向→天平指针的偏向→钱财的多占→其他情况的多占。

2.3 动词"偏"从"背着"义到"先吃/已吃"义的引申

另外，当"偏向"义的"偏"后面连接的论元是表人名词或代词的时候，这种"偏"还蕴含了一种语义，即"瞒着、背着"义，这种语义是从"偏"的"偏向"义引申来的，前文已经谈到，偏向一方，对另一方来说就是偏离，偏离就是背着，是一种"偏背"。这种语义的"偏"的使用语境是表示"先已独享，不等言语对象一起享用"。如：

（16）妹妹，我虽偏你们，朝朝侍天子，夜夜伴君王，未尝不思念你等。（明·许仲琳《封神演义》第二十五回）

（17）见了张太太，站起来道："偏了我们了？赴了女儿的席来了？"张太太道："可吃饱咧，斋也开咧。我们姑奶奶这就不用惦记着咧！"（清·文康《儿女英雄传》第二十九回）

在"偏"加上人称代词这样的动宾结构中，"偏"都有表示"偏背"之义。例（16）中，"偏"就是"偏背"之义，"我虽偏你们"即"我虽背着你们"，也就是说"我虽然没有和你们在一起陪伴君王，但我还是很想念你们的"；例（17）中舅太太看到张太太问"偏了我们了"就是问张太太"背着我们，到女儿那儿吃过饭了？"这种例子中的"偏"都含有"偏背"之义。再如：

（18）李壮道："怎么只摆两分？再添一分来。"婆娘道："我们只有两个人，为甚要三分？"李壮笑道："你何必瞒我！放着一个夏老爷在房里，难道我们两个好偏了他么？"（清·吴趼人《二十年目睹之怪现状》第五十六回）

例（18）中的"偏"的"背着"义则更加明显，因为下文李壮还说："快请夏老爷出来，虽然家常便饭，也没有背客自吃之理啊。""背客自吃"这种"背着"义也是"偏"表示客套话的一个意义来源。

（19）已定下了喝喜酒的日子么？我是要来喝一杯喜酒的，二妹不要偏了我呢。（清·平江不肖生《留东外史续集》第六十章）

（20）你自然也在阁上偏我吃酒。（清·吴敬梓《儒林外史》第四十七回）

例（19）中"偏了我"为"偏了我喝喜酒"之略，这与例（20）之"偏我吃酒"是一个意思，即"背着我先享用酒食"之义。"背着"某人做某件事情，当然就是独占，独占当然就意味着多占多用。所以，客套话的"偏"既包含了"先占先用"义，也包含了"独占多用"义。正是因为这样，用"偏"就能表达出对听话人抱歉的语义。

中国人喜欢用吃饭这件事情来打招呼。所以，"偏了""偏过了"多用于见面寒暄回答吃饭这件事情。除前文所举例外，再如：

（21）两佳人，卸却浓妆更衣服，轻盈雅淡更鲜妍。香茶用毕来用膳，华筵盛设列杯盘。娘娘说是已<u>偏过</u>，贤妹君侯请共餐。梁氏夫人含笑说，奴亦<u>先偏</u>乞恕愆。（清·陈端生《再生缘》第七十七回）

例（21）中，无论是"偏过"，还是"先偏"都表示一种抱歉客套的说法，表示"已私下里先吃过了"。吃过的主体说这个话的时候是带有一种对于背着你先吃表示抱歉的态度。所以，动词"偏"具有"背着"的语义，这一语义正是从"偏向"义引申而来的，因为"偏向"总是一方相对于另一方来说的，动作主体偏向了一边，那么对另一边来说就是"背着"义了。如：

这样的语义和用法不独用于"吃"这个事件中，古人云："食色，性也。"则"偏"的用法在清代就可从"食事"域向"性事"域进行扩展。如：

（22）你不要怕，风流事妇女们谁人不做？我肯来拿你的奸么？只怪你<u>偏我独享</u>，且拿他去同我们大家做个喜乐会场再还你。（清·曹去晶《姑妄言·寂寞寻春》第四回）

（23）众人都轮番交敬，这和尚是无量不济的，饮了一会，裘氏笑道："我是<u>偏过你们</u>了，你姐妹们怎么个来说？"（同上）

（24）妇人中件件都可让得人，惟独这一件事，虽同胞姊妹嫁了一个丈夫，有些偏处也是不愤的。腊姨因有前允，不忍瞒她二人。到底<u>先偏了几次</u>，自己心足了，才肯分惠。（同上，第五回）

从例（22）也可看出，关于性事，"偏"的用法也有"背着某人独享"之义，这种语境中的"偏"显然就没有表示客套的语气，在句中反而是一种责备。例（23）中的场景正是众女与和尚举行联床大会前的喝酒场景，裘氏说"我是偏过你们了"并不是指喝酒之事，而是指裘氏先前已与和尚发生过关系了，现在由姐妹们来说自己的想法。例（24）中"先偏了几次"是"先偏背姊妹独享几次"的一种省略式表达，形成"偏"直接带动量短语充当补语，这使得"偏"在句中就可以理解成"先享、先用"之义。

（25）又听见小钰问道："你有了婆家没有？"莺儿道："前年定的亲，还未过门。男人也是开铺子的。"小钰道："<u>我先偏了他</u>，他知道了恐怕要恼呢！"莺儿道："千岁爷替他开生门，很有光彩。知道了只有喜欢，那里敢恼？"（清·兰皋主

人《绮楼重梦》第三十三回）

此例中，莺儿定过亲但未过门，却先和小钰发生了关系，因此，小钰说"我先偏了他"之"偏"是指他比莺儿的订婚男人更早与莺儿发生了关系，凸显"偏"的"背着某人先占、先用"之义。

当然，词语的用法一旦发生扩展，那就有可能不仅局限于某一个事件领域。"偏"的这种用法还可以用于其他事件中。如：

（26）只听见那三个说道："明儿吃你的喜酒，不兴混赖。"那一个笑道："这是前世的姻缘，也亏我的工夫等到今日，要先偏你们了。横竖你们也来的快，咱们明日见面再说罢。"（清·陈少海《红楼复梦》第四十一回）

（27）宝玉赶来笑道："我就知道你们还在这里，这个好地方，玩月不可无诗，咱们四个人在此联句罢。"湘云道："不瞒二哥哥说，两年前倒先偏过你了。"（清·归锄子《红楼梦补》第四十一回）

（28）正想细问情由，不道那贵官就匆匆的向着凤孙拱了一拱手道："兄弟先偏了！"说罢，提起马头，四蹄翻盏的走进那东路去了。（清·曾朴《孽海花》第二十三回）

例（26）"偏你们了"是指"我比你们先成就姻缘"；例（27）的"先偏过你了"是指"湘云她们在两年前就举行过联句活动"；例（28）中"兄弟先偏了"是指"我先走了"之义，包含有我无法陪你而感到抱歉的情感。这三例所涉及的事件已经不再是关于"吃"或者"性"了，说明"偏"的使用范围进一步扩大。但到现代汉语中这种扩大的用法几乎不见了，只看到少量见面打招呼问吃饭事件的客套话用法，且还只保留在某几个作家的作品中（详见引言），这种保留应该是近代汉语或方言在作品中的一种体现，如北京话就可以说"您慢慢吃吧，我可先偏您了"或"偏了您哪"来表示失陪或者先吃等用法，冀鲁官话中河北昌黎话中也可以说"偏儿你咧"来表示"已吃"之义（许宝华、宫田一郎 1999：5567）。

关于"偏"的这种用法，除了我们前文提到的《现代汉语词典》《汉语大词典》与《汉语大字典》解释过外，《中文大辞典》（1968：1107）也曾释"偏"为"犹言'偏过了。'（即'俗谓已用餐，有私自占先之意，以用为答语之谦词时为多。'）"义，作为面向汉语语义系统的词典，《中文大辞典》的释义还是有所欠缺的。白维国（2011：1155）释"偏"为"客套话，指先于别人用酒饭"；周定一等（1995：634）释"偏"为"客套话，表示已经吃过"；刘心贞（2010：109）释"偏"为"＜方＞意为占先。这里是表示自己已经吃过的客气话"。三位学者的解释基本正确，但是对于"偏"的使用范围概括略有缩小。

鉴于"偏"在现代汉语和近代汉语语料中的实际使用情况，我们认为不同性质的词典释义应该有所不同。反映现代语文生活的《现代汉语词典》宜释"偏"为"客套话，表示先用或已用过酒食等"，而以反映汉语词汇语义系统全貌为己任的《汉语大词典》与《汉语大字典》则应释"偏"为"客套话，表示先用或已用过酒食等。后可指先占先用的其他一般行为"。

三 含"偏"复合词的语义及其形成

通过上文的研究，单音节词"偏"的客套用法的特征及其来源已经很清楚了。同时，我们也可以看到近代汉语文献中有一些含有这种"偏"的复合词，虽然字典辞书也收录了这些词，但是学界对其认识还不太一致，有必要对这些复合词做进一步的考察，我们一一分析如下。

3.1 同义并列复合词"偏背"

从文献调查来看，"偏背"一词最早出现在明代。如：

（29）若能勾去时节，便寻你家里去。我偏背你，那个人家，我恰才籴米去来，不肯籴与我。他们做下见成的饭，与我吃了，又与你将来。（明《老乞大谚解》卷上）

（30）讲定了，向后请驸马。三人轮流取乐，不许偏背。（明·汤显祖《南柯记》第三十七出）

（31）你道这奇了，这还不希罕。你道那个钓鱼不用钩？那个引针不用线？只有我家小姐奇又奇，偏背了我们自偷汉。（明·宋梅洞《娇红记》第二十出）

"偏背"明清时期多见。"偏背"是一个同义并列的复合词。"偏"的语义就是我们上文讲到的"偏向"之义。"偏向"和"背着"语义是相对而言的，在动作主体"偏向"某一方的时候，动作主体肯定会"背着"另一方，这是一个事情的两面，相反而可以同辞就是这个道理。故"偏背"中"偏"与"背"同义。因此，我们将近代汉语中这种"偏背"解释为"隐瞒、背着"之义。这种语义中的"偏背"一般是构成句式"甲某偏背乙某VP"，如例（31）。当然，这种句式中的后一VP往往是可以省略的，但这可通过上下文知晓，如例（29）之"我偏背你"是"我偏背你吃了饭"之略；而例（30）之"不许偏背"是"我们不许偏背彼此取乐"之省略。

可见，框架构式对于理解词语是非常重要的。正是因为这样的省略，所以辞书常常出现随文随意。如《汉语大词典》释"偏背"有二义：①"占先享用"，②"已先进食"。然而，这两个义项具有包含关系的，义项①是包含了义项②，"已先进食"就是"占先享用食物"，所以义项②是义项①的一种具体情况，可见"偏背"的语义分列二义是不合理的。对于"偏背"的解释，我们认为应该注意三个方面的因素：

第一，落实语素义。"背"在该词中的语义是"背着、隐瞒"义，这一语素义必须得到落实。"隐瞒"就蕴含了所隐瞒的事情必定是在说话前发生的动作，所以"占先"就不言而喻蕴含在其中了。且"享用"义也只是有的例子中"享用饭食"等的语境义，在另外的语境中，这个释义就无法让上下文融洽了。如：

（32）就是那一班情愿从良的妓女，偶然见了一个俊俏后生，便由不得背地里私通款曲，这不过如家常便饭之外，偏背了一顿点心，算不是毁名败节，却轻轻的把一顶绿头巾暗暗送与主人公戴在头上。（清·张春帆《九尾龟》第二回）

（33）虞华轩道："成老爹偏背了我们，吃了方家的好东西来了，好快活！"（清·吴敬梓《儒林外史》第四十七回）

（34）不知那里走来个猫子，公然走来，老实的紧，钻入柜内独乐，将一碗杭童的性命，偏背享得光光。（清·云阳嗤嗤道人《警寤钟》第十回）

"占先享用"义只有在例（32）这种"偏背"后接"食物类"宾语的时候才解释得通，构成"占先享用了一顿点心"，看起来语句通畅。可是从上下文看，这里是讲从良的妓女私通一个俊俏后生，就像是正餐之外加一顿点心。因此这里强调的不是"占先"享用，而是正餐之外的"额外增量"，而"隐瞒"也正蕴含了"正当之外增量"的语义，因为正当的量是不需要隐瞒的。例（33）的上文语境是，虞华轩故意逗成老爹，让人告诉成老爹方家请他吃酒，成老爹上当去方家吃酒，但实际上方家并没有摆酒席，成老爹在方家没吃到酒食，走到虞华轩家，虞华轩故意说老爹背着他们，吃了方家的好东西。如果将"偏背"解释成"占先享用"，则"享用"与后文"吃了方家的好东西来了"在语义上食重复的，而且"偏背了我们"也无法解释为"占先享用了我们"。而例（34）则更加明显，因为"偏背享得光光"中，"偏背"后已有"享"字，则"偏背"更无法解释为"占先享用"，只能理解成"背着"或"隐瞒"。

第二，落实使用范围。"占先享用"的释义缩小了"偏背"的使用范围，通过调查，"偏背"的使用范围不局限于吃喝享乐事件。如：

（35）带他回来，如今现在敝衙。小弟已曾偏背，完了百年大事。（清·佚名《女开科传》第十二回）

（36）一头走，一头思算道："这人是我认得他的，我不会独自去引诱他财物，倒要引你两个同来么？"登时先怀了个偏背之心。（清·心远主人《二刻醒世恒言》第一回）

例（35）是表示"自己不曾让对方知道，私下完成了婚姻大事"，"偏背"凸显的就是"隐瞒"之义，此例使用的语境是"婚姻事件"。然婚姻是不能和"享用"搭配的，因此"占先享用"义在这样的例子中殊不可通，"已先进食"就更无法疏通文义。例（36）"偏背"的使用语境也逸出了"吃喝享用"类事件，而是"诱骗事件"，"享用"无法和此类事件或论元搭配。而且从上下文语境看，例中言语者心头盘算的意思是：我认得这个人，我难道不会自己去引诱他的财物，却要来叫你们一起去。言下之意就是说"我要背着/瞒着你们两个去"。

第三，落实语法搭配。词语释义是否正确，还需要到具体使用的语法搭配中去印证。如：

（37）老官儿说："既有师父在庵，不可偏背了他，须是去请了他来吃斋。"（明末·佚名《续西游记》第三十五回）

（38）赚了钱不可偏背，大家八刀才好。（清·孔尚任《桃花扇》第十七出）

（39）快去，快去！他二人说成，便偏背我们了。（同上）

以上三例中，解释为"占先享用"义只能在像例（38）中"偏背"后没有成分的光杆动词时才通顺，其他二例（上文所举例子亦是如此）"偏背"后都是接表人名词或者人称代词。从"占先享用"的语义看，其后是无法支配表示人物的成分的，只有在前文例（32）这样表食物的论元前，"偏背"才勉强符合语法搭配。然而明清时期"偏背"用例绝大部分都是"偏背"后接人称代词或表人名词。因此，从句法搭配上看，"偏背"解释为"隐瞒"是比较合适的。

总之，"偏背"一词已经没有客套话的用法了。"偏"即"背"也，"偏背"为同义复合词，应释为"背着、隐瞒"义。石汝杰、宫田一郎（2005：477）将"偏背"释之为"<动>私下多（或先）享用。有时是客气话。又作'偏倍'"，这种解释和《汉语大词典》基本一致，同样是不够准确的。中国台湾地区出版的《中文大辞典》（1968：1110）释"偏背"为"隐匿"，我们认为这种解释从语义上来说基本是正确的。但是"隐匿"一词的使用在语义上更多倾向于"隐藏"义，所以，用带有更多说话人主观性的"隐瞒"来解释会更准确。

3.2 义同"偏背"的复合词"偏倍"

"偏倍"在近代汉语中使用极少，也不过七八例。最早使用见于元代。如：

（40）两家贿赂，钱多者胜，以屈为直，以直为屈，不胜偏倍。（元·徐元瑞《吏学指南》）

（41）诸郡输递，取道本路，征发车牛，越广平抵顺德，往还余五百里，非惟偏倍，恐民力不堪。（元·王恽《秋涧集》）

例（40）"偏倍"不是上文的"偏背"义。也不是一个词，而是一个同义的短语。"偏"表示"偏私"义，"倍"应通"悖"，表示"乖谬逆乱"义。因为该例是在批评当时的为官者，借打官司两边受贿，有钱就有道理，钱多者胜官司。"不胜"是副词，表示"非常"义。正是因为"以屈为直，以直为屈"，所以说"非常偏私和悖乱"。所以，此例中的"偏倍"是个并列复合的短语。例（41）中的"偏"也是"偏私"之义，该例是大臣向朝廷上书的汇报，该例是汇报中的第二件事情，其中之义就是表达不想这么做,即"并非想偏私和违背旨意,只是担心老百姓不堪重负"。"倍"也是通假字,通"背",表"违背"之义。

这种线性的连用在明清时期也能见到用例,但是由于"偏"与"倍"都是多义词,所以,线性连用的语义也会有所不同。如:

(42)今宵风物异寻常,月底梨开万朵光。闪雪摇冰偏倍昼,迷枝漫叶总生凉。(明·徐渭《月下梨花》诗)

(43)不道他乡月,今宵偏倍明。(清·毛奇龄《西河集》卷一百六十九)

此二例的意义一样,都是副词"偏"和"倍"的连用,分别修饰后面的"昼"和"明",表示"偏偏更加白或明亮"之义。

只有到明末清初,才见到二例"偏倍"动词用法的例子。如:

(44)〔净〕既是秀才娘子。可曾会他来。〔生〕便是这红梅院,做楚阳台,偏倍了你。(明末·汤显祖《牡丹亭》第三十三出)

(45)你们好偏倍朕快活,接也不来接一接。(清初·褚人获《隋唐演义》第三十九回)

例(44)中的"偏倍"和上文的"偏背"同义,都是表示"背着、隐瞒"之义。"做楚阳台"是接楚怀王幽会神女的典故来说"生"也和秀才娘子相会了,而且是背着"净"进行的,即"偏背了你"。所以,其中的"倍"应该是通"背",表示"背着"义,因为"倍"无此义,只能是同音通假。例(45)"倍"同样是通"背",表示"背着、隐瞒"义。全句是"你们怎么好背着我快活"义。

因为"倍"可以通假为"背",所以在"背着、隐瞒"这个意义上,"偏倍"和"偏背"同义。

关于"偏倍"一词,还有一个例子需要讨论。因为这个例子为《汉语大词典》所用,但在理解上却存在问题。如:

(46)苗忠那里肯听焦吉说,便向焦吉道:"钱物平分,我只有这一件偏倍得你们些子,你却怎地吃不得,要来害他。我也不过只要他做个札寨夫人,又且何妨。"(明·冯梦龙《警世通言》第三十七卷)

《汉语大词典》将此例之"偏倍"解释为"占先享用"。实是不通。首先此例"偏倍"没有"占先"之义,也没有"享用"之义。例中的意思是说"我们抢来的钱物已经平分,我只在这件事情上多占得你们一些便宜"。但是句中已经有动词"得"表示"得到"或"占有"义,那么"偏倍"不应该理解成词,"偏倍得你们些子"应理解为"正好多拿了你们一些"。"偏"为"正好"义,"倍"为"多"义。如果"偏倍"理解成动词,"得"就只能理解成"助动词","偏倍得你们些子"结构只能解释为"V得C"结构,但"你们些子"是无法充当动词"偏倍"的补语的。按照《汉语大词典》的释义,则"偏倍得你们些子"应解释为"占先享用得你们一些",这在语义是不通的。因此,此例的"偏倍"不是一个词,宜将其理解为一种线性的组合。

3.3 表客套语用法的"偏陪"

"偏陪"一词在文献中用例不多,仅见于明清时期,共见 6 例。该词有二义:其一为"客套话。犹失陪"义。如:

(47)〔净〕奶奶,师伯在内,老身进去。〔老旦〕请便。〔净〕相公<u>偏陪</u>了。拜辞堂上客,往见合中人。(明·周履靖《锦笺记》第四出)

(48)〔老旦〕阿姊陪小姐在房中坐,我去去来。〔旦〕请便。〔老旦〕<u>偏陪</u>了!(同上,第二十出)

(49)富翁道:"这等,打点将二千金下炉便了。今日且<u>偏陪</u>,在家下料理,明日学生搬过来,一同做事。"(明末《初刻拍案惊奇》卷一八)

三例中,前二例"失陪"义很明显,前例是"净"告别,说声"相公失陪了","失陪"是一种客套话,表示因故而不能陪伴对方。例(49)的意思是:今天暂且失陪,去家里料理料理,明天再一起搬过来做事。所以,这三例之"偏陪"都是"失陪"义。为何有这样的意思呢?上文我们说,"偏"作动词有"偏向"义,"偏向"可以从另一个角度理解为"背着","背着陪"就是"不陪、失陪"义,所以,该词"偏陪"之"偏"还是前文所论述单音节表"背着"义的"偏",只是这种意思的"偏"与"陪"组合在一起形成了一种新的表示客套的说法,即"失陪"。

"偏陪"的另一个意思是"先吃或已吃"义。如:

(50)(笑介)这样好酒好菜不吃,待我拿去<u>偏陪</u>了,如何如何。(笑介)他的放不出来,我的收将进去。(明·阮大铖《燕子笺》第三十八出)

(51)扈成道:"小弟<u>偏陪</u>不多时,你饥渴了自吃。"(清·陈忱《水浒后传》第二回)

(52)奔山酒又醉了,正要上楼去睡。只听得扣门响,急忙去开门,见主仆二人来了,道:"等你吃酒,原何才来?我等你不得,日<u>偏陪</u>了。如今留一桌请你。"(清·江海主人《艳婚野史》第八回)

三例中,例(50)说"这样的好酒好菜不吃,等我拿去先吃了"。例(51)"偏陪"的语义要从较大的上下文来理解,该例内容的上文是:量酒的觑着扈成道:"方才这位客官吃酒会钞去的,重番又来!"从这个上文可看出扈成是吃过没多久,然后又陪阮小七过来吃饭,所以,他会说"小弟偏陪不多时,你饥渴了自吃",意思是"我不久前刚吃过,你饥渴了请自便吃,不要客气"。"偏陪"是"已吃"义。例(52)是说"等你喝酒,你现在才来,我等不到你来,就先吃了(已吃了)",此例"偏陪"解释成"先吃"或"已吃"都可以,其实"先吃"如果不是像例(50)那样是说话时进行,而是先前已经发生的"吃",那"先吃"就是"已吃"了。所以发生在说话过去时间的这种"偏陪"都可以解释为"先吃或已吃"。这种用法在现代汉语方言中还有使用,《汉语方言大词典》(1999:5566)收录了"偏陪"一词,释之为"<动>表示已吃或先吃(客套话)",并列举了吴语江苏海门、启东吕四中"偏陪"的用法为证。这种"偏陪"的"先吃或已吃"义是从"失陪"义引申而来的,就"吃"事件来说,"陪同、陪伴"就是一起进食,"失陪"就是没有和对方一起吃,没有一起吃,当然就是先吃或者已吃。

3.4 表"饮酒过量"义之"偏杯"

"偏杯"一词用例极少,只在清代见到一例。"偏杯"拿出来讨论是因为《汉语大词典》收录了该词,而其释义却有误。如:

(53)〔指介〕你看,他早已醉倒在地,待我上岸,唤他醒来。〔作上岸介〕〔呼介〕苏昆生。〔净醒介〕大哥果然来了。〔丑拱介〕贤弟<u>偏杯</u>呀!〔净〕柴不曾卖,那得酒来。(清·孔尚任《桃花扇·余韵》续四十出)

《汉语大词典》将此例中的"偏杯"释之为"已先喝酒"义,如果只看其所引之"贤弟偏杯呀"一句的话,这种解释似乎也说得通。但是从更大的上下文看(如例53所引),该释义则不妥。因为大哥柳敬亭将苏昆生唤醒之后,说的是"贤弟你先喝过酒了",这样的话,那么此句必然是带有疑问的,是一个问句。可是原文是"贤弟偏杯呀"是一个感叹句,如果理解为"贤弟你已喝过酒呀",这样的感叹句是没有意义的,因为没有传递出说话人想要感叹的信息。所以,此例"偏杯"不宜理解为"已先喝酒"义。

其实,"偏杯"就是"贪杯"之义,"贤弟偏杯呀"就是"贤弟你喝多了呀"或"贤弟你贪杯呀"。因为从该例的前文可以看出,柳敬亭想找苏昆生喝酒,却看到苏昆生倒在地,认为"他早已醉倒在地",然后上前叫醒苏昆生,苏昆生醒来,柳敬亭就说了这句"贤弟偏杯呀",这个感叹才有语义凸显的地方,因为前文柳敬亭就认为苏昆生是喝醉了。所以,"贤弟偏杯呀"之"偏杯"只能解释为"贪杯"或者"喝酒过量"义。白维国(2011:1155)释"偏杯"为"比别人多喝了酒",虽然这种释义含有了"多喝"之义,但"偏杯"确实没有和别人比较之义。鉴于"偏杯"在文献中只有一个用例,且"偏杯"还可以说成"偏了杯",则"偏杯"不宜看成是一个双音节的复合词,而可将这种表示过量的用法看成是动词"偏"的语义在具体语境搭配中的一种意义引申。因为我们还可以在明代看到这样的一个用例,如:

(54)金莲道:"今日我<u>偏了杯</u>,重复吃了双席儿,不坐了。"(明·兰陵笑笑生《金瓶梅》第三十四回)

从"我偏了杯"的表达可以看出,"偏杯"其实不当为词。"杯"只是动词"偏"的一个论元之一,在和"杯"的搭配中,"偏(了)杯"才具有"贪杯"或"喝酒过量"的语义。从此例上文看,金莲其实没有喝酒,如果解释为"先已喝酒",这和上文事实是矛盾的，自然就解释不通了。看下文才知道是怎么回事，此例下文是："看官听说：潘金莲这几句话，分明讥讽李瓶儿，说他先和书童儿吃酒，然后又陪西门庆，岂不是双席儿，那西门庆怎晓得就理。"需要指出的是，"偏了杯"不仅仅是指"李瓶儿先和书童儿吃酒"，而且还包括"李瓶儿和西门庆喝酒"，"偏杯"是包含了"吃了双席"的，那"偏杯"就不是"先已喝酒"之义了，而是指"喝酒过量"义了。其实，"偏杯"之"偏"的语义是从动词义"偏向"义引申来的，"偏向酒杯"的搭配结果就是使"偏"的语义与"酒杯"发生语义和谐，酒杯可以指代酒，"偏杯"当然就容易理解为"饮酒过量"义，这是语义转喻的结果。

四 结语

动词的语义总是在与具体的论元搭配过程中体现出来，不同事件域的论元与动词搭配，动词所凸显的语义特征是有差异的，但是动词的语义会在其核心义素特征的主导下，去适应不同事件域论元的语义，从而迫使自身语义发生变化，从而使得动词的语义具有动态特征。动词"偏"的语义就是如此，它从"头偏"的本义引申出"不正、不居中"义，从而又引申出"偏向"义，此义在与"银两"等钱财进行搭配的时候引申出"多占"义。"偏向"义又从"向着"与"背着"是矛盾一体的角度引申出"背着、隐瞒"义。这两个语义在与吃饭事件相关论元搭配的时候引申出"偏"的一种见面打招呼回答语的客套话，表示先用或已用过酒食等，后来由于论元范围的扩大还可以指先占先用的其他行为。

"偏"的"背着、隐瞒"义与"背"组合形成同义复合的双音节词语，其语义仍然是"背着、隐瞒"义，关于"偏背"所解读出来的"占先享用""先吃或已吃"的意义都是"偏背"的"隐瞒"义在不同语境中的解读，不是词语本身的语义。"倍"可以通"背"，故也能与"偏"构成同义复合词"偏倍"，义同"偏背"。"偏陪"之"偏"同样还是"背着"义，"陪"为"陪伴"义，则"偏陪"组合在一起就是表达"没有陪伴"，即"失陪"之义。"失陪"之义在吃饭事件中，就可以引申出"先吃或已吃"的语义，没有陪伴某人吃饭，当然就可能推导出他已经吃了或者一个人先吃了。"偏杯"不应该当作词来处理，"偏"是动词，为"偏向"义，那么"偏向酒杯"当然就可以转喻为多喝了酒之义，"大量"的语义是从"偏"字凸显而来的，所以"偏杯"就是"贪杯"或"喝酒过量"之义。

从"偏"及其参与构建的复合词的语义可以看出，动词语义的凸显取决于与之搭配的成分。而且动词在具体语境中所凸显的语义总不能脱离其原有词义的基础和影响，总能够通过回溯推理找到它们之间的关系。辞书解释"偏"类词的"先吃或已吃"语义总会让读者感觉很隔阂，因为从释义中看不出其语义的理据。而我们恰恰就做了这一点补充性的工作，希望本文的研究对于认识"偏"及相关复合词的这种较为特殊的用法能够起到推动作用。

参考文献

白维国　2011　《白话小说语言词典》，商务印书馆。
汉语大词典编辑委员会　1986　《汉语大词典》（第一卷），汉语大词典出版社。
汉语大字典编辑委员会　1990　《汉语大字典》，四川辞书出版社 / 湖北辞书出版社。
刘心贞　2010　《〈红楼梦〉方言及难解词典》，东方出版社。
石汝杰　宫田一郎　2005　《明清吴语词典》，上海辞书出版社。
许宝华　宫田一郎　主编　1999　《汉语方言大词典》，中华书局。
中国社会科学院语言研究所词典编辑室　2016　《现代汉语词典》（第 7 版），商务印书馆。
中文大辞典编纂委员会　编纂　1968　《中文大辞典》，（台湾）中国文化研究所。
周定一　钟兆华　白维国　1995　《红楼梦语言词典》，商务印书馆。

A Study on the Meaning of "*Pian*（偏）" and Its Related Compound Words
LEI Dongping　HU Lizhen

Abstract: The meaning of a verb depends on its dominant argument and context. When the argument of the verb "*pian*（偏）" is a noun of person or food, "*pian*（偏）" develops into a kind of polite speech of greeting and answering, which means "eat and drink first or have eaten and drunk already", and later it can also refer to other behaviors of preemptive enjoyment. "*Pian*（偏）", which can be used synonymously with "*be*（背）" and "*bei*（倍）" to form compound words "*pianbei*（偏背）" and "*pianbei*（偏倍）", can both express the meaning of "concealment". "*Pian*（偏）" can also be used synonymously with "*pei*（陪）" and "*bei*（杯）" to form "*pianbei*（偏陪）" and "*pianbei*（偏杯）" related to eating and drinking events. The former can be regarded as a verb with the meaning of "eat first" and "excuse me"; The latter can also be expressed as "*pian le bei*（偏了杯）", which has the meaning of "drink too much", so it should not be regarded as a word.
Key words: verb, "*pian*（偏）", "*pianbei*（偏背）", "*pianbei*（偏倍）", "*pianpei*（偏陪）", "*pianbei*（偏杯）"

（雷冬平　胡丽珍　重庆师范大学文学院　401331）

南北朝时期的反复问句*

徐 英 赵纯凤

提 要 本文以南北朝时期的反复问句为着眼点，结合现代方言，描写此期反复问句的三种类型：VP-Neg 式和 VP-X-Neg 式，以及使用新兴语气副词的 Adv-VP-Neg 式，统计出它们各自的使用情况。发现南北朝反复问句存在南北地域差异：北朝中土文献的"VP 否"出现频度稍高；北朝的 VP-X-Neg 的形式单一，只有"VP 以不"，而南朝有"VP 以不""VP 与不""VP 与无"等三种不同形式。从此期文献来看，南北朝大部分 VP-Neg 式句末的否定词没有虚化。

关键词 中古汉语 南北朝 反复问句 句法

反复问句是选择问句的一种，但反复问句只有两个选择项，这并列的两项恰为肯定与否定的互相对立，所以通常又称为正反问句。本文以北魏时期反复问句为描写基点，选取十部文献进行数量统计，讨论南北朝时期反复问句的时代特征和地域特征。这十部文献是：北朝的《洛阳伽蓝记》（杨衒之著）、《水经注》（郦道元著）、《杂宝藏经》（吉迦夜、昙曜译）、《贤愚经》（慧觉等译）、《魏书》；南朝的《南齐书》、《世说新语》、《百喻经》（求那毗地译）、《高僧传》（释慧皎著）、《周氏冥通记》（陶弘景著）。对于某一问题展开讨论时，则可以兼采其他文献中的语料。南北朝时期的反复问句主要两种类型，VP-Neg 式和 VP-X-Neg 式。此外，还出现了一些使用新兴语气副词的 Adv-VP-Neg 式。下文将分别讨论这三种句式和 VP-Neg 式句末否定词的虚化问题。

一 VP-Neg 式

VP-Neg 式见于文献的时间可追溯到西周。句式中否定词 Neg 主要有"不、否、无、未、非"等。其中以"不"居多，使用"非、无"较少。

1.1 VP 不

已有研究显示，以"不"收尾的反复问句产生最早，西周金文里就有用例。此期的

---

* 基金项目：国家社会科学基金"黄孝方言与周边方言语法比较研究"（18BYY041）。

文献用例如：

（1）（夫人）复问："前草今者在不？"（《贤愚经·降六师品第十四》）

（2）美那问曰："是汝师不？"答言："非也。"（《贤愚经·富那奇缘品第二十九》）

（3）王公卿士，咸以然不？先曰："臣时蒙显任，实参兵事。"（《魏书·献文六王传》）

（4）又问："兵法风角，卿悉通不？"先曰："亦曾习读，不能明解。"（《魏书·李现传》）

（5）汝先有父母不？（《杂宝藏经·波斯匿王女善光缘》）

（6）得斯陀含不？答言。不得。（《杂宝藏经·婆罗那比丘为恶生王所苦恼缘》）

"VP不"这种只列出前项谓词，省略后项谓词，和否定词一起表示反复问，在现代许多方言中依然存在，并处在持续发展过程中。如在鄂东方言中有"VP不"和"VP不VP"两种疑问形式，但在口语里主要采用的是"VP不"式；另一方面"VP不"式处在向是非问问句演变的过程中，句尾的否定副词"不"正在慢慢被疑问语气词"吗""啵"所替代，如呼和浩特市方言、宁夏固原方言、济南方言、平邑方言、潍坊方言、枣庄方言、淄博方言、下江官话、湘乡话、闽南话等。

1.2 VP否

最早出现于战国时期，"否"是表示询问意义的否定副词，用于反复问句中，相当于"不、不能、不是、没有"等，因为"否"是从"不"字孳乳而来的（徐正考、黄娜2012）。如：

（7）未知是否？淏水又南迳射犬城东，即郑公孙射犬城也。（《水经注·淏水》）

（8）行者过之不识，问曰：卖鱼师得鱼卖否？（《水经注·渐江水》）

（9）上古以来，颇有此事否？（《洛阳伽蓝记·城南》）

（10）卿有儿死否？（《洛阳伽蓝记·城南》）

（11）问："刘氏应王，继国家后，我审有名姓否？"（《魏书·刘洁传》）

（12）我为安州，卿知之否？（《魏书·封懿传》）

"不"字《广韵》中"方九切"，与"否"同音，"不"常可用作"否"的通假字。虽然有时通用，但是二者还是有区别的，"VP不"可以转换为"VP不VP"，而"VP否"不能转换为"VP否VP"。这是因为"'否'字是称代性及应对用的否定词，'否'以否定词而兼含动词或形容词于其内，所以具有称代性"（吕叔湘1982：242）。同时，在此期相对于"不"而言，"否"较文，日常交际中一般不常用，因此佛经中也很少出现。但到19、20世纪，上海方言文献中偶有使用，如 J. Edkins 在 *Grammar of Colloquial Chinese as Exhibited in the Shanghai Dialect*（1853）、《方言备终录》（1903）

和沪语对译《土话指南》三卷（1889年上海土山湾慈母堂）、《沪语指南》二卷（1908年上海美华书馆）（游汝杰1993，张美兰2018），都曾将"VP-Neg"式后的否定词写作"否"。游汝杰（1993）指出，温州、乐清、青田的 [f] 声母否定词，其本字应该是"否"。《说文解字》：否，不也，又房彼切。"否"的音义与今方言密合，说明"VP 否"在今吴方言中还留下一丝历史遗迹。

1.3 VP 未

这种句式最早出现在西汉文献中，如"君除吏已尽未？"（《史记·魏其武安侯列传》），"未"是询问意义的否定副词，用于反复问句中，相当于"没有""不能""不"等。"VP 未"出现得较早，它和"VP 不"的差别主要是："未"的否定中包含着"已然"的时体概念，"不"只是否定一个事实。如：

（13）"为有主未？"答言："未也。"（《贤愚经·梨耆弥七子品第三十二》）

（14）有一穿珠师，偶到道宕，见于弥勒，甚怀敬慕，即问："大德，为得食未？"答言："未得。"（《贤愚经·波婆离品第五十》）

（15）佛泥洹未？（《百喻经·引言》）

（16）医于后时，见便问之："汝病瘥未？"（《百喻经·病人食雉肉喻》）

（17）母即还家，其妇开门，谓是夫主，问言："杀未？"姑答："已杀。"（《杂宝藏经·不孝妇欲害其姑反杀其夫缘》）

（18）世尊，我忆昔时，曾共诸天，集善法堂，问于诸田："有佛出世未？"诸田各言："未有佛出。"（《杂宝藏经·帝释问事缘》）

（19）所通辞仰呈君未？（《周氏冥通记》卷四）

"未"是与"否""不"有差异的否定词，它与时间有关，"VP 未"通常用于"未然体"语境中。这种反复问句在东南沿海方言中还留存，如金华话、温州话、处州话、莆田话、台州话等。"未"表示"没有"的意思，这种句型屡见于宋代话本小说。据推测，这种句型应该是由两宋之交的官话区移民输入吴语区、闽语区（游汝杰2003：153—154）。

1.4 VP 无

据何亚南考察，"VP 无"句式最早出现于东汉佛经中（何亚南2001：212），如，须菩提白佛言："若有菩萨有时还其功德，若复从他方佛刹来，若供养佛，乃有从彼来生是间者无？"佛言："有。"（东汉支娄迦谶译《道行般若经·不可计品》）其中"无"具有询问意义的否定词，用于反复问句中，相当于"没、没有、不"等（王海棻2001：391）。如：

（20）（海神）问估客曰："世间可畏，有过我者无？"贤者对曰："更有可畏，

剧汝数倍。"(《贤愚经·海神难问船人品第五》)

（21）（海神）问诸人曰："世间羸瘦,有剧我者无?"贤者答言："更有羸瘦甚剧于汝。"(《贤愚经·海神难问船人品第五》)

（22）（海神）问诸商客："人之美妙,有与我等者无?"贤者答曰："乃有胜汝百千万倍。"(《贤愚经·海神难问船人品第五》)

"无"进入反复问句,除了《贤愚经》中的用例以外,还有一例引自吴福祥（1997）：

（23）不知彼有法无?(《佛说义足经》吴支谦译 4/182a)

入唐以后,"VP 无"表示反复问普遍可见。如：

（24）文殊与摩道,还称得上长老意无。(《祖堂集·齐云和尚》)

（25）晚来天欲雪,能饮一杯无?（白居易《问刘十九》)

在口语化程度比较高的汉译佛经中,才有此反复问句式出现。但这种"无"是和"有"相对的否定词,是对"有"的否定(蒋绍愚、曹广顺 2005：262)。这几例算是"VP 无"句式的较早用例,直到唐代这种句式才逐渐多起来。杭州话老派方言、闽南话、福建莆田话中多用"VP 无"句式来表示反复问；广东阳江话中在动谓语前用个"有"字,在句末也用一个否定词"冇、无"或"未"表示反复问(黄伯荣 1996：693—714)。这些说明,"VP 无"遗留于保存古汉语特征较多的南方方言中。

1.5 VP 非

"非"是否定副词,用于反复询问,相当于"（是）……不是"。"VP 非"见于先秦,如：此夫鲁国之巧伪人孔丘非邪?(《庄子·盗跖》)北魏所查文献中甚是少见,但南朝文献中略见数例。如：

（26）既而母谓武子曰："如此衣形者,是汝所拟者非邪?"武子曰："是也。"（《世说新语·贤媛》)

（27）遥光府佐司马端为掌书记,曹虎谓之曰："君是贼非?"端曰："仆荷始安厚恩,今死甘心。"(《南齐书·萧瑶光传》)

根据周生亚（2004）考察,"VP 不"式反复问句从西周产生一直沿用到隋唐时期,"VP 否"式反复问句在战国时期出现,也和"VP 不"式一样,它使用的时间也较长。"VP 未"式在西汉时期出现,"VP 无"最早出现于东汉时期。因为他们之间的表义作用和使用范围的不同,形成了不同的分工。所以,"VP 未""VP 无"的出现,并未使"VP 不""VP 否"被淘汰。对于这四种句式的来源,徐正考、黄娜（2012）认为："VP 不（否）"式反复疑问句源于称代,"VP 未"式源于带有"VP 未 VP"结构的后一个"VP"的删除,"有 NP 无"式来源于带有"有 NP 无 NP"并列词组的句子后一个"NP"的删除。

1.6 小结

南北朝文献中 VP-Neg 式反复问句的使用情况，如下表 1：

表 1

北朝	洛阳伽蓝记（5例）	水经注（2例）	魏书（二、三）（24例）	贤愚经（99例）	杂宝藏经（47例）	合计（177例）
VP 不	0	0	11	80	43	134
次数/频率	0%	0%	65%	80%	96%	80%
VP 否	4	2	6	0	0	12
次数/频率	100%	100%	35%	0%	0%	7%
VP 未	0	0	0	16	2	18
次数/频率	0%	0%	0%	16%	4%	11%
VP 无	0	0	0	3	0	3
次数/频率	0%	0%	0%	3%	0%	2%
VP 非	0	0	0	0	0	0
次数/频率	0%	0%	0%	0%	0%	0%
合计	4	2	17	99	45	167
	80%	100%	71%	100%	96%	94%
南朝	周氏冥通记（20例）	百喻经（10例）	世说新语（52例）	高僧传（14例）	南齐书（34例）	合计（130例）
VP 不	18	8	47	11	23	107
次数/频率	95%	80%	90%	85%	74%	87%
VP 否	0	0	2	1	3	6
次数/频率	0%	0%	8%	2%	10%	5%
VP 未	1	2	0	1	4	8
次数/频率	5%	20%	0%	2%	13%	7%
VP 无	0	0	0	0	0	0
次数/频率	0%	0%	0%	0%	0%	0%
VP 非	0	0	1	0	1	2
次数/频率	0%	0%	2%	0%	3%	2%
合计	19	10	50	13	31	123
	95%	100%	96%	93%	91%	95%

由表 1 及上文所述，可以得出以下结论：

南北朝时期反复问句形式多样，共有五种。"VP 无"来自中古汉语，其他四种来源于上古汉语。

"VP 不"这种反复问句一直有很强的生命力，沿用到此期，其使用频率在南北朝分别达到 80%、87%，说明是此期的主流句式。而相对较文的"VP 否"使用频率分别为

5%、7%，一般只在中土文献中出现，在口语性较强的佛经、道经中很少使用；"VP 无"只在北朝的《贤愚经》中偶见，其他典籍中少见，直到唐代才开始发展兴盛起来；"VP 非？"只出现在南朝的《世说新语》和《南齐书》中，北朝文献中很少见。

通过对比南北朝反复问句的使用情况，我们发现：比较文的"VP 否"在北朝的出现频率要高，如北朝出现了 12 例，而南朝只有 6 例，就这方面而言，北方汉语稍显古拙；而"VP 无"只在北朝佛经中出现，"VP 非"只在南朝的文献中出现，这只是一种偶发现象，还是其地域特征的表现，有待考证。

二　VP-X-Neg 式

VP-X-Neg 与 VP-Neg 式的不同之处是：谓词或谓词性结构与后面的否定词之间还有其他成分"X"。"X"主要有"以""已""与"等词，否定词一般用"不"。这是中古新生的语言现象。

2.1　VP 以不

用"VP 以不"的，北朝集中出现在《魏书》《杂宝藏经》中，南朝只在《周氏冥通记》中出现 1 例，如：

（28）祯告诸蛮曰："尔乡里作贼如此，合死以不？"（《魏书·昭成子孙传》）

（29）太祖曰："朕闻中山土广民殷，信尔以不？"先曰："臣少官长安，仍事长子，后乃还乡，观望民士，实自殷广。"（《魏书·李先传》）

（30）卿往复积岁，洞鉴废兴，若朕此年行师，当克以不？（《魏书·李顺传》）

（31）僧祐若无母弟，来归以不？（《魏书·休宾列传》）

（32）汝能随我至寺以不？（《杂宝藏经·大爱道施佛金缕织成衣并穿珠师缘》）

（33）佛言："少食以不？"（《杂宝藏经·长者子客作设会获现报缘》）

（34）及有所当事，后屡问："蒙答以不？"每云："未报。"（《周氏冥通记》卷一）

2.2　VP 已不

用"VP 已不"的，只有《洛阳伽蓝记》中 1 例：庄帝曰："后怀孕未十月，今始九月，可尔已不？"该例范祥雍校：吴琯本、汉魏本、真意堂本"已"作"以"。

2.3　VP 与否、VP 与无、VP 与不

"VP 与否""VP 与无"在北魏文献中未出现用例，而在南朝《世说新语》中各见 1 例，另"VP 与不"在《高僧传》出现了 1 例，《南齐书》中出现 3 例。如：

（35）允对曰："'举尔所知'。臣之乡人，臣所知也。陛下检校为称职与否？若不称职，臣受其罪。"（《世说新语·贤媛》）

（36）之时，桂树焉知泰山之高，渊泉之深？不知有功德与无也？（《世说新语·德行》）

（37）佛号世尊，国家所奉，闾里小人无爵秩者，为应得事佛与不？（《高僧传·晋邺中竺佛图澄》）

（38）未郊得先殷与不？明堂亦应与郊同年而祭不？（《南齐书·志第一·礼上》）

（39）其秋，有司奏："寻前代嗣位，或仍前郊年，或别更始，晋、宋以来，未有画一。今年正月已郊，未审明年应南北二郊祀明堂与不？"（《南齐书·志第一·礼上》）

（40）有司又议："斩草日建旒与不？若建旒，应几旒？及画龙升降云何？又用几翣？"（《南齐书·志第二·礼下》）

柳士镇（1992：306）指出："以""已""与"是通假关系，"以"是"与"的通假字，"已"是"以"的通假字。"VP以不""VP已不"中的"以""已"代替了原来的"与"，这解决了"VP以不""VP已不"的来源问题。关于VP-X-Neg中X的性质，刘开骅（2008：215）曾说：中古汉语正反问句VP-X-Neg句式中的X，"与、以、已"在连接作用时同时兼表语气，相比较而言，"与"继承连词用法的意味要更重一些，而"以""已"语法化的程度要高些。也就是说，此期反复问句VP-X-Neg中X，"与、以、已"用于肯定项后边以表示语气的暂缓，不能简单地把他们当作连词。到宋元时期，"以""已"基本上消失。

2.4 小结

南北朝文献中VP-X-Neg式反复问句的使用情况，如下表2：

表2

北朝	洛阳伽蓝记（5例）	水经注（2例）	魏书（二、三）（24例）	贤愚经（99例）	杂宝藏经（47例）	合计（177例）
VP以不	0	0	7	0	2	9
次数/频率	0%	0%	100%	0%	100%	90%
VP已不	1	0	0	0	0	1
次数/频率	100%	0%	0%	0%	0%	10%
VP与不	0	0	0	0	0	0
次数/频率	0%	0%	0%	0%	0%	0%
VP与无	0	0	0	0	0	0
次数/频率	0%	0%	0%	0%	0%	0%
合计	1	0	7	0	2	10
	20%	0%	29%	0%	4%	6%

续表

南朝	周氏冥通记（20例）	百喻经（10例）	世说新语（52例）	高僧传（14例）	南齐书（34例）	合计（130例）
VP 以不 次数/频率	1	0	0	0	0	1
	100%	0%	0%	0%	0%	14%
VP 已不 次数/频率	0	0	0	0	0	0
	0%	0%	0%	0%	0%	0%
VP 与不 次数/频率	0	0	1	1	3	5
	0%	0%	50%	100%	100%	71%
VP 与无 次数/频率	0	0	1	0	0	1
	0%	0%	50%	0%	0%	14%
合计	1	0	2	1	3	7
	5%	0%	4%	7%	9%	5%

由上表及上文所述，可以得出以下结论：

VP-X-Neg 反复问句出现频度不高，在北朝为 6%，南朝仅为 5%，只是附庸于 VP-Neg 句式而发展。北朝的 VP-X-Neg 的形式单一，只有"VP 以不"（其中《洛阳伽蓝记》的 1 例"已不"不确定），而南朝有"VP 以不、VP 与不、VP 与无"等三种不同形式。

据黄伯荣（1996）研究 VP-Neg 式在各大方言中的分布来看，"VP 不"式存在的范围最广，不管是在各大官话中，还是在湘方言和闽方言中，都是一种普遍存在的反复疑问句形式；其次是"VP 无"式，在杭州话、闽南话、福建莆田话、下江话及广东话中也是一种重要的反复疑问句表达形式；再次是"VP 未"式，在浙江京华话、闽南话、福建莆田话等东南方言中也经常被使用。相比而言，"VP 否"式、"VP 非"式在现代方言中存留较少。而 VP-X-Neg 式在各大方言中，未见报道。这也与 VP-Neg 和 VP-X-Neg 的历史发展密合。

三 Adv-VP-Neg 式

中古汉语反复问句新的特点，即有一些句子带上此期新兴表示推度的语气副词"宁""颇"等充任正反结构的状语。

3.1 使用"宁"的 Adv-VP-Neg 式

用"宁 -VP 不"的，主要出现在口语比较强的佛经和道经中，其中北朝《贤愚经》出现 6 例，南朝的《周氏冥通记》《杂宝藏经》分别出现 1 例和 2 例。如：

（41）优填白佛，说六师辞："世尊，宁可与捔之不？"（《贤愚经·降六师品第十四》）

（42）（长者子）复语我言："今欲与汝入彼园观，宁可尔不？"（《贤愚经·微妙比丘尼品第十六》）

（43）弟子随行，寻自思惟："我今和上，既已无事，我宁可问向来事不？"（《贤愚经·出家功德尸利苾提品第二十二》）

（44）尔时尊者心自念言："日时向晚，俗人多事，或能忘不送食，我今宁可遣人迎否？"（《贤愚经·沙弥守戒自杀品第二十三》）

（45）（五百乞儿）即共白佛："如来出世，甚为难遇，我等诸人，生在下贱，蒙尊遗恩，济活身命，既受殊养，贪得出家，不审世尊，宁可得不？"（《贤愚经·散檀宁品第二十九》）

（46）王时眩晕，自惟必死，极怀恐怖，即问象师："吾宁当有余命不耶？"（《贤愚经·散檀宁品第二十九》）

语气副词"宁"的主要用法是表示反诘，《诗经》中即有用例，如"青青子衿，悠悠我心。纵我不往，子宁不嗣音？"（《诗经·郑风·子衿》）。"宁"除了表示反诘外，在此期，更多的是用于正反问句中。关于"宁"的历史来源，目前有两种不同的说法：一种说法是江蓝生先生（2000：79）的反诘副词引申说。江先生将询问的"宁"称为"推度副词"，她说："作推度副词的用法是从作反诘副词的用法引申而来的，其引申的理据是：反诘是用疑问的形式表示否定，疑问是虚，否定是实，当这种疑问形式不表示否定时，疑问就成了真性，这样又引申为推度。"另一种说法是何亚南先生（2001：219—227）的选择问句来源说。何先生详细考察了正反问句的来源，认为由选择问句进一步虚化，发展到正反问句的用法。但是从产生的时间来看，正反问句的"宁"很有可能来自产生时间更早的是非问句中的"宁"，而不是来于由选择问句的"宁"。因此，我们比较认可江蓝生先生的反诘副词引申说。

3.2 使用"颇"的 Adv-VP-Neg 式

赵长才（2021）认为，"颇-VP不"始见于东汉译经，魏晋南北朝更为常见，并一直延续到唐代。而此时用"颇-VP不"的，北朝出现了13例，其中北朝《贤愚经》《杂宝藏经》出现较多，分别为6例和5例，南朝《世说新语》中出现4例，《高僧传》中出现2例。

（47）谓黄门侍郎徐纥曰："上古以来，颇有此事否？"（《洛阳伽蓝记·城南》）

（48）高祖曰："比年方割畿内及京城三部，于百姓颇有益否？"（《魏书·公孙表传》）

（49）而又问言："世颇有人苦剧我不？"（《杂宝藏经·弃老国缘》）

（50）善光文言："汝今颇知故宅处不？"（《杂宝藏经·波斯匿王女善光缘》）

（51）天帝复问："汝今剜眼，苦痛如是，颇有悔退瞋恚不耶？"（《贤愚经·快目王眼施缘品第二十七》）

（52）父没之后，其母问曰："汝本高朗，今颇更有胜汝者不？"（《贤愚经·迦毗梨百头品第四十四》）

（53）婆罗门见，心大欢喜，我所觅者，今日见之，即问女言："颇有人来求索汝未？"（《贤愚经·须达起精舍品第四十一》）

"颇"字通常作程度副词，较早为"略、少"义，后来又有"多、甚"义，其训义已见古今诸字书。"颇"从汉代产生至今，语义确实已经有了变化，主要表现为表示程度的幅度有所加深，即使到现在，"颇"还没有变化到能和"很""甚"完全相当的程度（洪成玉 1998：214）。此外，"颇"字在汉魏六朝时期又用作疑问副词，这是中古新生的语法现象，此用法一直延续到唐宋。我们认为，"颇"在此除了作表示"略、少"等程度义外，已经慢慢语法化为表示疑问的语气副词，至于其来源还存疑，有待今后继续深入研究。

3.3 小结

南朝和北朝文献中，使用语气副词"颇"和"宁"的反复问句情况，如下表 3：

表 3

北朝	洛阳伽蓝记（5 例）	水经注（2 例）	魏书（二、三）（24 例）	贤愚经（99 例）	杂宝藏经（47 例）	合计（177 例）
"宁" 次数/频率	0 0%	0 0%	0 0%	6 50%	0 0%	6 32%
"颇" 次数/频率	1 100%	0 0%	1 0%	6 50%	5 100%	13 68%
合计	1 20%	0 0%	1 4%	12 12%	5 11%	19 11%
南朝	周氏冥通记（20 例）	百喻经（10 例）	世说新语（52 例）	高僧传（14 例）	南齐书（34 例）	合计（130 例）
"宁" 次数/频率	1 100%	0 0%	0 0%	0 0%	2 0%	3 33%
"颇" 次数/频率	0 0%	0 0%	4 100%	2 100%	0 0%	6 67%
合计	1 5%	0 0%	4 8%	2 14%	2 6%	9 5%

由上表及上文所述，可以得出以下结论：

南北朝时期，无论是中土文献还是汉译佛经，反复问句中使用新生的语气副词

"颇、宁"的差异不大，都有使用"颇、宁"的用例。相对而言，使用"颇"的文献比较少。如北朝，"颇"的出现频度为68%，"宁"的出现频度为32%；南朝"颇"出现频度为67%，"宁"的出现频度为33%，这与遇笑容、曹广顺（2002）调查它们出现的时代特征结论相符[①]。就此而言，体现汉语语法的稳定性和一致性[②]。在中古晚期到近代前期，Adv-VP-Neg 式使用渐多。

四　VP-Neg 式句末否定词的虚化

关于 VP-Neg 式反复问句句末否定词 Neg 的虚化问题，柳士镇、吴福祥、俞理明、何亚南、遇笑容、曹广顺、刘开骅等学者，都有所论及。归纳各家看法，主要有两点：一是否定式反复问句句末的否定词已经虚化；二是带测度副词的反复问句句末的否定词已经虚化。除此以外，反复问句的句末否定词没有虚化。针对这两点，我们将此期文献中出现的用例，分别举例说明。

4.1　否定式 VP-Neg 型反复问句

北魏文献中只有1例，如：

（54）无诸恶不？安乐住不？即报言诺，受帝释教。(《杂宝藏经·帝释问事缘》)

对于这类疑问句，刘子瑜（1994）认为："通常 VP-Neg 是由句末否定词与谓语动词构成语义上一正一反来表示反复选择问语气，它们往往可以转换成 VP-Neg-VP 来理解"。但这类问句的谓语部分都不能换成 VP-Neg-VP，这与反复问从正反两方面发问的定义也是相违背的。刘开骅（2006）认为："这类 VP-neg 式疑问句由于句中已经用了'不'、'未'等否定副词，处于句子末尾的'不'与句中的否定副词不仅在形式上重置，语义上也有悖于汉语的选择规则，因此处于句末的否定词便不再能表达否定，其功能转化为疑问语气，整个句子不再是反复问句，而是一般的是非问句。"

他们虽然都认为这类否定式问句末尾的否定词已经虚化，但是这种"VP"中含有否定词的"VP-Neg"反复问句在北魏文献中仅此1例。从上例来看，是两个反复问句并列在一起表示疑问，否定词"不"应该都是表示"称代"，功能应该一致。如果说因为前一反复问句里 VP 有否定词"无"，所以句末否定词"不"已经虚化，而后一反复问句里 VP 没有否定词，因而句末否定词"不"没有虚化，似乎没有道理。因而，在北魏，否定式 VP-Neg 句末否定词虚化理据不太充分。

[①] 遇笑容、曹广顺（2002）介绍了中古文献"VP 不"式疑问句使用情况："Adv VP 不"中有"宁\颇"等一组副词可以使用，其中"宁"后汉用的最集中，"颇"主要用在南北朝。

[②] 这与黄娜（2013）在考察南北方译经反复问句中疑问副词的差别时得出的结论是一致的。

同样，VP 中含有否定词的 VP-Neg 反复问句在南朝只出现 2 例，如：

（55）引超入曰："天命修短，故非所计。政当无复近日事不？"（《世说新语·言语》）

（56）桓南郡每见人不快，辄嗔云："君得哀家梨，当复不蒸食不？"（《世说新语·轻诋》）

以上两例说明 VP 中含有否定词的 VP-Neg 反复问句在南朝已经开始萌芽。

4.2 带测度副词的 VP-Neg 型反复问句

北魏文献中也仅有 1 例，如下：

（57）我眼瞤动，将非我孝子睒摩迦有衰患不？我乳亦惕惕而动，将非我子有不祥事不？（《杂宝藏经·王子以肉济父母缘》）

按照汉语的语义选择规则，疑问句中测度副词与句末否定词不能重置，既然某一个句子为测度问句，那么就不可能在这个句子末尾再用上否定词。该例的两个问句都使用了测度副词"将非"，因此，句中的"不"与"有衰患""有不祥事"就不能构成正反关系，也就不能转换为"VP-Neg-VP"来理解，句末否定词"不"的性质已经改变，虚化的迹象明显。但这类句子此期极为少见，即使在整个中古时期也很难见，以往的研究也不为人所注意，学者大多举《敦煌变文》《祖堂集》和宋代文献中以测度副词"莫"等这类测度问句，以说明句末否定的虚化。例如：

（58）净能问长官曰："夫人莫先疾病否？"（《敦煌变文集》卷六《叶净能诗》）

（59）师曰："莫从天台采得来不？"（《祖堂集》卷七《夹山和尚》）

而我们从上例可以看出，带测度副词的疑问句，句末否定词已经开始虚化，只是用例在南北朝均少见，从这方面看，南北朝语法的发展具有一致性。

俞理明（2004）通过这些否定词本身各种用法之间的关系、对它们的回答方式来证明：一直到汉代结束，否定词在疑问句末还是副词，"不"转化为语气词的可能尚未实现的证据。从我们调查的此期文献来看这两种情况用例极其少见，换言之，中古汉语绝大部分 VP-Neg 式句末的否定词没有虚化，当然其反复问句的性质也没有改变。这样，我们可以将俞氏的结论时间点向后推移 200 年。进一步修订为：一直到魏晋南北朝，否定词在疑问句末还是副词，"不"没有完全转化为语气词。

五 结语

南北朝时期反复问句的三种类型：VP-Neg 式和 VP-X-Neg 式，以及使用新兴的语气副词的 Adv-VP-Neg 式。其中，VP-Neg 型反复问句最为普遍，主要有五种形式，他们分别是"VP 不、VP 否、VP 未、VP 无、VP 非"，"VP 不"是此期的主流句式，一直有很强的生命力，沿用到今。VP-X-Neg 式使用相对较少，北朝的 VP-X-Neg 形式单一，只有"VP 以不"，而南朝有"VP 以不、VP 与不、VP 与无"三种不同形式。此期反复问句中使用新生的语气副词"颇""宁"的 Adv-VP-Neg 的差异不大，都有使用"颇""宁"的用例，相对而言，使用"宁"的用例出现的文献比较少。从南北朝时期文献来看，大部分"VP-Neg"句末的否定词没有虚化，当然其反复问句的性质也没有改变。在这方面，南北朝具有高度一致性，这也与此期被动句式南北差异不大密合（徐英 2017）。

总体而言，各种类型的反复句在南北使用分布上，同大于异。因为在语言发展的三个要素中，语法是最具有稳定性，往往需要很长一段时间后方能显示出地域差异来，从东晋南北政权分立开始，到南北朝时期，才经历了一百多年的时间。这相对短暂的时间段，不足以让南北汉语通语在语法上形成明显的差别。但从地域的视角看语言历史的发展，实际上是语法史研究的基础之一，也是汉语史研究中的一个重要问题（曹广顺、李讷 2003：61）。

参考文献

曹广顺 李讷 2003 《汉语语法史研究中的地域视角》，戴昭铭主编《汉语方言语法研究和探索》，黑龙江人民出版社。
何亚南 2001 《三国志和裴注句法专题研究》，南京师范大学出版社。
洪成玉 1998 《程度副词"颇"的语义特点》，郭锡良主编《古汉语语法论集》，语文出版社。
黄伯荣 1996 《汉语方言语法类编》，青岛出版社。
黄 娜 2013 《南北朝译经疑问句研究》，吉林大学博士学位论文。
江蓝生 2000 《近代汉语探源》，商务印书馆。
蒋绍愚 曹广顺 2005 《近代汉语语法史研究综述》，商务印书馆。
刘开骅 2006 《中古汉语"VP-neg"式疑问句句末否定词的虚化问题》，《南京师范大学文学院学报》第 4 期。
刘开骅 2008 《中古汉语疑问句研究》，黑龙江人民出版社。
刘子瑜 1994 《敦煌变文中的选择疑问句式》，《古汉语研究》第 4 期。
柳士镇 1992 《魏晋南北朝历史语法》，南京大学出版社。
吕叔湘 1982 《中国文法要略》，商务印书馆。
王海棻 2001 《古汉语疑问范畴词典》，江苏教育出版社。
吴福祥 1997 《从"VP-neg"式反复问句的分化谈语气词"麽"的产生》，《中国语文》第 1 期。
徐 英 2017 《南北朝时期被动句的南北异同》，《湖北社会科学》第 6 期。
徐正考 黄 娜 2012 《VPNeg 式反复问句的来源》，《汉语史学报》第十二辑。
游汝杰 1993 《吴语里的反复问句》，《中国语文》第 2 期。
游汝杰 2003 《著名中年语言学家自选集·游汝杰卷》，安徽教育出版社。

俞理明 2004 《从东汉文献看汉代句末否定词的词性》,《汉语史学报》第四辑。
遇笑容 曹广顺 2002 《中古汉语中的"VP 不"式疑问句》,《纪念王力先生百年诞辰学术论文集》,商务印书馆。
张美兰 2018 《反复问句结构的历时演变与南北类型关联制约——以〈官话指南〉及其沪语粤语改写本为例》,《语言研究》第 3 期。
赵长才 2021 《汉语反复问句从上古到中古的演变及相关问题的讨论》,《历史语言学研究》总第十五辑。
周生亚 2004 《说"否"》,《中国语文》第 2 期。

Positive-Negative Interrogative Sentences in the Northern and Southern Dynasties
XU Ying　ZHAO Chunfeng

Abstract: With the combination of modern dialects, this paper focuses on the positive-negative interrogative sentences in the Northern and Southern Dynasties, describes three types of the positive-negative interrogative sentences in this period: VP-Neg, VP-X-Neg, and Adv-VP-Neg in which a new modal adverb is used, and makes statistics of their uses respectively. It is found that there are regional differences between the north and the south: The frequency of VP-Neg in the local literature of the Northern Dynasty is a little higher. The form of VP-X-Neg in the Northern Dynasty is single, only "VP 以不" is used. In the Southern Dynasty, however, there are three different forms, which are "VP 以不" "VP 与不" and " VP 与无" . From the literature of this period, most of the negative words at the end of VP-Neg sentences have not been grammaticalized in the Northern and Southern Dynasties.

Key words: Middle Ancient Chinese, the Northern and Southern Dynasties, positive-negative interrogative sentences, syntax

（徐英　赵纯凤　三峡大学文学与传媒学院　443002）

汉译佛经中"上"的一种特殊使用*

于方圆

提 要 汉译佛经中存在"出/过+名词/代词+上"这一结构，主要对译梵语中从格与比较级构成的比较句，或是"超过"义动词带名词或代词作宾语的组合。"出……上"来自译者对梵语超过义动词"abhi-√bhū"的仿译，当"上"不出现时，"出"就单独使用表示"超过"。"过……上"则是来自"出……上"的类推。

关键词 上　超过　佛经翻译

一

在东汉译经家支娄迦谶所译的《道行般若经》中，能够见到"上"用于"出/过+名词/代词+上"这一结构。根据主要动词的不同，可以分为如下两类：

a. 出+名词/代词+上

（1）若复有菩萨随深般若波罗蜜中行，如中教，其功德<u>出彼上</u>。（卷6，8/456b①）

（2）若有菩萨摩诃萨，劝助为福，<u>出人布施、持戒、自守者上</u>，其福转尊，极上无过。（卷3，8/438a）

（3）随是法教，作是立，都卢<u>出诸天、阿须伦、世间人民上</u>，都卢于诸天、阿须伦、世间人民中极尊。（卷8，8/463b）

例（1）中，作"出"宾语的是代词"彼"，"其功德出彼上"对应的梵文为②：

ayaṃ	bodhisattvo	mahāsattvas	tataḥ	paurvakād	bodhisattvād
m.sg.Nom.	m.sg.Nom.	m.sg.Nom.	m.sg.Abl.	m.sg.Abl.	m.sg.Abl.
这	菩萨	摩诃萨	那	过去的	菩萨

---

* 本研究是国家社科基金重大项目"佛典语言的中国化"（20&ZD304）的阶段性成果。

① 本文引经用例均依《大正新修大藏经》，引用每部译经时注明经名、卷数、页码、栏次，a、b、c代表上、中、下栏。

② 梵文语法信息标注缩略语：m. 阳性；n. 中性；f. 阴性；Nom. 主格；Acc. 宾格；Abl. 从格；Gen. 属格；Voc. 呼格；sg. 单数；pl. 复数；1. 第一人称；2. 第二人称；3. 第三人称；pres. 现在时；fut. 将来时；pass. 被动态；opt. 祈愿语气；ind. 不变词。

bahutaraṃ	puṇyaṃ	prasavati.
n.sg.Acc.	n.sg.Acc.	pres.3.sg.
更多的	功德	获得

今译：这个菩萨摩诃萨比过去的菩萨获得更多的功德。

支谦译：其德出彼上。(《大明度经》卷4，8/496a)

竺佛念译：其功德出彼菩萨寿如恒边沙劫布施持戒者上。(《摩诃般若钞经》卷4，8/529a)

其中，bahutara 是形容词 bahu（很多）加上后缀 -tara 构成的比较级，tatas 是代词 tad 的阳性单数从格，其后的名词性成分也同样使用了从格。梵文中，从格常和比较级一起出现，构成比较句。支谦的翻译与支谶大致相同，竺佛念的翻译中，"出"的宾语是核心名词与作修饰语的后置的"者"字关系小句。

例（2）中，超过的对象是一个带后置的"者"字关系小句的核心名词，"人布施、持戒、自守者"就是"布施、持戒、自守的人"，整句对应的梵文为：

yac	ca	khalu	punaḥ	ārya	Subhūte	bodhisattvasya
n.sg.Nom.	ind.	ind.	ind.	m.sg.Voc.	m.sg.Voc.	m.sg.Gen.
哪个	而	确实	又	圣者	须菩提	菩萨

mahāsattvasya	anumodanāpariṇāmanāsahagataṃ	puṇyakriyāvastu,
m.sg.Gen.	n.sg.Nom.	n.sg.Nom.
摩诃萨	伴随随喜、回向	福业事

yac	ca	sarvasattvānāṃ	dānamayaṃ	puṇyakriyāvastu,
n.sg.Nom.	ind.	m.pl.Gen.	n.sg.Nom.	n.sg.Nom.
哪个	而	一切众生	布施	福业事

śīlamayaṃ	puṇyakriyāvastu,	bhavanāmayaṃ	puṇyakriyāvastu
n.sg.Nom.	n.sg.Nom.	n.sg.Nom.	n.sg.Nom.
持戒	福业事	修行	福业事

idam	eva	tato	bodhisattvasya	mahasattvasya
n.sg.Nom.	ind.	m.sg.Abl.	m.sg.Gen.	m.sg.Gen.
这	就	那	菩萨	摩诃萨

anumodanāpariṇāmanāsahagataṃ	puṇyakriyāvastu	agram	ākhyāyate.
n.sg.Nom.	n.sg.Nom.	n.sg.Nom.	pass.3.sg.
伴随随喜、回向	福业事	最上	被称为

今译：再次，圣者须菩提！哪个是菩萨摩诃萨的伴随随喜、回向的福业事，哪个是一切众生布施、持业、修行的福业事，菩萨摩诃萨的这伴随随喜、回向的福业事与

那（一切众生布施、持业、修行的福业事）相比，被称为最上最好的。

鸠摩罗什译：菩萨摩诃萨随喜福德，<u>于余众生布施、持戒、修禅、福德</u>，最大最胜，最上最妙。（《小品般若波罗蜜经》卷3，8/547c）

玄奘译：诸菩萨摩诃萨所有随喜回向俱行诸福业事，<u>于余有情施、戒、修等诸福业事</u>，为最为胜、为尊为高、为妙为微妙、为上为无上、无等无等等。（《大般若波罗蜜经》卷543，7/790c）

施护译：若菩萨摩诃萨，于此甚深般若波罗蜜多法门，随喜回向所获功德，<u>比余众生布施、持戒、修定功德</u>，最上最极，最胜最妙，广大无量，无等无等等。（《佛说佛母出生三法藏经》卷6，8/608a）

与例（1）的梵文类似，此句也使用了 tad 的阳性单数从格 tatas。鸠摩罗什和玄奘都用"于"来引入比较基准，施护则使用了"比"。

例（3）中，"出"前则出现了全程量化词"都卢"，但在梵文本中未见到有相应的表达，"都卢出诸天、阿须伦、世间人民上"对应的梵文为：

te	sadevamānuṣāsuraṃ	lokam	abhibhavanto	gamiṣyanti
m.pl.Nom.	m.sg.Acc.	m.sg.Acc.	m.pl.Nom.	fut.3.pl.
他们	包括神、人、阿修罗	世界	超过	成为

今译：他们将会超过世间的神、人、阿修罗。

支谦译：明德<u>踰三界群生之上</u>。（《大明度经》卷5，8/500a）

鸠摩罗什译：<u>胜于一切世间、天、人、阿修罗</u>。（《小品般若波罗蜜经》卷8，8/572c）

玄奘译：<u>普胜世间天、人、阿素洛等</u>所有功德。（《大般若波罗蜜多经》卷552，7/843a）

施护译：<u>胜彼一切世间天、人、阿修罗等</u>。（《佛说佛母出生三法藏般若波罗蜜多经》卷20，8/656c）

梵文中使用的 abhibhavantas 是动词 abhi-√bhū 现在主动分词的复数主格，搭配主要动词 √gam 使用。Monier-Williams（1899）将 abhi-√bhū 解释为"to overpower, surpass（压倒，超过）"，超过的对象则以宾格形式出现。可以看到，其他几个译本中，也都使用了表示"超过"义的动词"胜""踰"等，动词后也可以出现"于"，连接其后的宾语。

"出……上"后有时会出现"去"，也能见到一些用例，"出"后的宾语同样可以是代词或名词：

（4）若守般若波罗蜜者，其功德<u>出是上去</u>。（卷4，8/443c）

（5）持心一反念，<u>出我上去</u>已。（卷8，8/463b）

（6）菩萨虽思惟其中事，得其功德，<u>出众阿罗汉、辟支佛上去</u>。（卷9，8/469a）

例（5）"出我上去已"对应的梵文为"aham tena kulaputreṇa vā kuladuhitrā vā abhibhūtaḥ"，翻译过来就是"我被这善男子或善女人超过"，使用的是动词 abhi-√bhū 的过去被动分词形式，超过的对象"我"作主语，以主格形式出现，支谦译为"出我上"，鸠摩罗什、玄奘和施护都译为"尚胜于我"。例（6）"出众阿罗汉、辟支佛上去"，支谦译为"出应仪、缘一觉上"。

"出"后的名词或代词性成分也可以不出现，"出"就直接可以与"上"连用：

（7）菩萨与布施，<u>般若波罗蜜出上</u>。持戒、忍辱、精进、一心，分布诸经教人，不及菩萨摩诃萨行般若波罗蜜也。（卷2，8/436b）

（8）时坐中有一异比丘语释提桓因："<u>出</u>，拘翼！<u>上去已</u>，是善男子善女人功德乎？"（卷8，8/463b）

例（7）梵文本作"bodhisattvasya mahāsattvasya dānaṃ vā dadataḥ, śīlaṃ vā rakṣataḥ, kṣāntyā vā sampādayamānasya, vīryaṃ vā ārabhamāṇasya, dhyānaṃ vā samāpadyamānasya, dharmān vā vipaśyataḥ bodhisattvasya mahāsattvasya prajñāpāramitaivātra pūrvaṅgamā"，可以翻译为"菩萨摩诃萨给与布施，或是奉行戒律，或是具备忍辱，或是修行精进，或是完成禅定，或是学习正法，般若波罗蜜在这儿是最尊贵的"，支谦翻译为"閒士布施、持戒、忍辱、精进、一心分诸经，不及求明度"，竺佛念译为"若所施与，般若波罗蜜为出其上，诚者无所犯，忍辱者为自守，精进者不懈怠，一心者而不乱，悉见诸法，是菩萨摩诃萨为行般若波罗蜜"，鸠摩罗什译为"若布施时，般若波罗蜜为上首；若持戒、若忍辱、若精进、若禅定、若观诸法时，般若波罗蜜为上首"，玄奘译为"然行布施、净戒、安忍、精进、静虑观诸法时，皆以般若波罗蜜多而为上首"。结合以上材料，此句是说在六波罗蜜中，般若波罗蜜比布施、持戒、忍辱、精进、禅定这五种波罗蜜都更好。"菩萨与布施，般若波罗蜜出上"是说"菩萨给与布施，行般若波罗蜜的功德比它多"，超过的对象从"出"之后移到了句首，竺佛念就在"出"后补上了一个代词"其"。

例（8）对应的梵文为：

abhibhūto	asi	kauśika	tena	kulaputreṇa	kuladuhītrā	vā
m.sg.Nom.	pres.2.sg.	m.sg.Voc.	m.sg.Ins.	m.sg.Ins.	f.sg.Ins.	ind.
超过	是	拘翼	这	善男子	善女人	或

今译：拘翼！（你）被这善男子或善女人超过了吗？

调整为更加符合汉语表达的语序为："拘翼！是善男子善女人功德出上去乎？"其中，"拘翼"是一个插入的呼语，将"出"与"上去"隔开，此种情形在汉译佛经中十分常见。支娄迦谶之后的翻译家在翻译时，都在"出"后补充上了作为比较对象使用的代词。支谦译为"出卿上去已"，鸠摩罗什和玄奘都译为"胜于仁者"。

需要说明的是,"上"用于这一结构并不是强制性的,"上"出现与否并不影响语义,以下是本经中仅见的两例:

(9)须菩提语诸天子:"设复有法<u>出于泥洹</u>,亦复如幻。何以故?幻人、泥洹赐如空,无所有。"(卷1,8/430a)

(10)不可计佛法波罗蜜,于诸法<u>出计去</u>。(卷4,8/444b)

"有法出于泥洹"仅从字面来看,似乎很容易理解为"有法从泥洹中产生",但从梵文本来看,与例(1)类似,也使用了从格与比较级的搭配,即比较基准 nirvāṇa(泥洹)以从格形式出现,viśiṣṭa(特别、优秀)则使用了比较级形式 viśiṣṭatara:

nirvāṇād	anyaḥ	kaścid	dharmo	viśiṣṭataraḥ	syāt
n.sg.Abl.	m.sg.Nom.	m.sg.Nom.	m.sg.Nom.	m.sg.Nom	opt.3.sg.
泥洹	另外的	一个	法	更好	存在

今译:(如果)有另一个比泥洹更好的法。

"出计去"对应的梵文为"gaṇanāsamatikramatā",其中,"gaṇanā"是"计算"的意思,"samatikramatā"则是动词"sam-ati-√kram"的现在主动分词形式。根据 Monier-Williams (1899),√kram 的本义是"to step, go(走)",ati- 作为一个添加到动词上的前缀,表示"beyond, over(超过)",sam- 则是一个表示"一起、完全"的词缀,因此,sam-ati-√kram 可以理解为"to go or pass entirely, to surpass(超越,完全超过)"。

b. 过+名词/代词+上

(11)拘翼!般若波罗蜜者是菩萨护,因其劝助功德福持作萨芸若,<u>过菩萨之所作为——若布施、持戒、忍辱、精进、禅上</u>。(卷3,8/440c)

(12)是心甚清洁,<u>清洁过于阿罗汉、辟支佛道上</u>。(卷6,8/454c)

例(11)"过菩萨之所作为——若布施、持戒、忍辱、精进、禅上"对应的梵文为:

teṣāṃ	paurvakāṇām	aupalambhikānām	bodhisattvānāṃ	yaś	ca
m.pl.Gen.	m.pl.Gen.	m.pl.Gen.	m.pl.Gen.	m.sg.Nom.	ind.
这	过去	有所得	菩萨	那	和
dānamayaḥ	puṇyābhisaṃskāraḥ	yaś	ca	śīlamayo	yaś	ca
m.sg.Nom.	m.sg.Nom.	m.sg.Nom.	ind.	m.sg.Nom.	m.sg.Nom.	ind.
布施	造作的功德	那	和	持戒	那	和
kṣāntimayo	yaś	ca	vīryamayo	yaś	ca	dhyānamayaḥ
m.sg.Nom.	m.sg.Nom.	ind.	m.sg.Nom.	m.sg.Nom.	ind.	m.sg.Nom.
忍辱	那	和	精进	那	和	禅定
puṇyābhisaṃskāraḥ,	taṃ	sarvam	abhibhavati.			
m.sg.Nom.	m.sg.Acc.	m.sg.Acc.	pres.3.sg.			
造作的功德	这	一切	超过			

今译：这些过去有所得的菩萨们那布施的功德，那持戒、忍辱、精进和禅定的功德，（它）超过这一切。

支谦译：若有布施、持戒、忍辱、精进、禅定，皆<u>不若</u>。（《大明度经》卷3，8/487c）

竺佛念译：<u>过</u>菩萨之所作为若布施、持戒、忍辱、精进、禅定。（《摩诃般若钞经》卷3，8/522b）

鸠摩罗什译：于上诸菩萨所有布施、持戒、忍辱、精进、禅定等，<u>其福最胜</u>。（《小品般若波罗蜜经》卷3，8/550a）

玄奘译：<u>胜</u>有所得诸菩萨等布施、净戒、安忍、精进、静虑、般若及余善根。（《大般若波罗蜜多经》卷544，7/799a）

施护译：而此般若波罗蜜多有大功德，<u>胜</u>诸菩萨有所得心布施、持戒、忍辱、精进、禅定福行。（《佛说佛母出生三法藏般若波罗蜜多经》卷7，8/613c）

梵文中使用了动词 abhi-√bhū（超过），超过的对象使用的仍是宾格形式。竺佛念译本没有使用"上"，鸠摩罗什译为最高级形式，玄奘和施护都译为"胜 NP"。

例（12）是本经中唯一一例"形容词+过+名词+上"。"清洁过于阿罗汉、辟支佛道上"对应的梵文为：

yayā	cittapariśuddhyā	śrāvakapratyekabuddhabhūmim	atikrānto	bhavati
f.sg.Ins.	f.sg.Ins.	f.sg.Acc.	m.sg.Nom.	pres.3.sg.
那	心的清净	声闻、辟支佛地	超过	是

今译：凭借那心的清净，超过声闻、辟支佛地。

支谦译：是心净洁，<u>过</u>应仪、缘一觉<u>上</u>。（《大明度经》卷4，8/494c）

竺佛念译：心故清净，<u>过</u>声闻、辟支佛地道。（《摩诃般若钞经》卷4，8/527a）

鸠摩罗什译：以心清净故，能<u>过</u>声闻、辟支佛地。（《小品般若波罗蜜经》卷6，8/564b）

梵文中使用的 atikranta 是 ati-√kram 的过去被动分词，ati-√kram 是在 √kram 前加上一个前缀 ati-。根据 Monier-Williams（1899），√kram 的本义是"to step, go（走）"，ati- 这一前缀表示"beyond, over（超过）"，因此，ati-√kram 就是"overstep（超越）"。

同样，也能见到"过……上去"：

（13）般若波罗蜜能<u>过诸恶上去</u>，自在所作，无有与等者。（卷2，8/431c）

（14）不独过檀波罗蜜，亦复乃至尸波罗蜜，羼提波罗蜜，惟逮波罗蜜、禅波罗蜜，菩萨摩诃萨失般若波罗蜜，失沤惒拘舍罗，亦复<u>过是上去</u>。（卷8，8/463c）

例（13）"过诸恶上去"，支谦翻译为"过诸恶"，竺佛念则沿用了支谶的翻译。例（14）"过是上去"对应的梵文为"tān api te sarvān abhibhavanto gamiṣyanti bodhisattvā mahāsattvāḥ",与例(3)对应的梵文大体一致,可以翻译为"这些菩萨摩诃萨们将会超过那一切",但支谶的译本中出现了是否使用"去"的差别。

"过"之后同样可以不带宾语:

(15)行般若波罗蜜菩萨摩诃萨,为悉等行,诸阿罗汉、诸辟支佛所不能及。有德之人所行道,是彼极<u>过上</u>。是所得爱无有能逮者。(卷7,8/462b)

此句可以调整为更易理解的语序:"是彼极过有德之人所行道上。"将菩萨摩诃萨修行的般若波罗蜜,与阿罗汉、辟支佛修行的道进行比较,前者超出后者很多。支谦译为"有德之人求巍巍之道,无能逮者",竺佛念译为"一切人之所行,是彼极过去"。

上例另一点特别之处还在于极度副词的使用,除了"极"之外,"正"也可以用在"过"前:

(16)是菩萨终不随禅教,其功德极<u>过禅上去</u>。(卷6,8/455b)

(17)摩诃衍于天上天下人中<u>正过上</u>。(卷1,8/428a)

"极过禅上去",支谦译本作"净过定上",可以理解为"超过禅定很多"。例(17)则可以理解为"摩诃衍正过天上天下人上",对应的梵文为:

sadevamānuṣāsuraṃ	lokam	abhibhavan	niryāsyati
m.sg.Acc.	m.sg.Acc.	m.sg.Nom.	fut.3.sg.
包括神、人、阿修罗	世界	超过	出现

今译:(它)将会超过世间的神、人、阿修罗。

同样,"上"也可以不出现:

(18)是菩萨<u>过阿罗汉地</u>,出辟支佛地。(卷7,8/458c)

此句对应的梵文为"śrāvakabhūmiṃ pratyekabuddhabhūmiṃ cātikramya",翻译过来就是"超过声闻地和辟支佛地"。这里使用的是动词 ati-√kram(超过)的绝对分词形式。

另外,还能见到"出"与"过"搭配使用,语序不固定,宾语后没有用"上":

(19)所有功德稍稍欲盛满,心极清净,悉受得之,其功德<u>过出于世间</u>。(卷6,8/454c)

(20)作是思惟者,<u>出过罗汉、辟支佛道去</u>,正住佛道。(卷9,8/469c)

"其功德过出于世间"对应的梵文为:

tasya	tāni	kuśalamūlāni	sarvalokābhyudgatāni	bhavanti
m.sg.Gen.	n.pl.Nom.	n.pl.Nom.	n.pl.Nom.	pres.3.pl.
他的	那些	善根	超过一切世界	存在

今译:他的那些善根超过一切世界。

这里,宾语是 sarvaloka(一切世界),由于与其后的 abhyudgata(超过)构成了一个复合词,所以没有呈现出明显的格标记。而 abhyudgata 是 abhi-ud-√gam 的过去被动分词，√gam 是"往、去"的意思，ud- 作为一个前缀使用，Monier-Williams（1899）解释为"as implying superiority in place, rank, station, or power（暗示地位、等级、位置或权力的优越性）"，可以理解为"向上"，类似的，前缀 abhi- 加在动词前，表示"接近"。据获原云来《梵和大辞典》，abhi-ud-√gam 一般翻译为"上升、出现"，其过去分词形式则翻译为"起、出、出过、显现"等。

二

从上文梵汉对勘的材料来看，"出……（上）"可以翻译梵语中比较级与名词的从格形式构成的比较句，也可以翻译超过义动词与名词或代词的宾格形式的组合，其中，超过义动词主要是 abhi-√bhū，"过……（上）"也可翻译比较级与从格构成的比较句，但更多情况下也是翻译带宾语的超过义动词，除了 abhi-√bhū 之外，还能见到 ati-√kram、ud-√gam 等。

尽管"出……（上）"与"过……（上）"无论是表达的意思，还是对应的梵文，都几乎一致，但两者并不相同。"过"表示"超过、超越"在先秦时期已有用例：

（21）子曰："由也好勇过我，无所取材。"（《论语·公冶长》）

但"出"表示"高出、超出"，《汉语大词典》中给出的最早用例来自北魏郦道元所著的《水经注》：

（22）台在城东南十里，孤立特显，出于众山。（《水经注·潍水》）

在此之前，没有见到"出"表超过义使用。①不仅如此，文献中有"出……下"，"出"是"在、处于"的意思，如：

（23）吴中贤士大夫皆出项梁下。（《史记·项羽本纪》）

（24）纣材力过人，手格猛兽，智足以距谏，辩足以饰非，矜人臣以能，高天下以声，以为人皆出己之下。（《列女传·殷纣妲己》）

因此，我们认为"出"的"超过"义也许就是在佛经的翻译中产生的，与对动词 abhi-√bhū 的翻译有关。动词 √bhū，Monier-Williams 解释为"arise, come into being, exist（出现，产生，存在）"，《梵和大辞典》中翻译为"作，有，出，现"。前面已经提到，表示"超过"的 abhi-√bhū 就是在动词 √bhū 上加了一个意义为"over, upon（上，在……之上）"的前缀 abhi-，那译者在翻译时就极有可能将词根义与词缀义加和起来，把"abhi-√bhū"翻译为"出……上"。也就是说，"出"本身并不表示"超过"，

---

① 东汉王充所著《论衡》中可见到如下用例：高宗享国百年，周穆王享国百年，并未享国之时，皆出百三十四十岁矣。（《论衡·气寿篇第四》）但此句上文则有"出入百余岁""出入百有余岁"的使用，故不将此处的"出"视为"超过"义动词。

"出……上"一起才表示"超过"义。

最初在"出……上"结构中，用于名词或代词之后的"上"是有实际意义的。梵文佛典中经常使用"上"来表示"好"，比如 uttara 是 ud 的比较级，意思是"upper, higher, superior（上面的，更高的，优越的）"，前面加上一个否定前缀"an-"，就构成了"anuttara（无上、最胜）"一词。"出……上"应理解为"比……好"。但由于"上"在使用中，方位用法逐渐虚化，常作为一个后置词使用，它在名词或代词后的出现可有可无。请看如下两例：

（25）是菩萨行极大慈，心念十方萨和萨，是时持慈心悉施人上，是菩萨过阿罗汉地，出辟支佛地。（《道行般若经》卷7，8/458c）

（26）人持饭食施人，有五福德，智者消息意度弘廓，则有五福德道。（《施食获五福报经》，2/855a）

同样都是"持某物施人"，只有（25）中"人"后使用了"上"，这个"上"已经不再与空间直接相关，不能指示空间位置在上，也不宜理解为"表面"。"持慈心悉施人上"，支谦译本作"于众生行大慈心"，竺佛念译本作"持慈心悉施于人"，鸠摩罗什作"缘一切众生，系心慈三昧"。也就是说，"施人上"在表义上同于"施（于）人"，"上"这里只是用来引入动作的对象，而不表示任何实在的空间意义。这个"上"是可选的，可以出现，也可以不出现。当"出……上"中的"上"不出现时，"出"单独使用仍表示"超过"。当然，这种独用的情况并不多见，因为"出（于）NP"极大多数情况下仍应理解为"从 NP 中出现或产生 NP"。

"过……上"的情形与此不同。"过"本身就有"超过"义，完全没有必要在名词或代词性成分后添加后置词"上"，因此，不带"上"的使用更加常见。"过……上"结构应该是受到"出……上"的类推得到的。

三

"出/过＋名词/代词＋上"这种使用在后来的佛经中仍能见到，且"上"后有时还会出现表示数量的成分，举几例如下：

（27）尔时，世尊告梵天曰："汝今复起是见：'从本已来，未曾见有过我上者'不？"梵天白佛："我今不敢复言：'我未曾见有过我上者。'唯见梵天光明被障。"（刘宋求那跋陀罗译《杂阿含经》卷44，2/325a）

（28）若有人供养十方现在诸佛，尽其形寿，香花、缯盖、幢幡、严饰、衣钵、真趣，若佛般泥洹后，取舍利，起七宝塔，供养如前故，不如是善男子、善女人受持般若波罗蜜，讽诵学习，念其中事，得其功德，过出于彼供养者上百倍千倍巨亿

万倍。(西晋无罗叉译《放光般若经》卷7,8/51b)

(29) 如是诸菩萨萨作遮迦越王所福分,如是福分甚多,不如如来一毛之福,出过是上无央数。(西晋安法钦译《佛说道神足无极变化经》卷4,17/816b)

中古时期的中土文献中没有见到此种格式,仅有1例,从形式上有点类似于"出……上":

(30) 在车中照镜语丞相曰:"汝看我眼光,乃出牛背上。"(《世说新语·雅量》)

"乃出牛背上",《晋书·王衍传》作"乃在牛背上"。龚斌《世说新语校释》(2011:693)引用了一些材料,认为"宋人所见《世说》同晋书,皆作'乃在牛背上','乃出牛背上'当为宋人所改也",从意义上看,"眼光落于牛背,即以牛自况"。照此理解,此句是王衍以"牛"自比,与本文关注的结构不同。

也就是说,"上"的此种使用是在佛经翻译这种特殊的语言接触中形成的,并且只见于佛经文献中,并未扩展到当时的汉语里。

参考文献

荻原云来 编 1979 《汉译对照梵和大辞典》,(台湾)新文丰出版公司。

龚 斌 2011 《世说新语校释》,上海古籍出版社。

Edgerton, Franklin 1953 *Buddhish Hybrid Sanskrit Grammar and Dictionary*. New Haven: Yale University Press.

Monier-Williams 1899 *A Sanskrit-English Dictionary*. Oxford: Oxford University Press.

Vaidya, P. L. (ed.) 1960 *Aṣṭasāhasrikā Prajñāpāramitā: With Haribhadra's Commentary Called Āloka*. Darbhanga: The Mithila Institute.

A Special Use of "*Shang*(上)" in Chinese Translation of Buddhist Scriptures

YU Fangyuan

Abstract: There is a structure of "*chu/guo*(出/过) + noun/pronoun + *shang*(上)" in Chinese translation of Buddhist scriptures, which is mainly used for translating comparative sentences consisted of ablative and comparative or combinations of verbs and objects that mean "to exceed something" in Sanskrit. "*chu... shang*(出……上)" comes from the translator's imitation of the Sanskrit verb "abhi-√bhū". When "*shang*(上)" does not appear, "*chu*(出)" is used alone to mean "to exceed". "*Guo... shang*(过……上)" is an analogy from "*chu... shang*(出……上)".

Key words: "*shang*(上)", to exceed, translation of Buddhist scriptures

(于方圆 中国社会科学院语言研究所 100732)

论合音词"诸"的例外*

曹亚北

提　要　一般认为"诸"是兼词，来源于"之于"或"之乎"的合音。然而，文献中有些"诸"在用法上只相当于其所兼的某一成分，即用同介词"于/乎"、助词"乎"或代词"之"。这些用例是"诸"字合音说的例外，学者常认为是兼词灵活性的表现。根据文献调查，本文指出：古书中用同"于/乎"的"诸"多接在以 t 收尾的入声字后，这些"诸"可能是"于/乎"受邻近音影响的语音变体；用同"之"的"诸"多来自特定语用环境下的合音羡余。文章据此讨论了"诸"的用法与其语音环境的密切关系。

关键词　"诸"　"诸用同于/乎"　"诸用同之"　连读音变　合音羡余

古汉语"诸"用法丰富，除了用在名词前表众多义（如"诸侯"等），最常见的用法是在动词后用作兼词，也即"之于（於）"或"之乎"的合音①。不过学者曾指出，少数情况下"诸"只相当于所兼成分之一，即用同介词"于/乎"、助词"乎"或代词"之"。这些用法是"诸"字合音说的例外，学者一般以兼词的灵活性解释。本文专论这些例外，说明相关用例可能并非全由灵活性导致，而与"诸"字所处的语音环境有密切关系。讨论这些例外，有利于对"诸"的性质作统一解释。

一　"诸"的兼词用法和例外用法

1.1　"诸"的合音与其兼词用法

自宋代以来（如沈括《梦溪笔谈》2015：149），学者多支持"诸"是"之于"或"之乎"的合音。为方便语音方面的讨论，这里先列出相关字的上古拟音：

---

*　本文是国家社科基金重大招标项目"多卷本断代汉语语法史研究"（14ZDB092）的阶段性成果。

①　本文在讨论"诸"的用法时用"兼词"这一术语，讨论其构词或来源时则用"合音词"。另外，"於""于"不同是用字时间先后问题，春秋晚期"於"开始取代"于"（郭锡良 1997）。虽然二字声母略有差异，但"诸"的合音只取其韵，因此无碍音理。本文在行文时暂以"于"赅"於"。

书目	诸	之	乎	於	于
李方桂（1980）	*tjag	*tjəg	*gag	*·jag	*gwjag
郭锡良（1986/2010）	*tǐa	*tǐə	*ɣa	*ǐa	*ɣiua
郑张尚芳（2003）	*tja	*tjɯ	*ɦaa	*qa	*ɢwa
白一平和沙加尔（2014）	*ta	*tə	*ɢˤa	*[ʔ]a	*ɢʷ(r)a

从表中可见，诸家拟音都支持"诸"的合音说。另外，"诸"与"之于"严格对应的异文可看作"诸"是合音词的又一证据，以往似乎较少见到，兹举新见一例：

(1) 执之于天子之侧者也。(《公羊传·僖公二十八年》)

(2) □诸天子之侧者也。(西汉海昏侯墓竹书《春秋》，陈苏镇 2020)

可见，"诸"的合音说有其根据。

从用法上看，用在句末表疑问的"诸"是"之"和疑问语气词"乎"的合音，如：

(3) 吾恶乎哭诸？(《礼记·檀弓上》)

用在动词与处所、对象之间的"诸"是"之"和介词"于"（或"乎"）的合音，如：

(4) 兄弟，吾哭诸庙。(《礼记·檀弓上》)

(5) 诸侯有善，归诸天子。(《礼记·祭义》)

值得注意的是，介词"于"用法灵活。相应地，"诸"也有些特殊用法。其一，有些"诸"出现在言语义动词后，后接告说内容，功能相当于"之以"（杨树达 1982：196①，何乐士 2004：308），可对比：

(6) 见莫敖而告诸天之不假易也。(《左传·桓公十三年》)

(7) 其君无日不讨国人而训之于民生之不易、祸至之无日、戒惧之不可以怠。(《左传·宣公十二年》)

二例为类似语境，既用"诸"又用"之于"，说明"诸"的来源仍是"之于"。其二，"诸"有类似"之如"的用法。何乐士（2004：317）指出"譬诸"之"诸"相当于"之如"，对比下两例：

(8) 谓我敝邑，迩在晋国，譬诸草木，吾，臭味也，而何敢差池？(《左传·襄公二十二年》)

(9) 譬之如禽兽，吾寝处之矣。(《左传·襄公二十八年》)

不过以上二例在《左传》中都有相似文句，用"譬于"：

(10) 今譬于草木，寡君在君，君之臭味也。(《左传·襄公八年》)

(11) 然二子者，譬于禽兽，臣食其肉而寝处其皮矣。(《左传·襄公二十一年》)

---

① 说见黄侃、杨树达批本《经传释词》：杨案"诸"又作"之以"用。

据此可知,"譬诸"的"诸"可能仍源于"之于"。"譬诸"是"从某某上说、就某某来比"的意思,其比喻义是"于"多功能性的表现。

以上所述"诸"的用法,可以统括上古文献兼词"诸"的绝大部分用例。

1.2 "诸"的例外用法

"诸"的例外用法大致有介词、助词或代词三种,已广为学者注意。第一,"诸"用同介词"于"或"乎",例如:

(12) 孝弟发诸朝廷,行乎道路,至乎州巷,放乎蒐狩,修乎军旅。(《礼记·祭义》)

"发诸朝廷"是"(孝悌之义)从朝廷发起","发"是不及物动词,"诸"中并不包含"之";句中"诸"与"乎"互文也反映这一点。王引之《经传释词》、陈奂《诗毛氏传疏》卷三都从《小尔雅》"诸,乎也"出发讨论这类"诸",何乐士(2004:317)认定"诸"是介词。

第二,"诸"有相当于"乎"的助词性用法,如:

(13) 齐齐乎其敬也,愉愉乎其忠也,勿勿诸其欲其飨之也。(《礼记·祭义》)

王引之《经传释词》指出"诸"用同"乎",《汉语大字典》据此注为形容词词尾。

第三,"诸"用同"之",例如:

(14) 冬,晋荐饥,使乞籴于秦,秦伯谓子桑:"与诸乎?"(《左传·僖公十三年》)

(15) 王庶几改之?王如改诸,则必反予。(《孟子·公孙丑下》)

从语法上说,这些"诸"当理解为代词(何乐士 2004:311)。

综观以上例外用法,实际上可总结为"诸用同于/乎"和"诸用同之",即"诸"相当于其所兼的一个成分。对此现象,学者主张从兼词灵活性角度来解释。何乐士(2004:315)说:

> "诸"是个兼词,所以用法比较灵活,既然可相当于代词"之"加介词(於、于),或"之"加语气词"乎",也就可以分别相当于"之"或"于"或"乎"。

赵大明(2007:178)也持相似解释:

> 合音词作为一种比较特殊的合二词为一音的现象,在开始形成阶段,或许它能够比较忠实地代表两个词的意义和功能,然而久而久之,在语言使用者心目中,二者的界限已经不十分明显,因此使用得越来越灵活,于是就出现了偶尔用它来代替其中一方的用法。

张玉金(2011:644)则从语义学角度作出讨论:

> "诸"的"之于"中的"于",由于语境的作用,可以获得义位的价值,这时"诸"就义同"于"。"诸"的"之于"中的"之",由于语境的作用,可以获得义位的价值,这时"诸"就义同"之"。

可见，兼词灵活性之说已得到不少学者认同。

为全面考察"诸"的性质，本文调查了16部文献中与兼词相关的"诸"的用例，按用法列为下表[①]：

书目	兼词用例		例外用例		
	"之"+介词"于/乎"	"之"+助词"乎"	介词	代词	助词
左传	284	14	7[?]	8	2[?]
礼记	96	5	5	-	1
墨子	9				
论语	21	10			
孟子	17	15		2	
管子	18		1	1	
庄子	14				
荀子	2				
韩非子	1			1	
国语	23				
吕氏春秋	16			1	
晏子春秋	1			1	
周礼	27				
仪礼	30				
老子	-				
孙子	-				

就所调查的文献来说，"诸"最多的用例是动词与处所或对象之间的兼词，其他情况都是少数。"诸"的用法以《左传》《礼记》最为丰富，其他都不及这两部书；有的文献不用兼词"诸"，如《老子》《孙子》；《荀子》《韩非子》中较少用兼词"诸"，其用例不及"之于"多。此外，不是所有"之于"都可被"诸"替代，表示"对于"的"之于"（"寡人之于国也"）就不用"诸"，这反映此处"之""于"有句法边界，同时"于"有一定动词性（郭锡良 1997）。

既然"诸"的例外用例不多，我们就可以从训诂学或文献学角度讨论这些用例。以下分两类讨论：第一，"诸用同于/乎"，即"诸"用作介词或助词的用例；第二，"诸用同之"，即"诸"用作代词的用例。

[①] 除《左传》参考何乐士（2004）外，他书数据都来自作者统计。标问号的数字包括争议用例，将在下文讨论。

二 "诸用同于/乎"和语流音变

通过调查文献我们发现，古汉语用为介词、助词的"诸"有着相似的语音环境，这反映出用同"于/乎"的"诸"可能是语音变体。也就是说，"诸用同于/乎"并不是灵活性所致，而是有其条件。黄典诚（1984）曾针对《诗经》"日居月诸"作讨论，对相关现象有所提及。以下先从黄先生的训诂出发说明"诸"的音变，再根据本文调查作论证。

2.1 "诸"的音变说

黄典诚（1984/2003：295）指出"日居月诸"的"诸"是由"乎"连读音变而来的：

（16）日居月诸，照临下土。（《诗经·日月》）毛传：日乎月乎，照临之也。

黄先生说"日乎之变为日居，月乎之变为月诸，都是连读音变的结果"，其中"月诸"的音变是：月 ŋuait + 乎 (g)a = 诸 ta。这个说法曾引起一些讨论（参王克仲1986），但不少古音研究者直接接受了黄先生的意见（如郑张尚芳2014：12，庞光华2015：334）。现在来看，黄先生说或许还有两点需要继续讨论：一是音变的细节没有充分说明；二是所举仅有"日居月诸"这一孤例。

从音理上说，从"乎"到"诸"的音变不是一蹴而就的。首先，此音变可能起始于"乎"声母的失落，黄先生所说"(g)a"或暗示这一点。李方桂（1980/2001：18）把匣母拟为 *g-；王力（1985：19）拟为 *ɣ-，郑张尚芳（2003：86）则说："有些字，如语气词'乎、兮'等拟 *g- 似乎不妥，还应读 *ɦ 母为宜。"根据这些讨论，我们支持把"乎"的声母拟作 *ɣ-；考虑它语气词的性质，其读音可能会在语流中弱化。ɣ 在连读时的弱化和脱落相当常见，往往造成合音：北京话"五个"从 [u-kə] 变成合音 [uə]，正是经由弱化形式 [u-ɣə] 而脱落了辅音（罗常培和王均2002：163）。类此，t 后的"乎"的声母也可能在语流中脱落，从而造成合音。

其次，改"乎"为"诸"的语音基础可能是音近而非音同。虽然"乎""诸"主元音相同，但"乎"是一等字，"诸"是三等字。关于三等字的音值，至今争议颇大。诸论中，认为三等带 -ĭ-/-j- 介音的拟测（王力1985：50，李方桂1980：21）不支持黄先生的推论，因为无法说明增生介音的条件；持一二四等咽化而三等非咽化的拟测（罗杰瑞1994/2010：219—222，白一平和沙加尔2014：68—70）则支持黄先生的推论，这样"诸"的音值 [ta] 就相当于入声尾 t 与"乎"字元音 a 的结合。

三等的音值还要继续研究。我们只针对"诸"列出一些现象：第一，我们知道，除秦简外的早期文献中"诸"字统作"者"。里耶出土秦更名木方上有"者如故，更诸"一条，说明"者"有平声一读，是"诸"的代表字（孙玉文2020：17）。需注意，"者"

在文献中不仅代表"诸"，也代表一等的"都"，如包山楚简（1991：24）地名"新都"又作"新者"。上博楚简《容成氏》（马承源2002：268）"波明者之泽"，即《史记·夏本纪》（1956：62）所记"被明都"，《左传·文公四年》该地名作"孟诸"。比照可知，受t影响的"乎"（音应近于"都"）也可被"者（诸）"代替。第二，就虚词和语音的关系来说，大多数语法词如"之、其、汝、尔、如、若、是、此、彼、不、弗、无、未、於、于、夫、也、矣、已、耳、以、者"都是三等字（罗杰瑞1994/2010：218）；语气词也大多数是三等字，如《诗经》语气词"也、者、矣、止、思、焉、斯、忌、与、居、只、猗、其、员、嗟、诸"都是三等字，只有"乎、兮、哉"不是（倪博洋2019）。不少学者据此认为三等字的语音形式应当比较简单。这虽是概率推论，但启示我们改"乎"为"诸（者）"或符合语法词的语音特征。

最后，我们需要对入声韵尾连读的可能性作说明。今广州话保留塞音韵尾，赵元任（1935/2002：448）指出这些韵尾有闭喉特征，可能不易发生连读，如广州"乞儿"[hat(ʔ)i] 不读 [hatʔi]。不过从方言用词来看，塞音韵尾依然可能引起连读音变。广州话"起"音 [kʻei]，今一般读 [hei]，但表示"家"的"屋企（起）"仍读作 [ok kʻei]（李如龙1997/2001：298）。广州地名"福今 [fok kɐm] 路"，原名"福音 [fok iɐm] 路"，这种音变应当也来自连读（谭樊马克，私人交流；另参崔乃夫主编2000：3503）。值得注意，上古汉语塞音韵尾也可能发生类似连读。俞敏（1948/1999：356—357）指出，"亨"原读 [xaŋ]，其普庚切一音 [pʻaŋ] 即来自"纳亨 [nuep xaŋ]"一词的连读。

据上述可知，黄先生说在理论上大体可信①。不过，仅有"日居月诸"这个例子，似乎不易支撑此推论。

2.2 《礼记》等书中用同"于/乎"的"诸"是语音变体

我们要说明，"日居月诸"并非孤例。在这一点上，《礼记》的材料最为重要。王引之、陈奂都曾把"日居月诸"和《礼记》联系在一起，请看二学者所引《礼记·祭义》的例子：

(17) 孝弟发<u>诸</u>朝廷，行乎道路，至乎州巷，放乎搜狩，修乎军旅。

(18) 齐齐乎其敬也，愉愉乎其忠也，勿勿<u>诸</u>其欲其飨之也。

两句中"诸"与"乎"互文，王、陈都用《小尔雅》"诸，乎也"来解释。但是这个解释还不够。细审二例可以发现，它们与"月诸"有异有同：异在用法，"月诸"之"诸"是叹词，而"勿勿诸"之"诸"是形容词词尾，"发诸朝廷"之"诸"是介词；同在音理，这两句里的"诸"与"月诸"一样，都跟在以t收音的入声字后面。一异一同

---

① 需要指出，"诸"的音变只是存在极大的可能性。这一音变如何严格拟测、塞音韵尾多大程度上影响邻近字的音变等，仍是黄先生说和本文所论遗留下的问题，需要继续探究。

可能暗示了变化，可表示为：勿勿 *mǐwăt（乎＞）诸；发 *pǐwăt（乎＞）诸①。语音上说，"乎"改为"诸"是连读音变的结果：前一音节韵尾 t 添到了后一音节"乎"的开头，因此与"诸"音近。由于音变是线性变化，与句子结构和词的功能无关，所以"诸"可以分别代替词尾、介词或叹词"乎"。《礼记》中有与例（18）相似的一句：

（19）洞洞乎其敬也，属属乎其忠也，勿勿<u>乎</u>其欲其飨之也。(《礼记·礼器》)

可知"勿勿诸"即"勿勿乎"。

《礼记》中其他用同介词的"诸"也反映出类似音变。王引之指出《礼记》另一例"诸"用同"于/乎"，对比以下两例：

（20）故德辉动于内，而民莫不承听；理发<u>诸</u>外，而民莫不承顺。(《礼记·乐记》)

（21）故德辉动乎内，而民莫不承听；理发<u>乎</u>外，而众莫不承顺。(《礼记·祭义》)

例（20）可能和"发诸朝廷"一样，"诸"来自"于"或"乎"的变体，即：发 *pǐwăt（于/乎＞）诸。下例也可能如此：

（22）视君之母与妻，比之兄弟。发<u>诸</u>颜色者，亦不饮食也。(《礼记·杂记下》)

句意是，对于国君母亲或妻子之丧，哀情要比照兄弟，对哀容有影响的食物不能吃喝。"发诸颜色"应理解为"发于颜色"，不包含"之"②。此外，《礼记·杂记下》一篇出现两次"自诸侯达诸士"，即：

（23）三年之丧，虽功衰不吊，自诸侯达<u>诸</u>士，如有服而将往哭之，则服其服而往。

（24）自诸侯达<u>诸</u>士，小祥之祭，主人之酢也哜之，众宾兄弟则皆啐之。

《礼记》类似语境下都用"达于"，如：

（25）自天子达<u>于</u>士，其辞一也。(《丧服小记》)

（26）丧不贰事，自天子达<u>于</u>庶人。(《王制》)

《杂记下》之所以用"达诸士"，或因为：达 *dăt（于＞）诸。

总之，《礼记》"诸"用同"于/乎"的例子多非无条件通用。就我们所见，确切用作介词和词尾的"诸"都跟在韵尾为 t 的入声字后面③。

---

① 为便讨论，下文拟音统一采取郭锡良《汉字古音手册》(修订本)。

② 按此解读是因为"发"在《礼记》中多表"情绪发作"，如《学记》"禁于未发之谓豫"。孔疏：发，谓情欲发也。若把"发诸颜色"理解为"发之于颜色"，"之"指情欲，或亦可通。如果是这样，"诸"是兼词常例而非例外。

③ 应该注意，连读音变是非强制变化，并非所有跟在 t 韵尾字后的"于/乎"都写成"诸"，"诸"是个可选变体。

与《礼记》类似，《大戴礼记》也有"诸"用作介词的情况。如：

（27）故佚<u>诸</u>取人，劳于治事；劳于取人，佚于治事。（《大戴礼记·子张问入官》）

与此相近的句子见于先秦文献，如《韩非子·难二》：索人不劳，使人不佚，而桓公曰"劳于索人，佚于使人"者，不然。可见这是古时习语。"佚诸取人"是说"在选人上安逸"，"诸"不可能是兼词，只能是"于"的意思。字之所以作"诸"，可能因为：佚 *ʎĭĕt（于＞）诸。

理解"诸"是"于/乎"的语音变体，有利于重审一些训诂争议。例如，《左传》有一处"忽诸"，历来歧解纷纭：

（28）臧文仲闻六与蓼灭，曰："皋陶、庭坚不祀<u>忽诸</u>。……"（《左传·文公五年》）

据李贻德《春秋左传贾服注辑述》卷八，服虔注"诸，辞"，可能是对"忽诸"最早的讨论。杜预把"忽诸"理解为"忽然"，注云"伤二国之君不能建德，结援大国，<u>忽然</u>而亡"。杨伯峻（1981：540）补充此说云："此犹言皋陶、庭坚忽焉不祀，惟忽焉作忽诸，倒置句末，故前人多不得其解"。何乐士（2004：316）则说："我把'诸'视为修饰语'忽'的词尾，这句话的意思是'皋陶、庭坚很快地就没有人祭祀了'"。何先生说与杜注、杨注同意。

马建忠《马氏文通》（2005：77）指出"忽诸"是"忽之乎"，即"诸"仍是兼词。高本汉《左传注释》（1972：161）与此说相近，他认为"忽"取"灭"义，例同《大雅·皇矣》"是绝是忽"，"忽诸"意为"毁灭他们吧"。赵生群《左传疑义新证》（2013：130）亦从此说。值得注意的是，《史记·管蔡世家》有个类似的句子："如公孙强不修厥政，叔铎之祀忽诸。"张守节说："叔铎犹尚飨祭祀，岂合<u>忽绝</u>之哉！"可见张氏也把"诸"看作"之乎"。王念孙《读书杂志》指出《史记》袭用《左传》臧文仲语，但对"忽绝"之说未置异议，也认为"忽诸"的意思是"绝祀"。

于鬯《香草校书》另立新说，他认为"忽诸"是一字分音，整体上可看作语气词："忽诸合音为吁，盖叹辞也。短言之则曰吁，长言之则曰忽诸……吁者即痛惜之之辞也。"

今按，"忽"当依杜注等训为"忽然"之"忽"，但"诸"非"然""焉"，而是"乎"的变体，即：忽 *xuǎt（乎＞）诸。原本的"乎"，可能是相当于"然、焉"的词尾，也可能是句末叹词。竹添光鸿《左传会笺》（2008：110）云：诸，语辞，文五年"皋陶庭坚不祀忽诸"、《诗》"日居月诸"、《祭义》"勿勿诸其欲其飨之也"皆同（僖公九年"藐诸孤"下注）。竹添氏认为"忽诸"与"月诸""勿勿诸"的用法相似，是正确见解，可惜未能揭示其中音理。

理解"诸"是语音变体,还可以帮助我们分析出土文献。出土文献中读为"诸"的"者",有的并不包含代词性成分,因此不是兼词。如郭店楚简《五行》:

(29) 疋膚膚远(达)<u>者</u>君子逪(道),胃(谓)之既(贤)。

马王堆汉墓帛书《五行》有一句相似的话:

(30) 索纏纏达<u>于</u>君子道,胃(谓)之贤。

与"于"对应的"者"当读为"诸"。这两句中,"疋膚膚(索纏纏)"存有争议。多数学者把"疋膚膚(索纏纏)"看作形容词,如李零(2007:105)认为"膚膚"意为不费力;刘钊(2005:85)认为"膚膚"意为"不勉强";王志平(2002)认为"膚膚"意为谨敬。不论何解,都不能把"达诸君子道"理解为"达之于君子道"。由异文和音理可推知,这里"诸(者)"可能只是"于"的变体,即:达 *dăt(于>)诸。

总的来看,古书中确切用同"于/乎"的"诸"相当少见,但却呈现出音变的一致倾向。值得注意的是,"乎"是多功能虚词,可作介词、词尾和叹词;不同功能的"乎"都可被"诸"替代,说明"诸"是音变字,与语法分析无关。尤其是"月-t 诸""勿勿-t 诸""忽-t 诸"等助词性质的"诸",只能从音变角度得到方便的解释。因此我们认为,文献中某些"于/乎"写作"诸",是受到了前字入声韵尾的影响[①]。

三 "诸用同于/乎"疑误例辨正

除了以上所论,学者还指出其他"诸用同于/乎"的用例,这些例子还有讨论必要。辨明疑误的例子,可以更明确地看出"诸"字的音变倾向。

3.1 《左传》"诸用同于"疑例辨正

何乐士(2004:314)曾列出《左传》六例介词"诸":

(31) 诸侯伐郑,次于伯牛,讨邲之役也。遂东侵郑。郑公子偃师帅师御之,使东鄙覆<u>诸</u>鄑。(《成公三年》)

(32) 楚伐绞,军其南门。……明日,绞人争出,驱楚役徒于山中。楚人坐其北门,而覆<u>诸</u>山下,大败之。(《桓公十二年》)

(33) 五人以其私卒先击吴师。吴师奔,登山以望,见楚师不继,复逐之,傅<u>诸</u>其军,简师会之。(《襄公二十五年》)

(34) 遂灭崔氏,杀成与强,而尽俘其家,其妻缢。婢复命于崔子,且御而归之。至,则无归矣,乃缢。崔明夜辟<u>诸</u>大墓。辛巳,崔明来奔。(《襄公二十七年》)

[①] 从本文调查的文献来看,该说可以统一解释所见的例外用例;但由于音变说的实证性,该说还不能完全否定兼词灵活性的说法。我们期待更广泛的文献调查和新材料的出现,以对此作进一步验证。

（35）公徒将杀昭子，伏诸道。(《昭公二十五年》)

（36）臧氏使五人以戈楯伏诸桐汝之间。(《昭公二十五年》)

何先生说："以上6例中的动词'覆、傅、辟、伏'都是施事者自己的动作行为，并非使他人这样做，因此动词后没有受事宾语。"因此，这些"诸"不是兼词而是介词。

这些例句颇有可商榷之处。首先，例（33）"傅诸其军"之"诸"不是介词，而是兼词。因为"傅"是"接近、至"之义，学者往往把这句话理解为"接近于楚国军队"，这是对"军"的误解。这段话背景是：吴楚交战，楚国子强定计，先使五人私卒诱击吴师，精兵驻扎在本营等待合击。五人私卒突击后，吴师败逃。吴师登山远望发现私卒没有后援，就追击私卒，在楚国精兵驻扎的地方接近了私卒，于是楚国组织精兵围击。请注意"傅诸其军"的"军"不是指私卒而是指军营，句中作处所状语。《左传》"军"常作军营义，如《宣公十二年》"赵旃夜至于楚军"等（参高守纲1998：737）。《成公十六年》"宋、齐、卫皆失军"，俞樾《群经平议》卷十五：军者，谓营垒也。义亦与此同。因此"傅诸其军"是指"在楚军驻扎之地接近了私卒"；"诸"中所含的"之"与"复逐之"一样，指"私卒"。因此这例"诸"是兼词。杜注："吴还逐五子，至其本军。"意即如此。竹添光鸿（2008：361）谓"诸斥五人也，傅五人于本军而战也"，说亦极是。

其次，《左传》两例"覆"和两例"伏"可以合观，"覆诸郑"下杜注"覆，伏兵也"，可知二字都是埋伏的意思。"覆诸山下"杜注：覆，设伏兵而待之。照杜预理解，"覆"的对象是准备伏击的人。另外值得注意，《左传》的"覆"并非不能接受事宾语，如下例"覆之"：

（37）郑子罕伐宋，宋将鉏、乐惧败诸汋陂。退，舍于夫渠，不儆，郑人覆之，败诸汋陵，获将鉏、乐惧。(《成公十六年》)

杨伯峻（1981：879）注"覆之"说"以伏兵袭击之"，应无疑义。而这句与何先生所举"覆（伏）诸"四句完全同例，可知"覆（伏）诸"之"诸"中仍有"之"，因此是兼词。

最后一例"崔明夜辟诸大墓"比较复杂，今天较多理解为"崔明在夜里躲在墓群"，杨伯峻和徐提（1993：282）、沈玉成（1999：346）都这样翻译，何乐士（2004：315）也理解为"避于大墓"。这仍有疑问。以下是相关上下文，方括号内是注文和音注：

（38）遂灭崔氏，杀成与强，而尽俘其家。其妻缢；婢复命于崔子，且御而归之，至则无归矣，乃缢；崔明夜辟诸大墓。[开（间）先人之冢以藏之。辟，婢亦反，徐甫亦反。①]

---

① 这一段短注有两处字误。一，阮刻本作"徐出亦反"，今据《经典释文》与闽本《春秋左传正义》等本改为"徐甫亦反"。二，阮元校勘记说"闻诸本作開，此本误"。

对于"崔明夜辟诸大墓",洪亮吉《春秋左传诂》引用两说:"一说辟疑当作避,逃之大墓以辟难也;或曰开先人之冢以藏杼尸。"今所见诸说即以此二端为主。

今按,后说较前说可信。首先,"辟"释为"避"不妥。"辟"有多音,入声的"辟"与去声的"辟"意义有别:表开辟、挖掘等义的"辟"读入声,表躲避的"辟"读去声(孙玉文2015:824)。《经典释文》对开辟等义的"辟"注"婢亦反"等,对表躲避的"辟"则多注"音避"。徐邈音对前者注"甫亦反"等,对后者注"音避""扶臂反"(蒋希文1999:301)。因此,音注反映出"辟诸"之"辟"更可能是前者,即取开辟之义。其次,杜注所谓"藏之"或非躲藏,而是埋藏。古书"藏"有埋葬义,《荀子·礼论》"舆藏而马反",杨倞注"藏,谓埋之也";《礼记·檀弓上》"杜氏之葬",陆心源《经典释文跋三》(2015:308)据《释文》证明原作"杜氏之藏","藏"即墓穴。从《左传》内部看,《襄公二十三年》"孟氏将辟,藉除于臧氏"下杜注"辟,穿藏也,于臧氏借人除葬道(音注'婢亦反,徐甫亦反')",杜注"穿藏"之"藏",显然与"开先人之冢以藏之"有关。竹添光鸿(2008:377)指出,崔明奔鲁之后齐人"求崔杼之尸不得",这与"藏尸"之事相照应,其说亦可参。

明确了文意,我们来分析"开先人之冢以藏之"与"辟"字的关系。前贤对此有两种评论:其一,"辟"对应"开",义为开辟,也即上引"穿藏"之"辟"。竹添光鸿即主此说;唐文治纂《十三经读本》(2015:2181)"崔明夜辟"下注"同闢",也是此意。此说缺点是,如果"辟"训开辟,那么"辟诸大墓"无论理解为"开于大墓"还是"开之于大墓",都不合文意语法。其二,"辟"对应"藏",义为埋藏。章太炎《春秋左传读》主此说,说见"孟氏将辟"条(1982:523):

> 襄二十三年"孟氏将辟",杜预注"辟,穿藏也"。按,此谓借辟为闢、为劈耳。然穿藏之训,施之此可通;二十七年云"崔明夜辟诸大墓",若亦训穿藏,而言夜穿诸大墓,则"诸"字不可通。按,辟当借为㢑。《广雅·释器》:㢑,幽也。《说文》:幽,隐也。《释言》:瘗,幽也。《释诂》"瘗、幽、隐"皆训"微也"。《释天》:祭地曰瘗薶。《说文》:瘗,幽薶也。然则㢑即幽,即幽薶。预云"穿藏",即掘圹,所谓窆也。今读为㢑,即下棺,所谓"窆也,下棺"为得矣。

章氏把"辟"理解为幽埋,在语法和文意上较前说恰切,"辟诸大墓"即指"埋之于大墓"。"辟"读为"㢑"颇有道理,《说文》"庆,㢑也","夹"字下又云"俗谓蔽人俾夹是也",俾与辟、㢑声韵极近,卑、辟二声符常常通假①。故所谓"俾夹"当即"㢑(辟)夹"。"辟""㢑"有蔽人之义,则与"辟诸大墓"之义密合。

---

① 如《老子》"譬道之在天下","譬"马王堆帛书甲本作"俾",乙本作"卑";《国语·齐语》"辟耳",《管子·小匡》作"卑耳"。例不赘举。《说文》一条由梁瑞烙兄提示,特此致谢。

综合现有材料可知,"辟诸大墓"不能理解为"避于大墓",而要理解为"开掘大墓来埋藏崔杼的尸体"。"诸"中包含指称成分,因此它是兼词而非介词。

除以上何先生所举,赵大明(2007：177)指出《左传》"靖诸内而败诸外"中"诸"用作介词,杨伯峻和徐提《春秋左传词典》(1985：921)也曾持此看法。上下文是:

(39)子之传政于子玉,曰以靖国也；靖诸内而败诸外,所获几何? 子玉之败,子之举也。举以败国,将何贺焉? (《僖公二十七年》)

对照"靖国"与"败国"可推知"诸"中可能包含指称"国"的成分,句意为"在内使国家安定,在外却使国家失败"。因此"诸"是兼词。

3.2 "诸用同于／乎"的其他疑例

除《左传》几例外,古书另有些"诸"也被误解为"于／乎",这里暂举两个常讨论到的例子。首先是《礼记》"或诸":

(40)不知神之所在,于彼乎? 于此乎? 或诸远人乎? (《礼记·郊特牲》)

有学者参照前面分句的"于"把"诸"理解为"于"(如何乐士 2004：315)。可是,"或诸远人"的"远人"和"彼、此"不同,它不是处所状语,而是"远离人"的意思。孔疏说:"诸是语辞,其神灵或远离于人不在庙乎?"王引之《经传释词》读"或诸"为"或者",陈登澥《文键》(1933：122)申王氏之说云:

> 或者、或诸,亦拟度之辞也,较意者略虚。《孟子》公孙丑篇：昔者辞以疾,今日吊,或者不可乎? 《淮南·精神训》曰：或者生乃徭役也,死乃休息也。《礼记·郊特牲》曰：不知神之所在,于彼乎? 于此乎? 或诸远人乎? 王引之曰"或诸"即"或者"是也。

王引之和陈登澥的说法是符合文意和语法的解释。因此这例不是"诸用同于／乎"。

又如《庄子》"适诸越":

(41)宋人资章甫适诸越。(《庄子·逍遥游》)

方有国(2007：62)认为"诸"同介词"于"。然而,例中"诸"可能是音借字。郭庆藩《庄子集释》引李桢说：诸越犹云於越。《春秋》定五年经"於越入吴"杜注：於,发声也。《公羊传》"於越者,未能以其名通也",何休注：越人自名於越。此作诸者……是叠韵假借。基于文献用例和出土资料,学者较多认同"诸"在吴越地名、人名中常用作"发声"(参李家浩 2016：38)。据此可知,"诸"是"诸越"中的词素而非介词。①

---

① 除以上误解的例子,古书中有的"诸用同于／乎"与文本讹误有关。如今本《公羊传·哀公十四年》"拨乱世,反诸正,莫近诸《春秋》",《后汉书·孝明帝纪》李贤注引作"莫近於《春秋》",可知本或作"於"。《史记·太史公自序》,《汉书·司马迁传》《论衡·正说》等皆作"莫近於《春秋》",亦可见今本《公羊传》之误。

四 "诸用同之"和合音羡余

最后，我们讨论"诸用同之"的情况。所检古书中，必须理解为代词的"诸"有 14 例，其中 12 例用在"动词+诸+乎"问句里，如：

（42）冬，晋荐饥，使乞籴于秦，秦伯谓子桑："与诸乎？"（《左传·僖公十三年》）

（43）或谓孔子于卫主痈疽，于齐主侍人瘠环，有诸乎？（《孟子·万章上》）

对此，何乐士（2004：313）推测："初步感到这可能与'之乎'连读发生音变有关……为什么有了'诸'还要再加'乎'，可能就是加重语气的需要，因'诸乎'比'之乎'无论是代词或语气词，似都有所加强。"

这种说法有道理，音理上可以用合音羡余解释。江蓝生（2013：287）根据近代汉语材料说：

> 合音羡余词，是指双音词的前后两个音节 AB 由于连读而结合成一个单音节 A'，A' 取前字 A 的声母和后字 B 的韵母组成，可以单独使用。合音词产生后，又跟原双音词的后一语素结合成双音词 A'B，A'B 跟 A' 意义无异，如此，后一音节 B 被重新分析为羡余成分。

江先生举出的例子如：咱（自家）→咱家；多偺（早晚）→多偺晚。上古汉语中也存在合音羡余现象，像"何不"合音为"盍"后有时仍加否定词"不"而成为"盍不"。与此相同，"动词+诸+乎"中的"乎"可能是合音词"诸"生成后的羡余成分，比较：盍（何不）→盍不；V 诸（之乎）→V 诸乎。

除此外，调查文献中的"诸用同之"仅见下面两例：

（44）王庶几改之！王如改诸，则必反予。（《孟子·公孙丑下》）

（45）羿犹不悛，将归自田，家众杀而亨之，以食其子。其子不忍食诸，死于穷门。（《左传·襄公四年》）

这两个特例如何看待，需要进一步考察①。冯胜利（2012：82）指出，此类句子用"诸"不用"之"，是因为韵律上"诸 /a/"重"之 /ə/"轻，这一说法仍有待证明。

后代有些"诸用同之"可能与时代或个人特色有关。如汉扬雄常常用"诸"为"之"：

（46）夫有刀者砻诸，有玉者错诸。（《法言·学行》）

这不是"诸"的普遍用法，而带有一定个人特色。另外，"诸用同之"也有可能出于误用，如今天有"诉诸于法律"等说法。这种情况很早就有表现，如《论语·公冶长》

---

① （44）中"王如改诸"的"诸"似亦可按早期字形读为"者"，是表假设的助词。先秦"者"常与"若"等表假设的词连用，如：若从君者，则貌而出者，人可也，寇而出者，行可也。（《左传·定公元年》，龙国富 2004：125）

"我不欲人之加诸我也,吾亦欲无加诸人",敦煌残卷作:

  (47)我不欲人之加诸于我,吾亦欲无加诸于人。(法藏 P. 3643,上海古籍出版社等编 2002:194)

此类"诸于"用例一定程度上反映了所谓"兼词的灵活性"。但应注意,这些误例脱胎于正例,其用法并未广泛拓展,更没有为"诸"产出新的义项,因此只能看作特殊现象。

结语 "诸"的用法与语音的关系

根据以上讨论可知,"诸"的多种用法与语音关系密切。首先,依据普遍接受的旧说,兼词"诸"是"之于"或"之乎"的合音;其次,根据黄典诚先生说和本文讨论,介词、助词"诸"有可能是"于/乎"连读音变的结果;再者,结合何乐士、江蓝生二先生说,"动+诸+乎"结构可能是因为合音羡余而产生的;最后,"诸"在吴越专名中用作"发声"等(参李家浩 2016),也表现出"诸"与语音的密切关系。总之,"诸"的用法较为灵活是语言事实,而从语音角度看待"诸"的例外用法,则可以见得其灵活性背后的条件性。

引用书目

[西汉]司马迁:《史记》,中华书局,1959。
[唐]陆德明:《经典释文》,中华书局,1983。
[唐]孔颖达:《礼记正义》,载阮刻《十三经注疏》,中华书局,1980。
[唐]孔颖达:《春秋左传正义》,载阮刻《十三经注疏》,中华书局,1980;又明嘉靖李元阳刻《春秋左传注疏》,北京大学图书馆藏隆庆二年重修本。
[北宋]沈括:《梦溪笔谈》,中华书局,2015。
[南宋]朱熹:《四书章句集注》,中华书局,1983。
[清]王念孙:《读书杂志》,徐炜君、樊波成、虞思征、张靖伟校点,上海古籍出版社,2014。
[清]洪亮吉:《春秋左传诂》,李解民校点,中华书局,1987。
[清]王引之:《经传释词》,中华书局,1956;又黄侃、杨树达批《经传释词》,岳麓书社,1982。
[清]王引之:《经义述闻》,虞思征、马涛、徐炜君校点,上海古籍出版社,2018。
[清]陈奂:《诗毛氏传疏》,华东师范大学图书馆藏道光二十七年刊本,1847。
[清]李贻德:《春秋左传贾服注辑述》,首都图书馆藏光绪八年刊本,1882。
[清]陆心源:《仪顾堂集》,王增清校点,浙江古籍出版社,2015。
[清]俞樾:《群经平议》,载《续修四库全书》,上海古籍出版社,2002。
[清]于鬯:《香草校书》,中华书局,1984。
[清]郭庆藩:《庄子集释》,中华书局,2004。
[清]孙诒让:《墨子间诂》,中华书局,2001。

参考文献

陈登澥　1933　《文键》，商务印书馆。
陈苏镇　2020　《海昏竹书〈春秋〉初读》，朱凤瀚、柯中华编《海昏简牍初论》，北京大学出版社。
崔乃夫　主编　2000　《中华人民共和国地名大词典》第2卷，商务印书馆。
方有国　2009　《先秦汉语"诸"字研究》，《何乐士纪念文集》，语文出版社。
冯胜利　2012　《上古单音节音步例证——兼谈从韵律角度研究古音的新途径》，《历史语言学研究》第五辑，商务印书馆。
高本汉　1972　《左传注释》，陈舜钦译，（台湾）台北编译馆。
高守纲　1998　《〈左传〉"军师旅兵"辨》，郭锡良主编《古汉语语法论集》，语文出版社。
郭锡良　1997　《介词"于"的起源和发展》，《中国语文》第2期。
郭锡良　2010　《汉字古音手册》（修订本），商务印书馆。
何乐士　2004　《〈左传〉虚词研究》（修订本），商务印书馆。
湖北荆沙考古队　1991　《包山楚简》，文物出版社。
黄典诚　1984/2003　《〈诗经〉中"日居月诸"的连读音变》，《黄典诚语言学论文集》，厦门大学出版社。
江蓝生　2013　《说语音羡余词》，《近代汉语研究新论》，商务印书馆。
蒋希文　1999　《徐邈音切研究》，贵州教育出版社。
荆门市博物馆　1998　《郭店楚墓竹简》，文物出版社。
李方桂　1980　《上古音研究》，商务印书馆。
李家浩　2016　《谈"姑发诸反"与"诸樊"之间的语音关系》，《上古汉语研究》第一辑，商务印书馆。
李　零　2007　《郭店楚简校读记》，中国人民大学出版社。
李如龙　1997/2001　《广州话常用词里的几种字音变读》，《汉语方言的比较研究》，商务印书馆。
刘　钊　《郭店楚简校释》，福建人民出版社。
龙国富　2004　《姚秦译经助词研究》，湖南师范大学出版社。
罗常培　王　均　2002　《普通语音学纲要》，商务印书馆。
罗杰瑞　1994/2010　《早期汉语的咽化与腭化来源》，顾黔译，潘悟云编《境外汉语音韵学论文选》，上海教育出版社。
马承源　主编　2002　《上海博物馆藏战国楚竹书（二）》，上海古籍出版社。
马建忠　2005　《马氏文通读本》，吕叔湘、王海棻导读，上海世纪出版集团。
倪博洋　2019　《从语气词、叹词看上古汉语声调构拟》，《语言科学》第3期。
庞光华　2015　《上古音及相关问题综合研究》，暨南大学出版社。
蒲立本　1998　《古汉语代词的形态》，郭锡良主编《古汉语语法论集》，语文出版社。
裘锡圭　主编　2014　《长沙马王堆汉墓简帛集成》，中华书局。
上海古籍出版社　法国国家图书馆　编　2002　《法国国家图书馆藏敦煌西域文献》，上海古籍出版社。
孙玉文　2015　《汉语变调构词考辨》，商务印书馆。
孙玉文　2020　《上古音零札十则》，《北华大学学报》（社会科学版）第1期。

唐文治 编 2015 《十三经读本》，上海人民出版社。
王克仲 1986 《"日居月诸"训释刍议》，《中国语文》第6期。
王　力 1985 《汉语语音史》，中国社会科学出版社。
王志平 2002 《说索蠡蠡》，《简帛语言文字研究》（第一辑），巴蜀书社。
杨伯峻 1981 《春秋左传注》，中华书局。
杨伯峻 徐提 1985 《春秋左传词典》，中华书局。
杨树达 1954 《词诠》，中华书局。
俞　敏 1948/1999 《古汉语里面的连音变读（sandhi）现象》，《俞敏语言学论文集》，商务印书馆。
张玉金 2011 《出土战国文献虚词研究》，人民出版社。
章太炎 1982 《春秋左传读》，《章太炎全集》，上海人民出版社。
赵大明 2007 《〈左传〉介词研究》，首都师范大学出版社。
赵生群 2013 《左传疑义新证》，人民文学出版社。
赵元任 1935/2002 《中国方言当中爆发音的种类》，《赵元任语言学论文集》，商务印书馆。
郑张尚芳 2003 《上古音系》，上海教育出版社。
郑张尚芳 2014 《黄典诚先生对上古音和闽语研究的贡献》，《中国音韵学暨黄典诚学术思想国际学术研讨会论文集》，厦门大学出版社。
竹添光鸿 2008 《左传会笺》，于景祥、柳海松整理，辽海出版社。
Baxter, William H. and Sagart, Laurent（白一平和沙加尔）2014 *Old Chinese: A New Reconstruction*. Oxford: Oxford University Press.

On the Exceptional Uses of the Fusion Word "*Zhu*（诸）"

CAO Yabei

Abstract: It is widely accepted that "*zhu*（诸）" in Old Chinese is a fusion word which derived from "*zhi yu*（之于）" or "*zhi hu*（之乎）". However, some uses of "*zhu*（诸）" in classical texts are only equivalent to a certain component of the fusion word: the preposition "*yu*（于）" or "*hu*（乎）", the particle "*hu*（乎）", or the pronoun "*zhi*（之）". Those uses have been regarded as the exceptions of the formation of fusion or the flexible usages of the fusion word. Based on the survey on historical texts, this paper points out that the cases of "*zhu*（诸）" used as "*yu*（于）/ *hu*（乎）" often appear after *t*-final characters, which may lead to changes of sandhi. Additionally, most cases of "*zhu*（诸）" used as the pronoun "*zhi*（之）" occur in the environment which has potential phonological redundancy. Based on these phenomena, this paper discusses the relationship between the usages of "*zhu*（诸）" and its phonetic environments.

Key words: "*zhu*（诸）", "*zhu*（诸）" used as "*yu*（于）/ *hu*（乎）", "*zhu*（诸）used as "*zhi*（之）", sandhi, redundancy after fusion

（曹亚北　中国人民大学文学院　100872）

现代汉语正式语体形成过程的计量研究*

朱敏霞

摘 要 本文在语言进化生态学的视域下,从社会变迁与语言应用的关系切入,分析现代汉语正式语体特征形成的过程;并通过对1918—1949年间不同时期公开发表的典型性正式语篇的考察,试图从定量与定性相结合的角度来揭示现代汉语正式语体形成的特点、原因和演变机制。
关键词 现代汉语 正式语体 语言进化 演变机制

一 引言

"正式/非正式"是一组对语言使用有重要影响的语体变量,正式度不同语言使用者所选用的语言成分也会存在差异性,语体系统也可以被分为"正式语体"和"非正式语体"。所谓"正式语体"是指用于正式场合的语言社会语境变体,主要通过一系列的正式语体特征来体现。正式语体与非正式语体在语言特征层面的差异主要体现在正式语体特征和非正式语体特征的使用上;在语言功能层面的差异主要体现在适用于正式场合和非正式场合的功用不同。不过,正式语体与非正式语体是相对而言的,二者所构成的语体系统是一个由正式度高低不同而形成的语体连续统,二者之间的界限是模糊的,并非离散的集合。本文所说的"典型正式语体"和"典型非正式语体"是指由正式度构成的语体连续统的两个端点的语体形式,即典型的正式语体和典型的非正式语体。

纵观近百年来现代汉语语法研究领域对语体问题讨论的焦点主要集中在正式语体和非正式语体的研究上,尤其重视正式语体的研究。王力(1943)最早注意到"以多数的欧化语法只是文法上的欧化",欧化现象只出现在文章中,不出现在口头交际中。这是早期现代汉语语法研究的语体意识。后来,吕叔湘(1963,1992)、朱德熙(1987)、胡明扬(1993)三位先生进一步认识到区分语体对语法研究的重要性,研究现代汉语语法现象需要结合语体类别来看。吕叔湘(1963)所说的"口语"和"书面语"、胡明

---

* 李泉教授、陈满华教授对本文提出过宝贵的修改意见,特此深致谢意!本研究得到国家社会科学基金年度项目"现代汉语正式语体特征变迁的计量分析研究(1919—1949)"(18CYY051)以及信阳师范学院"南湖学者奖励计划"青年项目的资助。

扬（1993）所说的"口语语体"和"书面语语体"从根本上来看其实都是指正式语体和非正式语体。随着语体研究的深入，学界也越来越多的人意识到"口说"和"笔写"这样的媒介区分并不能很好对语体进行分类。陶红印（1999）进而提出"典型的口语"和"典型的书面语"；冯胜利（2010）提出"书面正式语体"和"口语非正式语体"。大家所说的"口语"和"书面语"的本质差别其实就是"正式语体"和"非正式语体"的差别（贺阳2008）。崔希亮（2020）指出"正式与非正式是两端清晰中间模糊的一对概念"。因此，研究正式语体或非正式语体需要从处于语体连续统两端的典型语篇入手，对语体特征进行考察分析。

随着语体分类的清晰化，现代汉语正式语体的形成与发展突显为另一个重要命题。学界对现代汉语形成时期的认识观点不一，持"五四说"观点的学者着眼点就是现代汉语的正式语体。虽然大家对现代汉语的正式语体的形成时期有大概认识，对现代汉语正式语体的构成成分来源也有一定的讨论（周作人1922，钱玄同1925，王力1958，胡明扬1993，徐时仪2008等），但大都是从感性认识出发给出的描述性判断，缺乏语言特征分析的量化证据。

语言进化生态学不承认语言进化的例外主义，强调语言进化模式的统一性，即所有语言的进化都表现为同一种模式，还引入"特征库"的概念，给出了一个可以解释所有进化现象过程的图示（朱敏霞2015b）。1919年以来，随着白话文运动开展的深入，正式语体逐渐弃用文言文，现代汉语正式语体在对旧白话改造的进程中逐渐形成。本文拟在语言进化生态学的视域下考察现代汉语正式语体的形成过程，并借助我们自建的"正式语篇历时语料库"（100万字），对1918—1949年间不同时期公开发表的正式语篇的考察，试图从定量定性相结合的角度来揭示现代汉语正式语体形成的特点、原因和演变机制。

二 现代汉语正式语体的形成过程

现代汉语是在"文白之争"和"改造旧白话"的社会浪潮中逐步形成的，吕叔湘（1985）认为"把五四运动定为现代汉语开始的刁时期是合理的"，张中行（2007：190—191）从历史上文言和白话的关系变迁来看，现代白话（现代汉语）是起于"五四"前后，此时的刁白话已经击败文言，取得了"独霸"地位。所以，"现代汉语（或称现代汉民族共同语）的最终确立和形成是在'五四'时期"（刁晏斌2006：11）。

现代汉语正式语体是在对现代汉语非正式语体的不断重构过程中逐步形成的。周作人给俞平伯的《燕知草》写跋，其中说："以口语为基本，再加上欧化语，古文，方言等分子，杂糅调和，适宜地或吝啬地安排起来，有知识与趣味的两重的统制，才可以造出有雅致的俗语文来。"周作人所说的"口语"其实就是当时的非正式语体。通过对当时非正式语体的重构，使其分化出正式语体形式，从而丰富汉语的语体系统。

因此，现代汉语正式语体是在汉语非正式语体基础上演化而产生的现代汉语的一种社会语境变体，它是在现代汉语非正式语体与文言文、旧白话、方言等汉语其他变体，以及印欧语言（主要是英语）的直接或间接语言接触的复杂生态环境下对它们"混合遗传"的结果。现代汉语正式语体的首批使用者，即"创始者"，在现代汉语非正式语体与文言文、旧白话及其他方言变体的直接接触、和汉英间接接触的复杂生态环境中，开始了对现代汉语非正式语体的重构行为。不同语言（语言变体）之间的直接及间接接触产生了"语言特征库"，具有相同或相似语法功能的语言特征聚集在此相互竞争。语言使用者通过个体选择把某些语言特征选入自己的个体语言系统中，不同的个体变异形式经过语言外部生态环境以及内部生态环境的双重筛选后经过多次的个体选择过程，最终被群体选择，从而进入现代汉语书面语这一新的语言变体的系统中。具体过程如图1所示：

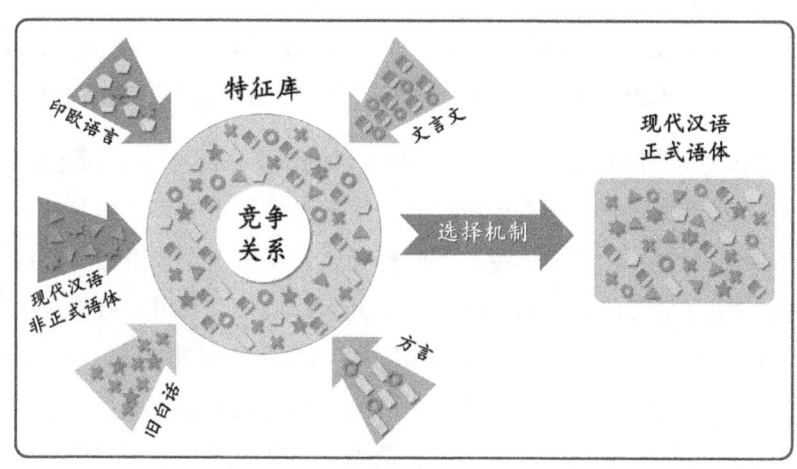

图1 现代汉语正式语体的形成过程图

三 现代汉语正式语体特征的变迁

Biber（1988）提出多维度/多特征语体分析法（Multi-Dimentional/Multi-Feature Analysis）。Tony et al.（2006：87）认为这是一个"用于语体语域变异研究的最强大的工具"。从语体研究来看，"具有异质性的语法成分及其特征往往是观察的切入点，甚至是重点"（施春宏2019）。为了更有效地考察1918—1949年这段时间现代汉语正式语体特征的变迁情况，我们按照年代将其分为五个阶段：1918—1924、1925—1930、1931—1935、1936—1940、1941—1949，并对每个阶段都分别搜集了20万字的正式语篇语料，共计 100 万字[①]。我们结合汉语的语言特点进一步设定了测量汉语语篇正式度的多维度多特征测量方法，考察了 1918—1949 期间 100 万字的正式语篇语料，发现 1918—1949 年间的正式语篇正式度整体上是逐步增长的，而且每个维度基本都呈现出上升趋势。如图 2 和图 3 所示：

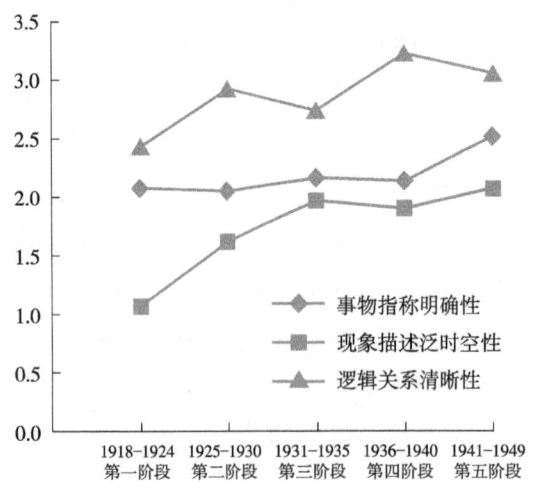

图 2　各时期语篇维度分数值变化总图　　图 3　各阶段正式语篇正式度分数变化图

1918—1949 这段时期，是白话正式语体逐步形成的阶段。换句话说，该时期是白话正式语体与正式语境之间匹配度逐步提升，从而形成特定语言变体与特定语境组配规约的阶段。在此过程中，正式语体特征不断变迁，几乎每个正式语体特征都或多或少有所变化。将发生明显变化的具体语言项目按照其来源属性大致可以分为三大类，即"文言成分""口语成分"和"欧化成分"。所谓"文言成分"是指在 1918 年以前，主要用于汉语典型正式语体的语言项目，即传统文言文中所使用的语言项目，这些语言项目基本不用于 1918 年以前的典型非正式语体；所谓"口语成分"是指 1918 年以后，主要用于汉语典型非正式语体的语言项目，即 1918 年以来的日常生活口语中所使用的语言项目，这些语言项目基本不用于现代汉语的典型正式语体；所谓"欧化成分"是指汉语在印欧语言影响下通过模仿和移植而产生的新兴语言项目，亦指汉语中 1918 年以前

---

① 我们综合考虑社会影响力、语言态度、作品数量等各方面因素之后，最终选用胡适、瞿秋白、鲁迅、毛泽东、老舍等代表人物的一些具有时代代表性的语篇，构建成一个小型专用语料库。考虑到语料同质性和代表性问题，我们只选取了作品集中的论说文，主要是政论文和社论文，语料来源如下所示：
（1）《胡适文集》第 2、3、4、5、11、12 册，北京大学出版社，1998 年。
（2）《瞿秋白文集》政治理论编第 1、2、3、4、7 卷，人民出版社，1987 年。
（3）《鲁迅杂文全编》第 1—6 卷，人民文学出版社，2006 年。
（4）《毛泽东选集》第 1—4 卷，中央文献出版社，1991 年。
（5）《老舍全集》第 14、16、17、18 卷，人民文学出版社，2008 年。

罕用的、由于印欧语言影响的推动和刺激作用而得到迅速发展的语言项目，是汉语和印欧语言间接语言接触的结果。依据来源属性对发生明显变化的现代汉语正式语体特征进行重组分类，发现不同来源属性的语言项目在1918—1949期间的变化趋势呈现出总体一致性：文言成分和口语成分在正式语篇中皆呈现出逐步减少的趋势，而欧化成分则呈现出逐步增多的趋势。至第五阶段，1940—1949年间，现代汉语正式语体基本形成。

3.1 文言成分的减少

语文现代化运动推翻了文言文的正统地位，汉语正式语体的表达形式由文言文转而成为白话文。现代汉语正式语体的形成过程也是文言成分不断减少的过程。关于现代汉语中的文言成分的研究，孙德金（2012）对当代汉语中存在的文言语法成分进行了系统研究，通过举例排除法对现代书面汉语中的文言成分进行了操作性的界定，详细考察了若干个文言语法项目。现代汉语中还保留有不少的文言成分。

在1918—1949期间的正式语篇中，文言词汇呈现逐步减少的趋势，第一阶段是802词次，第二阶段是622词次，第三阶段是460词次，第四阶段是267词次，到了第五阶段仅有162词次。

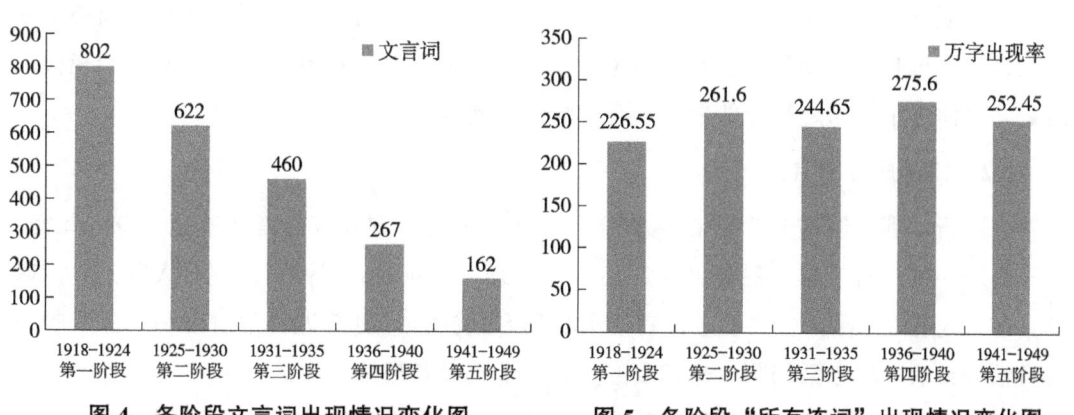

图 4　各阶段文言词出现情况变化图　　图 5　各阶段"所有连词"出现情况变化图

图4呈现的是文言成分总体情况，下面来深入考察同一词类内部不同语言项目的变迁情况，这里以图5"所有连词"出现情况为例。在所考察的1918—1949期间的正式语篇中，一共出现了121个连词，各个阶段出现频次基本还是呈现出了逐增趋势，不过与其他语言特征相比，相对均衡，差距不算很大，毕竟每个时期的基数很大，也就是说，连词一直是正式语体所依赖的表达手段之一。

根据考察结果，这121个连词中，属于文言成分的连词一共有49个，它们分别是"则、固然、虽、然、然而、惟其、因、故、以至于、然则、既然、既、抑或、或则、若非、苟、如、如其、如若、若、若果、倘、即或、纵令、纵使、即如、再则、再者、甚且、尚且、而况、非但、岂但、加之、暨、及、虽则、唯（惟）有、设若、若使、设使、倘然、倘若、即令、即若、纵然、再有、乃至、及至"。这49个文言连词在所考察的1918—1949年间的正式语篇中的出现频次逐步减少，如图6所示：

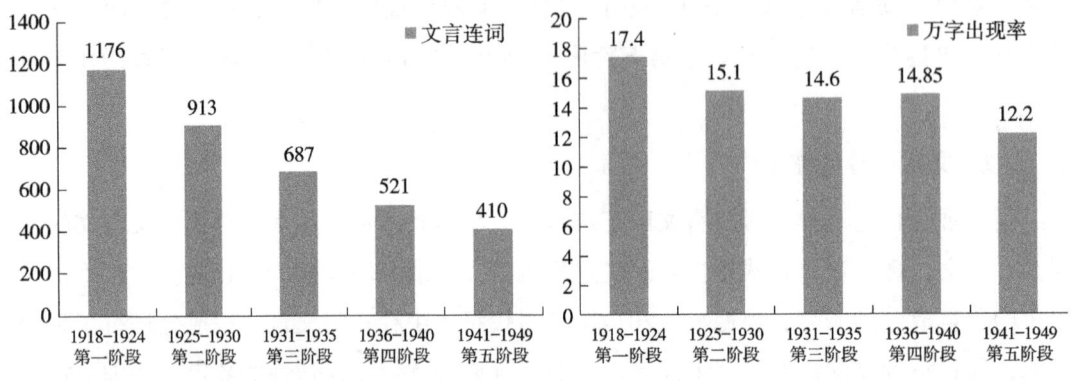

图6 各阶段文言成分类连词的出现情况变化图　　图7 各阶段语气词出现情况变化图

从语言特征变迁来说，在没有现成的现代汉语正式语体可以使用的情况下，为了满足交际语境的需求，达到与典型非正式语体相区别开来的目的，本身就带有正式语体色彩的文言成分便成为了语体分化之处提升语篇正式度的有效手段，但文言成分的使用在全国积极倡导"打倒文言"的浪潮中不可能是长久之计。随着间接语言接触范围的不断扩大，加上现代汉语使用者积极主张欧化的语言态度，使得欧化现象不断融入到现代汉语正式语体之中，与之相应的便是文言成分的不断减少。

3.2 口语成分的减少

在践行"我手写我口"的白话文革命之初，全国上下方言与官话遍地开花的局面，并没有统一的语言标准。夏晓虹（2013）指出方言流通的局限性，使更多人看到应该以官话统一全国的白话文，"不过，官话本身仍有缺失，它更接近日常口语……而从晚清的官话到日后的普通话书写，也需要经过词汇的选择和提炼"。

1918—1949年间，正式语篇中对口语成分的使用逐步减少，使得汉语典型正式语体与典型非正式语体之间的语体差别越来越明显，那些经常使用于典型非正式语体的语言项，慢慢地不再用于典型正式语体，从而使这些语言项目至今保留着其典型非正式语体的语体色彩。

语气词是口语性成分，在当代汉语中仍然是典型非正式语体的常用语言项。如图7所示，在1918—1949期间各个阶段的正式语篇在语气词的使用上是逐步减少的。

3.3 欧化现象增多

关于现代汉语中的欧化现象的研究，早有专著讨论。王力《中国现代语法》和《中国语法理论》都专门讨论过欧化现象，之后又在其《汉语史稿》中，有着更加详细而全面的梳理。北京师范学院中文系也曾在《五四以来汉语书面语言的变迁和发展》中专门讨论欧化现象。此外，Kubler（1985）、谢耀基（1990）都是专门讨论汉语欧化现象的著作，其描述和论证相当详细。贺阳（2008）在前人研究的基础上，不仅对以往学者列举的欧化现象进行了一一论证，而且还指出欧化现象受语体制约，正式语体受影响比较明显，非正式语体很少有欧化现象。因此，体现欧化现象的基本都是具有正式语体色彩的语言项，属于典型的正式语体特征。

所考察的语言项目历时演变的结果显示，欧化现象在1918—1949年间也呈现明显的增长趋势。下面来对名词化成分、介词、连词中存在的欧化现象进行梳理。

首先来看名词化现象。名词化成分中的欧化现象有"N 的 V"结构、"N 的 A"结构以及作主语或宾语的"A 和 A"结构。如图8所示，它们在1918—1949期间的频次变化情况是逐步增加的。

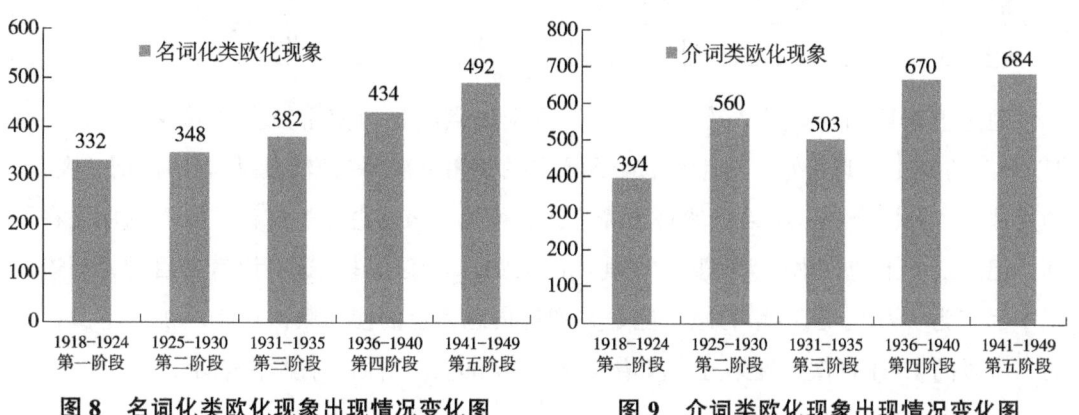

图8　名词化类欧化现象出现情况变化图　　图9　介词类欧化现象出现情况变化图

其次，再来看介词中存在的欧化现象。介词类欧化现象主要有介词"被"、"（每）当……"结构、"在 N 的 V（之）下"结构、用于句首的时间词语和存在句句首的处所词语前的介词"在"以及"关于"和"对于"等语言项目的使用。如图9所示，该类现象也是呈逐步增加趋势。

最后，来看与连词相关的欧化现象。并列连词使用频次的增加及其语言项目使用范围的扩大，促进了大量的共用格式产生或大力发展。贺阳（2008：193—225）曾专门讨论了"（V1+V2）+O 格式""（V1+V1）+O 格式""（M1+M2）+V 格式""（T1+T2）+V 格式""（D1+D2）+N 格式""（Z1+Z2）+V 格式"等共用格式的欧化现象。虽然不能说一定是由于并列连词的大量使用导致共用格式的产生或发展，但至少可以说上述几种共用格式的产生和发展与并列连词的大量使用及其发展密切相关。

下面看一下并列连词在1918—1949年间的使用情况，由于"及"单用与"及其"的使用频次具有明显的差异，因此这里将二者分开来考察，具体结果如下：

表 1 各阶段并列连词的出现情况（1918—1949）

连词	第一阶段 1918—1924	第二阶段 1925—1930	第三阶段 1931—1935	第四阶段 1936—1940	第五阶段 1941—1949
而	387	610	563	779	577
而且	59	82	112	139	121
同时	18	48	61	68	52
及	133	110	51	51	41
及其	10	22	23	25	59
并	74	95	46	121	128
并且	35	48	75	58	63
和	417	728	804	1009	1127
与	191	149	184	523	272
以及	30	35	43	19	29
暨	7	4	0	1	0
合计	1361	1931	1962	2793	2469

通过上表可知，除了"及"和"暨"两个语言项目的使用频次是减少趋势，还有"以及"的变化不明显外，其他8个语言项目的使用频次都是增长趋势。即使把"及其"的用法与"及"合并，结果仍然是下降趋势。可见，虽然总体上来说"及"的用法在下降，但是功能上的分化更为明显。在现代汉语中，后接"其"这一语言项目的并列连词基本固定为"及"。虽有增有减，但是并列连词总体上的使用频次还是增加了不少，从第一阶段的1361词次，到第五阶段增长为2469词次。下面用柱形图表示：

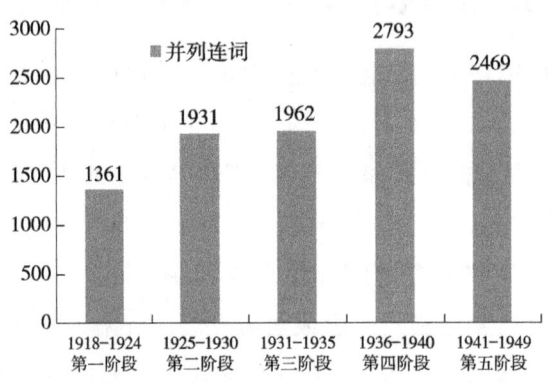

图10 各阶段并列连词的出现情况变化图

综上所述，在1918—1949年间汉语正式语体特征的变迁过程中，文言成分和口语成分在不断地减少，而欧化现象则不断地增多。随着欧化现象的逐步增多，汉语正式语体的正式度也不断得到提升，并在第五阶段基本等同于当代汉语典型正式语体的正式度。在个别维度上的表现甚至于略高于当代汉语典型正式语体的表现。而且，所考察的所有的现代汉语正式语体特征及其语言项目，基本是逐步接近于它们在当代汉语典型正式语体中的表现，直到第五阶段，它们在所考察的正式语篇中的表现基本与当代汉语典型正式语篇中的表现情况一致。

因此，可以说，至第五阶段，现代汉语正式语体基本形成，汉语的语篇正式度与语境的正式度之间的匹配度提升，基本达到一致。也就是说，汉语不同语体特征与不同社会语境的匹配度基本固定，形成一定的规约化。现代汉语正式语体的形成过程，也是文言成分和口语成分不断减少、欧化现象不断增多的过程，最终达到一种平衡之后基本稳定，至今三者在汉语正式语体系统中仍然是共存状态，只不过三者所占的比例较之1918年间的正式语篇而言有所不同。

四 现代汉语正式语体的形成原因

Thomason（2001）指出语言接触对受语产生的结果有新语言特征的增加、固有语言特征的减少以及对固有语言特征的替换三种形式，这对考察结果来说也是一种理论解释。现代汉语正式语体特征的变迁是内部生态环境变迁和外部生态环境变化共同作用的结果。内部原因主要是语体分化的需求，外部原因主要是社会条件的变迁，二者在现代汉语正式语体形成的过程中交互作用，打破旧有成分格局，逐步形成了新的成分格局。

4.1 语言内部原因

从语言内部来看，语体分化的内在需求是导致现代汉语正式语体特征变迁的内在动因。语体作为语言的社会语境变体，为了满足不同社会语境的需求，体现正式语境与非正式语境的分化，必然要求语言系统内也存在相应的正式语体与非正式语体的分化。既有的汉语正式语体文言文的"被打倒"，与非正式语体特征相对立而并存的正式语体特征也随之丧失，只剩下语体单一的白话语言系统，急需融入新的正式语体特征，来与非正式语体特征共同满足语境分化多样性的需要。贺阳（2008）[①]和冯胜利（2010，2011）[②]都不谋而合地意识到现代汉语正式语体的形成与汉语内部语体分化的需求分不开，冯胜利提出了"非有两极，不能成体"的观点。为了填补空缺，文言成分进入白话系统，充当提升语篇正式度的首要手段，以与非正式语体日常白话相区别。这样暂时缓解了白话语体系统单一不能满足社会语境分化对语体分化需求之间的矛盾。在语体分化

---

① 贺阳（2008：287）指出，"五四以前的汉语书面语，除开文言而仅就白话而言，语体分化是极不完善的"，欧化现象产生的内部动因就是语体分化的需求。

② 冯胜利（2010）提出"非有两极，不能成体"的观点，认为"五四消灭的不是简单的文言，而是汉语的语体"。由于单极不成体，失去文言（正式）的汉语必然再生以补其缺；而今天汉语"新兴正式语体"的出现恰好证明了单极不成体的语体理论。

需求的内在制约下，汉语白话语言系统逐步发展出自己的正式语体特征，形成了成套的与典型非正式语体特征相对立的正式语体特征，以满足汉语白话语体系统丰富性的客观需要。白话正式语体即现代汉语正式语体的形成过程中，汉语使用者不断地有意识地向印欧语言学习，借鉴可以使用的语言特征，作为丰富现代汉语正式语体表达的手段。随着欧化现象在汉语正式语体中的不断增多，文言成分不再是提升语篇正式度、区分正式语体与非正式语体的主要手段，也就随之逐步减少。至今，文言成分已经不再是表达汉语正式度的必要成分，转化为主要与语篇典雅度直接相关的语言成分。

4.2 语言外部原因

从外部原因来看，可以从以下三个方面进行分析：

第一，语文现代化运动的不断发展。黄遵宪在光绪十三年（1887）正式提出语言与文学合一的问题，号召"我手写我口"的白话文运动，拉开了汉语语文现代化运动的序幕。文言文退出了历史舞台，文言成分也随着语文现代化运动的不断升级而逐步减少，最终完成了汉语正式语体语言形式的更替。20世纪30年代，由左联倡导的语文大众化运动（1930—1936）是继五四白话文运动后，中国语言发展史上又一次语文现代化革命。大众语运动的目标是使白话文进一步通俗化、大众化，贴近人民大众的生活。民族语运动与抗战文艺运动同呼吸共命运，相互促进。抗战文艺为民族语的形成提供了实践平台。大众语的民族化，促使文艺形式也随之民族化，将大众的、通俗的、传统的文艺形式与文艺创新相结合，致使涌现了大量的具有民族特色的新的文艺形式的作品，产生了新的文体形式。

第二，正式语体使用人群的结构变化。在1918—1949年间，早期的白话正式语体使用者都是旧式教育培养出来的社会精英，基本上个个都精通文言文。他们的交际对象，甚至可以说当时的整个知识分子阶层也通常都是精通文言文的文化人。文言文写作和阅读对于当时的文人而言，是再平常不过的事情了，对于他们的影响也是根深蒂固的。五四白话文运动之初，白话正式语体尚未形成，文言文又被"禁用"。虽然他们都在尝试着使用白话文写作，但出于语体分化的目的，仍然会不自觉地使用大量文言成分。毕竟文言成分是他们最熟悉的正式语体特征，加上中国当时的教育背景，很少有文化人不懂文言文。因此，文言成分的使用并不会影响交际的通畅性。然而，随着白话文运动的不断升级，打倒文言文的呼声愈演愈烈。新式学校在全国各地数量猛增，教育观念和教育体制的改革促进了教育平台的扩大，使越来越多的普通民众可以享有受教育的机会。读书识字不再是上流社会的特权，知识分子阶层也不再与社会精英阶层的概念等同，教育朝着大众化的方向发展。新式学堂，特别是教会学校的课程设置不再将文言文学习作为主要科目，而是主要学习美国、日本学校的课程设置，逐步实现向现代教育转型。此外，政府教育政策的转变也非常重要。1920年，当时的政府下令，小学一二年级的语文课本统一都开始使用白话文，不再将文言文作为语文课的主要习得对象，从那一年秋季即开始施行。因此，教育制度上的改变，使得新一代知识分子的文言文水平较之以前整体下滑，甚至于有的文人不懂文言文。特别是随着大众语运动和民族语运动的开展，加上政治宣传等因素的突出，将更多的民众纳入到正式语体的使用者和交际对象的群体之中。知识分子阶层的范围进一步扩大，不懂文言文的文人也逐步增多，正式语体的使用者和交际对象的人群结构较之1918—1924年时期的知识分子阶层发生了很大的变化，这也是影响文言成分逐步减少的一大社会原因。

第三，汉语同印欧语言特别是英语之间发生的语言接触是欧化现象产生并逐步增多的主要原因。在现代汉语正式语体形成过程中，语体分化的内在需求与汉语同印欧语言间接语言接触的社会条件的变迁之间相互作用，共同影响着汉语使用者的个体选择行为。随着语文现代化运动的发展、正式语体使用者和对象的人群结构的变化、向西方学习的大环境、人们对印欧语言所持有的积极语言态度、双语者人数的增多、翻译领域和出版业的蓬勃发展等汉语同印欧语言间接语言接触的所处社会条件的不断变迁，越来越有利于欧化现象的形成与快速传播。欧化现象的语言特征具有更为凸显的被选择优势。与此同时，具有相同表达功能的文言成分类语言特征和具有明显的非正式语体色彩的口语类语言特征越来越少地被汉语使用者所选择，进而逐步减少。

具体来说，影响欧化语言特征最终被群体选择的因素有：

（1）向西方学习的渴望，促使汉语使用者主动发起同印欧语言之间的间接语言接触，大量翻译国外著书，为欧化现象类语言特征进入汉语正式语体提供了强大的引入平台。

（2）间接语言接触的方式制约着欧化现象的语体色彩意义，为其被选择为现代汉语正式语体特征奠定了基础。

（3）汉语使用者主动学习、借用欧洲语言表达方式来重构现代汉语正式语体，这一积极的语言态度增强了印欧语言对汉语的影响力度，赋予欧化语言特征更强的选择优势。

（4）双语者人数的增多，扩大了欧化现象类语言特征的引入者群体规模，提升了欧化现象类语言特征的可接受度和使用的广泛度，大大提升了欧化语言特征被个体选择的频次。

（5）翻译领域的空前活跃、出版业的蓬勃发展加快了欧化现象类正式语体特征在汉语使用者群体中的产生和传播速度。欧化现象是通过书籍翻译这一媒介活动被借入到汉语正式语体之中的，它们形成和传播的速度与白话报刊的兴起以及整个出版行业的发展密切相关。出版业的发达，使得白话报刊和书籍中承载的欧化现象类正式语体特征得以在汉语使用者群体中快速而广泛的传播开来。

图 11 模拟了欧化现象进入现代汉语正式语体的过程。现代汉语正式语体中的欧化现象是汉语与印欧语言间接语言接触的结果,是通过双语者的翻译活动进行的。欧化现象以翻译作品为载体被借入到汉语正式语篇中,从而被其他汉语使用者模仿传播开来。也就是说,欧化现象类正式语体特征进入现代汉语正式语体的途径是英译汉翻译作品。传播者从译者到译文读者,再逐渐扩散至大众人群。其中,译者为语言特征引入者,译文读者为语言特征复制者兼传播者。译者也可以通过自己的非翻译作品把语言特征传播至大众人群。如图 11 所示:

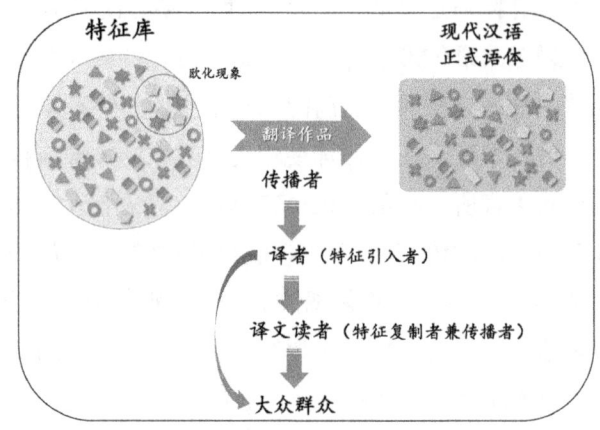

图 11　现代汉语欧化现象类正式语体特征的形成过程图

五　现代汉语正式语体的形成机制

1918—1949 年期间,现代汉语正式语体特征的变迁结果为文言成分和口语成分逐步减少,欧化成分逐步增多,这是现代汉语语体分化的内在需求与外部社会条件变迁共同作用的结果,同时也是"补偿机制"①在语言演变过程中的体现。在英语的演变历史过程中,就可以明显地看出补偿机制的作用。古英语作为形态变化丰富的语言,相对应的词序就比较灵活。然而,从中古英语开始,随着英语性、数、格等丰富的内部形态变化系统的消失或大范围减少,英语词序也随之严格固定为"主语+动词+宾语/表语"结构,以词序的固定来补偿形态变化的削减与消失(周巧云 2006)。

我们认为,现代汉语正式语体演变的总机制是补偿机制。从语体形成的角度看,现代汉语正式语体的形成本身就是对文言文这一汉语正式语体退出历史舞台的补偿,是为了填补汉语正式语体的空缺快速发展起来的;从语言特征变迁的角度看,文言成分作

---

① 所谓"补偿机制"是指"语言作为表达思想的工具,为了满足表达的需要,在某些方面失去的功能,往往会从别的方面得到补偿"。(周巧云 2006)

为初始阶段提升语篇正式度的主要手段，它的大量使用是对正式语体特征缺失的一种补偿；随着语文现代化运动的发展，白话文运动不断升级，文言成分类正式语体特征不断减少，作为对文言成分类正式语体特征减少的补偿，源自典型非正式语体的口语类正式语体特征不断减少，欧化现象类正式语体特征不断增多以弥补空缺。可以说，欧化现象的大量使用正是对"打倒文言文"号召的积极响应与实践，更是对文言成分减少的有效补偿。最终三者达到一种平衡格局，固定下来。这种平衡是外部社会条件和内部语体分化需求之间平衡性的体现。

现代汉语正式语体具体语言特征的演变主要是通过借用（borrowing）、重新分析（reanalysis）和类推（analogy）这三个具体演变机制来实现的。其中，借用机制是核心，类推和重新分析往往是由借用机制促发的。

借用机制的作用结果主要是形成了欧化现象类正式语体特征。它是对印欧语言语法结构复制的结果，主要有以下两种模式：

（1）结构重组，即语序上的重新排列。例如，汉语主从复句特别是转折和假设复句依照英语的复句格式习惯重排主从句的语序，增加了不少从句后置的主从复句。此外，"和（合）""与""并""及"等并列连词与"或""或者""或是"等选择连词的语序变化也体现了"择一"过程。

（2）构式拷贝。与结构重组一定要求有个相关的结构存在不同，构式拷贝没有相关的结构作为基础或依凭，完全是"无中生有"，用自己语言的材料仿照外来语的格式组构。例如英语中的"long time no see"（好久不见）、"no zuo no die"（不作死就不会死）、"you can you up"（你行你上呀）以及"no can no BB"（不行就别乱喷）就是对汉语短语构式拷贝的结果。在现代汉语正式语体形成过程中，为了填补某一特定表达方式的空白，也采用构式拷贝的方法产生了许多欧化结构表达式，比如，"N 的 V"结构以及新兴的共用格式都是对英语中相应结构式的直接拷贝。

重新分析，指相同的语言符号序列所构成的语言结构，从表层来看没有任何变化，符号序列不变，而构成成分之间的内部组构关系却发生了变化。Hopper 和 Traugott（1993）考察了多种语言中的重新分析现象，指出两个成分之间的融合是最简单也是最常见的重新分析。汉语正式语体特征"及其"便经历了复合词化式的成分融合，使"A+及+其 B"结构重新分析为"A+及其+B"结构，"及其"之间的边界消失，或者说边界后移，成为一个并列连词性复合词。此外，介词"关于"也发生了类似的重新分析的过程。"关"本是动词，与其后的介宾短语中的介词"于"之间边界消失，融合为一个介词性复合词。

类推机制，是指一个句法模式使用频率的增加，使用范围的扩大。类推往往是既有规则的扩展，扩展方式主要有两种：

（1）规则适用范围的扩大，扩展至其他句法环境中去。比如，并列连词"和"从主要连接名词性成分到连接动词性、形容词性和谓词性成分的功能扩展；动态助词"着"从主要用于动作性颇重的动词后面向大量用于动作性不强、抽象性高的动词后面的功能扩展；介词"当"的连词化；介词"在"用于句首的时间词语和存在句句首的处所词语。这些都是既有规则使用范围的扩大。

（2）既有规则使用频率的增加。这一点在现代汉语正式语体形成过程中，表现极为明显。所考察的正式语体特征中的可以提高语篇正式度的语言特征基本上都是逐步增多的，会导致正式度降低的语言特征基本都是逐步减少的。比如："是字句"、"N的V"结构、"N的A"结构、"A和A"结构和"形式动词+动词"等名词化成分，"（每）当……"结构、"被+双音动词"结构、"双音动词+着"结构等抽象化成分，以及所考察的当代汉语正式语体中比较常用的17个介词等，在1918—1949年间使用频率都是逐步增加的。此外，还有"并、并且、不管、不仅、才、从而、但是、而、而后、而且、反之、和、或、即使、假若、可是、然后、如果、虽然、同时、以便、以至、以致、因而、由于、与、再说、则、之所以、只有"等30个连词使用频率，增长趋势也十分明显。

六　结语

我们在语言进化生态学的视角下，从语言应用和社会历史条件变化之间的密切关系出发，分析了现代汉语正式语体的形成过程。现代汉语正式语体是在直接和间接语言接触的复杂生态环境下产生的一种现代汉语社会语境变体。它是对现代汉语非正式语体与文言文、旧白话、方言等其他汉语变体以及印欧语言（主要是英语）"混合遗传"的结果。

通过对1918—1949年间正式语篇语体特征考察的结果来看，文言成分和口语成分逐步减少，欧化现象的使用逐渐增多，正式语篇正式度也随之逐步提高。该时期现代汉语正式语体特征变迁的原因是多方面的。从语言内部来看，既有的正式语体形式（文言文）被弃用，语言表达中语体分化的内在需求是导致现代汉语正式语体特征变迁的内在动因；从语言外部来看，语文现代化运动的不断发展、正式语体使用人群的结构变化、汉语同印欧语言特别是英语之间发生的语言接触等外部原因不断制约并影响着现代汉语正式语体特征变迁的方向。

从分析结果来看，现代汉语正式语体形成的总机制是"补偿机制"，现代汉语正式语体的形成本身就是对语言应用中既有正式语体退出的补偿，在现代汉语正式语体形成之初，文言成分的使用也是为了补偿正式语体特征的缺失，从而与非正式语体区别开来，以满足语言应用的不同交际需求。后期欧化现象类语体特征的增多也是对文言成分不断减少的一种补偿，从而提升正式语篇正式度，最终形成完备的语体系统，来满足社会交际对语言应用的需求。语体特征变迁的具体手段是通过"借用""重新分析"和"类推"等机制来实现的。其中，借用机制是核心，类推和重新分析往往是由借用机制促发的，是语言生态环境变迁对语言进化不断影响的结果。

参考文献

北京师范学院中文系汉语教研组　1959　《五四以来汉语书面语言的变迁和发展》，商务印书馆。
崔希亮　2020　《正式语体和非正式语体的分野》，《汉语学报》第 2 期。
刁晏斌　2006　《现代汉语史概论》，北京大学出版社。
冯胜利　2010　《论语体的机制及其语法属性》，《中国语文》第 5 期。
冯胜利　2011　《百年来汉语正式语体的灭亡与再生》，李向玉主编《澳门语言文化研究——第六届海峡两岸现代汉语问题学术研讨会论文集》，澳门理工学院出版社。
贺　阳　2008　《现代汉语欧化语法现象研究》，商务印书馆。
胡明扬　1993　《语体与语法》，《汉语学习》第 2 期。
刘大为　2013　《论语体与语体变量》，《当代修辞学》第 3 期。
吕叔湘　1963　《关于语文教学的两点基本认识》，《文字改革》第 4 期。
吕叔湘　1985　《〈近代汉语读本〉序》，《近代汉语读本》，上海教育出版社。
吕叔湘　1992　《通过对比研究语法》，《语言教学与研究》第 2 期。
钱玄同　1925/1998　《钱玄同五四时期言论集》，东方出版社。
施春宏　2019　《语体何以作为语法》，《当代修辞学》第 6 期。
孙德金　2012　《现代书面汉语中的文言语法成分研究》，商务印书馆。
陶红印　1999　《试论语体分类的语法学意义》，《当代语言学》第 3 期。
王　力　1943　《中国现代汉语语法》，商务印书馆。
王　力　1944/1984　《中国语法理论》，《王力文集》（第一卷），山东教育出版社。
王　力　1958　《汉语史稿》，中华书局。
夏晓虹　2013　《作为书面语的晚清报刊白话文》，冯胜利主编《汉语书面语的历史与现状》，北京大学出版社。
谢耀基　1990　《现代汉语欧化语法概论》，香港光明图书公司。
徐时仪　2008　《略论现代汉语的渊源和形成》，《南开语言学刊》第 1 期。
张中行　2007　《文言和白话》，中华书局。
周巧云　2006　《英语演变的自然机制》，《外语教学》第 4 期。
周作人　1922/2002　《国语改造的意见》，《艺术和生活》，河北教育出版社。
朱德熙　1987　《现代汉语语法研究的对象是什么》，《中国语文》第 5 期。
朱敏霞　2015a　《现代汉语正式语体特征变迁的计量分析研究》，中国人民大学博士学位论文。
朱敏霞　2015b　《语言进化生态学述评》，《解放军外国语学院学报》第 5 期。

Biber, D. 1988 *Variation Across Speech and Writing*. Cambridge: Cambridge University Press.
Hopper, P. J. and Traugott E. C. 1993 *Grammaticallization*. Cambridge: Cambridge University Press.
Kubler, Cornelius C. 1985 *A Study of Europeanized Grammar in Modern Written Chinese*. Taipei: Student Co. Ltd.
Thomason S. G. 2001 *Language Contact: An Introduction*. Edinburgh: Edinburgh University Press.
Thomason, Sarah Grey and Terrence Kaufman 1988 *Language Contact, Creolization, and Genetic Linguistics*. Berkeley: University of California Press.
Tony, M., Xiao R. and Tono Y. 2006 *Corpus-based Language Studies: An Advanced Resource Book*. New York: Routledge.

An Econometric Study on the Formation of Formal Style of Modern Chinese
ZHU Minxia

Abstract: From the perspective of language evolutionary ecology, this paper analyzes the formation process of formal stylistic features of Modern Chinese from the perspective of the relationship between social change and language application. Through the investigation of the typical formal texts published in different periods from 1918 to 1949, this paper attempts to reveal the characteristics, causes and evolution mechanism of the formal style of Modern Chinese from the perspective of the combination of quantitative and qualitative.

Key words: Modern Chinese, formal style, language evolution, evolution mechanism

（朱敏霞　信阳师范学院文学院　464000）

甘肃民勤方言持续体标记"的[tə²¹]"的来源及其语法化*

敏春芳 肖雁云

提 要 在甘肃民勤方言中，虚词"的[tə²¹]"使用频率高、功能复杂。我们在描写持续体标记"的[tə²¹]"句法语义功能基础上，进行跨方言比较，通过普方古检视，厘清"的"的来源及发展过程。初步推测，民勤方言中的"的"来源于唐代表动作持续的"着"，读作"的[tə²¹]"当是"着"的轻读音变，其语法化路径为："附着"义动词"着">处所介词"的"；"附着"义动词"着">结果补语"着">持续体标记"的"。

关键词 民勤方言 持续体标记 的 着 语法化

零 引言

关于汉语方言持续体标记"的"的发展演变，学术界曾进行过广泛深入的探讨，如徐丹（1995），孟庆海（1996），史素芬（2001），周磊（2006），罗自群（2006），郭校珍（2007），苏俊波（2010），王芳、刘丹青（2011）等。一些问题已基本解决，如助词"的"的虚化过程；有些问题虽还没有完全解决，但研究比较深入，形成了一些较为成熟的意见。关于汉语方言持续体标记"的"来源，共有三种观点，第一种认为是来源于"著"，徐丹（1995）、孟庆海（1996）、史素芬（2001）、周磊（2006）、罗自群（2006）、郭校珍（2007）等持此观点；第二种认为来源于唐代产生的持续体标记"得"，以苏俊波（2010）为代表；第三种观点认为是来源于方位词"里"，如王芳、刘丹青（2011）。以上意见都经过充分论证，推进了汉语方言中相关现象的研究。

基于前人对汉语方言"的"的已有研究，本文只关注民勤①（兰银官话河西片，《中

---

* 项目来源：国家社科基金重大招标项目"西北民族地区回族话与回族经堂语、小儿经语言研究"（17ZDA311）。

① 民勤县位于甘肃省西北部，河西走廊东北部，石羊河流域下游，南依武威，西毗金昌，东北和西北部与内蒙古阿拉善左旗、右旗相接，其行政区划属武威市。

国语言地图集》2012）方言持续体标记"的 [tə²¹]"，描写"的 [tə²¹]"的句法分布和语义功能，并从跨方言比较的角度出发厘清"的"的来源及发展过程。在此基础之上，初步考察汉语方言中一些同类成分的表现。

"的"在早期曾写作"的""得""地"，本文记作"的"，引用他人材料时，按原文。本文中有音无字的字用"□"表示。

一 持续体标记"的"的句法语义功能

持续体表示动作行为、状态、事件的持续。民勤方言，持续体和进行体很难区分，其他地区的方言中，也出现类似情况。邢向东（2006）、郭校珍（2007）认为晋语持续体和进行体常常相混，难以区分。苏俊波（2007）认为动作的持续实际上也就是动作的进行。王芳（2015）认为河南安阳方言中把进行体和持续体归并为持续体更符合安阳方言的特点。辛永芬（2007）则认为，持续和进行实则是由于观察角度不同而表现出的区别，持续体侧重静态，进行体侧重动态。在民勤方言中，动作的持续也是动作的进行，二者时常混而不分，因而我们一概而论，这样更符合民勤方言的特点。民勤方言的持续体标记"的"不仅能够表示动作或动作结果的持续，还可表示状态的持续，它可以出现在以下六种句式中：（一）S1：V+的；（二）S2：V+的+O；（三）S3：V1+的+(O)+V2；（三）S4：V/A+(O)+（的）+呢；（五）S5：L+V+的+NP；（六）S6：V1+的+O+V2。

1.1 S1：V+的

民勤方言中常出现表持续的光杆形式"V+的"。"V+的"句式是祈使句，要求或希望听话者使某种动作或状态继续保持下去。能进入 S1 句式的谓词一般多为表示姿势的动词和部分可持续的动作动词，如：

（1）看　的　些，　不了{不要}　叫　娃　娃　胡　□{跑}
　　　kʰɛ³¹　tə²¹　ɕiə²¹，　pu³¹ lə²¹　tɕiɔ⁴⁴　vɑ²¹　vɑ⁴⁴　xu⁴⁴　tʂɛ²¹²
　　（看着点，不要让孩子乱跑。）

（2）你　瞭　的，　我　做　饭　去（你看着，我去做饭。）
　　　ŋ⁴⁴　niɔ³¹ tə²¹，　və⁴⁴　tsu²¹　fɛ³¹　tɕʰɿ²¹

1.2 S2：V+的+O

S2 句式既可表示静态持续和动态持续，还可表示某种情况在某段时间内一直持续。在静态持续句中，动作在完成后形成某种状态，且这种结果状态在一段时间内保持持续不变，如：

（3）小　丫　头　子　穿　**的**　个　绿　袄　袄　子
　　　ɕiɔ⁴⁴　zia⁴⁴　tʰəu³¹　zʅ²¹　tʂʰuɤ⁴⁴　tə²¹　kɯ²¹　lu²¹　ziɔ³¹　ziɔ²¹　zʅ²²
　　（小姑娘穿着一件绿棉袄。）

（4）彼_他　戴　**的**　个　眼　镜　子（他戴着一副眼镜。）
　　　piei⁴⁴　tɛ³¹　tə²¹　kɯ²¹　ziei³¹　tɕiŋ²¹　zʅ²¹

例（3）（4）中的动词"穿"和"戴"等都是动态动词，但整个句子表达静态意义，如例（3）表示在一段时间内，"绿袄袄一直穿在身上"；例（4）则表示在一段时间内"一直戴着眼镜"，且这种情况不发生改变。

另一种情况是 S2 句式表示动态持续，如：

（5）你　爸　爸　这　会　子　开　**的**　车，你　不　了_{不要}　搅　打
　　　nŋ⁴⁴　pa²¹　pa⁴⁴　tɕiei³¹　xuei²¹　zʅ²¹　kʰɛ⁴⁴　tə²¹　tʂʰa⁴⁴，nŋ⁴⁴　pu³¹　lə²¹　tɕiɔ³¹　ta³⁵
　　（你爸爸现在正在开车，你不要打扰他。）

例（5）"开的车"，表示"开"这种行为状态的持续，相当于"开着车"。

如果要表示一段时间内的活动、情状时，通常会有明确的时间状语说明动作持续的时长，如"五年""一辈子"，持续较长时间。也可持续较短时间，如"十分钟""一阵阵"。在较常时间内保持持续状态时，均表达一种惯常性行为，句中会出现副词"还"，如：

（6）我　还　当　**的**　生　产　队　头　的　队　长
　　　və⁴⁴　xɛ⁴⁴　taŋ⁴⁴　tə²¹　səŋ⁴⁴　tsʰɛ⁴⁴　tuei³¹　tʰəu²¹　tə²¹　tuei²¹　tʂaŋ²¹²
　　（我还当着生产队里的队长。）

民勤方言持续体标记"的"具有叙实性用法，例（6）中表示"当队长"这一动作发生且在某段时间内一直持续相同状态且不发生变化。

1.3　S3：V1+的+（O）+V2

S3 句式中"的"插入动宾结构之间，后面带上动宾短语构成连动结构。"V1+的+O"是状语，表示某种动作行为持续进行，V1 通常是 V2 的方式。能进入 S3 句式的 V1 是具有持续义的动作动词、兼具静态和动态的动词，V2 是除了属性动词之外的其他动词。V1 和 V2 具有共同的施事主语，但在表达上存在主次之分，V1 是次要动词，是 V2 的伴随状态和方式；V2 是主要动词，是全句的重心，句子的语义重点集中在 V2 上。如：

（7）我　哥　些　的　提　**的**　筐　筐　子　摘　草　莓　呢
　　　və⁴⁴　kuə⁴⁴　ɕiə²¹　tə²¹　tʂʅ⁴⁴　tə²¹　kʰuaŋ⁴⁴　kʰuaŋ²¹　zʅ²¹　tsa²¹　tsʰɔ³¹　miei¹³　nŋ²¹
　　（我哥他们提着篮子摘草莓呢。）

（8）彼家们_{他们}　全　打　**的**　雨　伞　上　学　呢，你　咋　不　打？
　　　piei⁴⁴　tɕia³¹　məŋ²¹　tɕʰyei⁴⁴　ta³¹　tə²²　zy⁴⁴　sɛ³¹　ʂaŋ³¹　ɕyɔ³⁵　nŋ²¹，nŋ⁴⁴　tsaŋ⁴⁴　pu⁴⁴　ta²¹²
　　（他们都打着伞去上学了，怎么不打？）

例（7）中"提的筐筐子摘草莓"表示"提"的动作持续时还在摘草莓。例（8）"打的雨伞上学"表示"打伞"的动作持续时上学的状态还在持续。

"的"表示的持续状态是另一动作进行的方式、条件，其中"O"可根据具体语境隐现。"的"通常跟在持续性动词之后，表示在某种动作的持续状态或动作行为造成的持续状态下进行着另一种动作，这时"的"相当于普通话中持续体助词"着"。

此外，持续体标记"的"S1 句式又能分化使用在以下两种连动结构中：

A. V1 + 的 + V2

（9）不 了 摸 **的** 逗 猫 儿（不要摸着逗小猫。）
　　　pu³¹　lə²¹　mə⁴⁴　tə²¹　təu³¹　mɔ³¹　ɣɯ⁴⁴

（10）这 会 子 坐 的 也 没 啥 事 情，你 就 剥 **的**
　　　tɕiei³¹ xuei²¹ zʅ²¹ tsuə³¹ tə²¹ Øa²¹ mu³¹ saŋ²¹ sʅ³¹ tɕʰiŋ²¹, ŋ⁴⁴ tɕiəu³¹ pə³¹ tə²¹
　　　吃 上 些 橘 子
　　　tʂʰʅ³¹ Øa²¹ ɕiə²¹ tɕy³¹ zʅ²¹
　　　（现在坐着也没什么事情，你就剥着吃点橘子。）

A 式中 V1 和 V2 两个连动项间为方式—目的关系，如例（9）中的两个连动项 V1"摸"和 V2"逗"，"摸"是"逗"的方式；例（10）中 V1"剥"是 V2"吃"的方式。

B. V1 的 V1 的 +V2

（11）说 **的** 说 **的** 就 嚎 开 了（说着说着就开始哭了。）
　　　ʂuə³¹ tə²¹ ʂuə³¹ tə²¹ tɕiəu³¹ xɔ²¹ kʰɛ⁴⁴ lə²¹

（12）走 的 走 的 就 碰 的 一 搭 里 了
　　　tsəu³¹ tə²¹ tsəu³¹ tə²¹ tɕiəu³¹ pʰəŋ³¹ tə²¹ zi²¹ ta²¹ ŋ⁴⁴ lə²¹
　　　（走着走着就碰到一起了。）

B 式中表持续的动词与持续体标记"的"一起重叠构成"V1 的 V1 的"格式，表示在不断重复动作 V1 的情况下，发生动作 V2，两个连动项之间是伴随关系。在含表持续的动词重叠式句子中，句子需有两部分构成，即动词重叠表持续部分和后续部分。动词重叠部分在前，后续部分在后，表示 V1 正在持续中出现 V2。

1.4　S4：V/A+（O）+（的）+呢

在 S4 句式中，除表心理感觉和属性、瞬间动词之外，其他动词、部分形容词（变化形容词和状态形容词）以及部分时间副词可以进入该句式，如：

（13）们我们 这 会 子 吃 饭 **的** 呢（我们现在正吃饭呢。）
　　　məŋ⁴⁴　tɕiei³¹　xuei²¹　zʅ²¹　tʂʰʅ²¹　fɛ³¹　tə²¹　ŋ²¹

（14）天　　还　早 **的** 呢，你　走　　哪里　　去　呢？
　　　　tʰiei⁴⁴ xɛ⁴⁴ tsɔ³¹ tə²¹ nɩ²¹, nɩ²¹² tsəu⁴⁴ la²¹² nɩ²² tɕʰɩ³¹ nɩ²¹
　　　　（天还早呢，你到哪里去呢？）

（15）彼他 一 概经常 来 **的** 呢（他经常来。）
　　　　piei⁴⁴ zi³¹ kɛ³¹　lɛ³¹ tə²¹ nɩ²¹

此外，当说明某人长时间从事某种职业，担任某种职务时，民勤方言也用体标记"的"，表示惯常性行为，此时"的"仍位于宾语之后。如：

（16）老　　张　　当　　大　　学　　老　师 **的** 呢（老张当大学老师呢。）
　　　　lɔ⁴⁴　tʂaŋ⁴⁴ taŋ⁴⁴ ta³¹ ɕyə²¹　lɔ⁴⁴　sɩ²¹ tə²¹ nɩ²¹

（17）彼他 原来 当 局长 **的** 呢，这 阵 子 退 掉退休 了
　　　　piei⁴⁴ zyei³¹ lɛ⁴⁴ taŋ⁴⁴ tɕy⁴⁴ tʂaŋ²¹ tə²¹ nɩ²¹, tɕiei³¹ tʂəŋ⁴⁴ zɩ²¹ tʰuei³¹ tiɔ²¹ lə²¹
　　　　（他原来当局长呢，现在退休了。）

值得说明的是，在民勤方言中，"的呢"只能出现陈述句句末，且只能表示"体"的语法意义。在"A+的呢"句式中，通常表示人或事物所呈现的某种状态，相当于普通话中的"A+着呢"。明显不同的是，普通话中的"A+着呢"带有程度夸张的意味，而民勤方言的"A+的呢"只有某种申说、陈述的语气，并没有夸张的意味，如例（14）。

在 S4 句式"V/A+（O）+（的）+呢"中，可删去持续体标记"的"，且删去"的"后，句子仍然表示动作或状态的持续、进行，如例（16）：

（16a）老　　张　　当　　大　　学　　老　师 **的** 呢（老张当大学老师呢。）
　　　　lɔ⁴⁴　tʂaŋ⁴⁴ taŋ⁴⁴ ta³¹ ɕyə²¹　lɔ⁴⁴　sɩ²¹ tə²¹ nɩ²¹

（16b）老　　张　　当　　大　　学　　老　师　呢（老张当大学老师呢。）
　　　　lɔ⁴⁴　tʂaŋ⁴⁴ taŋ⁴⁴ ta³¹ ɕyə²¹　lɔ⁴⁴　sɩ²¹ nɩ²¹

（16c）*老　　张　　当　　大　　学　　老　师 **的**（老张当大学老师呢。）
　　　　lɔ⁴⁴　tʂaŋ⁴⁴ taŋ⁴⁴ ta³¹ ɕyə²¹　lɔ⁴⁴　sɩ²¹ tə²¹

（16a）与（16b）表示的语法意义相同，均表示在较长时间内保持"当老师"这一持续状态，例（16b）中删去持续体标记"的"后，整个句子的结构无异于普通话，实际上二者差异明显。民勤方言中的（16b）整个句子依然只表达"体"的语法意义。S4 句式中可以删去"的"，而不能删去"呢"，一个重要的原因是位于句末的"呢"具有强制性，如果删去，则句子不能成立，如（16c）。至于（16a）和（16b）在删去持续体标记"的"后表示相同的语法意义，我们认为是在"的呢 [tə²¹nɩ²¹]"连用时，"的"的语音弱化以致脱落，从而在听感上仅剩"呢"。

关于"着呢"，学者们观点不一。王燕（2004）认为，新疆汉语方言中的"底"和

"呢"黏合程度非常高，无论是表示"进行体"意义还是"持续体"意义，"底呢"都是作为一个语言单位使用，不能分开。张安生（2006）倾向于把复杂形势的"着呢"作为两个成分来分析，认为"着"是一个持续体标记，其后的"呢/哩/嘞"等成分是语气词。结合民勤方言实际情况，我们认同张安生（2006）的观点。在民勤方言中，体标记"的"与语气词"呢"的黏合程度不高，"的呢"并不是作为一个语言单位使用的，在S4句式中，"的"完全可以省略且不改变句子意义，句式变为"V/A+（O）+呢"，句子成立。民勤方言中的"的"处在谓语层面，是表示动作或状态持续的助词；"呢"处在句子层面，是表示陈述、肯定的语气词。因此，我们认为"的"作为持续体标记，其后的"呢"是一个语气词。

1.5 S5：L+V+的+NP

从语义上来看，S5句式实际上是我们通常所说的"存现句"，陈述某地正在发生某事或某事以某种状态持续存在。句中的"的"相当于普通话存现句"L+V+着+NP"。根据NP是动词V的施事还是受事，我们可以将这种句式分为两类：

A. L+V+的+NP_施事

（18）炕　　上　　躺　**的**　个　　老　　汉（炕上躺着一个老头。）
　　　 k^haŋ^{31}　ʂaŋ^{21}　t^haŋ^{212}　tə^{21}　kɯ^{21}　lɔ^{31}　xɛ^{35}

（19）门　　上　　站　**的**　三　个　　娃　娃（门口站着三个小孩子。）
　　　məŋ^{21}　ʂaŋ^{22}　tsɛ^{31}　tə^{21}　sɛ^{44}　kɯ^{31}　va^{21}　va^{44}

在A句式中，V为不及物动词，且通常表示一种瞬间动作，当动作完成后可使动作的施事NP处于静止状态，常见的动词如：跪、趴、躺、靠、坐。

B. L+V+的+NP_受事

（20）信　封　子　上　写　**的**　张　娃　子　的　名　字
　　　ɕiŋ^{31}　fəŋ^{44}　zʅ^{21}　ʂaŋ^{21}　ɕiə^{212}　tə^{22}　tʂaŋ^{44}　va^{31}　zʅ^{21}　tə^{21}　miŋ^{21}　zʅ^{22}
　　　（小张的名字写在信封上。）

（21）路　边　里　栽　**的**　白　杨　　树（白杨树长在路边。）
　　　lu^{31}　piei^{44}　nʅ^{21}　tsɛ^{44}　tə^{21}　pə^{44}　ziaŋ^{21}　ʂu^{31}

在B句式中，V为及物动词，通常表示动作结束之后留下的某种状态，这种状态是持续的，状态的改变需要依靠一个新的动作完成。受事NP一般不受数量结构修饰。能进入B句式的常见动词如：穿、写、画、拿、贴、种、栽。

1.6 S6：V1+的+O+V2

S6句式结构与S3句式基本相似，其不同在于S3句式中的宾语可以省略，而S6句式中的宾语不能省略。S6句式中"的"出现在动词性宾语句的谓语动词之后，表示某种动作行为的持续，如：

（22）知 道 也 不， 彼 一 直 等 **的** 你 来 呢
　　　tʂʅ⁴⁴ tɔ³¹ Øa²¹ pu²¹, piei⁴⁴ zi³¹ tʂʅ⁴⁴ təŋ²¹² tə²² ŋ⁴⁴ lɛ³⁵ ŋ²¹
　　　（知道吗，他一直等着你来呢。）

（23）望 **的** 彼 走， 我 的 眼 泪 着 实 淌 呢
　　　vaŋ³¹ tə²¹ piei⁴⁴ tsəu²¹², və²¹² tə²² ziei²¹² luei⁴⁴ tʂuə³¹ ʂʅ⁴⁴ tʰaŋ³¹ ŋ²¹
　　　（看着他走，我的眼泪直流。）

S6 动词性宾语句中包含两种动作行为，分别是 V1 和 V2，其中 V1 为主要动词。例（22）（23）中持续体标记"的"分别跟在主要动词"等"和"望"后，表示这两种动作行为在持续发生的过程中，V2 行为正在进行或将要发生。① 主要动词 V1 是可持续的感官动词"望、听、看"；言语动词"叫唤、说、嚷"；心理动词"想、考虑、盼、等"；表示准备意义的动词"□[kʰəu³¹]₍准备₎"等。

二　西北汉语方言持续体标记比较

表 1　西北地区汉语方言持续体标记比较一览表

地区	方言归属	持续体标记	例句	材料来源
新疆巴里坤	兰银官话北疆片	的 ti⁰	干啥的呢？	袁升伟 2012
新疆乌鲁木齐	兰银官话北疆片	底 ti⁰	雀娃子在天上飞底呢	周磊 1995
甘肃酒泉	兰银官话河西片	的 ti²¹	汽车过的呢，小心些	孙占鳌等 2013
甘肃张掖	兰银官话河西片	的 tiə²¹	他和一个朋友说话的呢	个人调查 2020
甘肃山丹	兰银官话河西片	的 tə⁴⁴	走的呢，说的呢	个人调查 2021
甘肃民勤	兰银官话河西片	的 tə²¹	桌子上放的一摞子书	个人调查 2021
甘肃金昌（双湾）	兰银官话河西片	的 tə²¹	手里拿的个瓶瓶子	个人调查 2020
甘肃武威	兰银官话河西片	着 tʂə²¹	吃饭着哩	个人调查 2022
甘肃兰州	兰银官话金城片	着 tʂʅ²¹ 的 ti²¹	坐着吃比站着吃好 屋里坐的老汉们	兰州大学中文系 1963
青海西宁	中原官话秦陇片	着 tʂɔ⁰	想着说，耍抢着说	张成材 1987
甘肃平凉	中原官话秦陇片	着 tʂʅ²¹	娃娃写字着呢	敏春芳等 2021
甘肃天水	中原官话陇中片	着 tʂə²¹	他还吃着哩	敏春芳等 2021
宁夏银川	兰银官话银吴片	着 tʂʅ⁰	闭着眼睛撒网——瞎张罗	李树俨 2001
宁夏中宁	兰银官话银吴片	着 tʂʅ⁰ 的 ti⁰	沙发上坐着个老婆子 闭的眼睛哼曲子——心里有谱	李倩 1997

---

① 苏俊波（2010）指出，丹江方言持续体标记"的"也存在此种情况。

续表

宁夏同心	兰银官话银吴片	着 tʂə⁰	我正虑当着明儿去哩	张安生 2000
陕西神木	晋语五台片	着 tʂəʔ⁵³ 得 tə⁰	两个拉着拉着拉恼了 戏台上唱得《兰花花》	邢向东 2002
陕西绥德	晋语五台片	的 təʔ²¹	走的去的	邢向东 2002
陕西西安	中原官话关中片	着 tʂɤ⁰	走着走着跌倒咧	王红梅 2005
陕西户县	中原官话关中片	着 tʂɤ⁰	坐着吃比立着吃好	孙立新 2001
陕西商县	中原官话关中片	着 tʂuo²¹	说着说着，北风来打岔	张成材 1990

上表是各省自北向南、自西向东 20 个方言点持续体标记的读音情况。可以看出西北汉语方言持续体标记的语音形式多样且差异较大。

罗自群（2004）归纳出现代汉语方言中有六类持续标记，分别是：1.声母是 [tʂ]/[ts] 的持续标记"着""子/之/仔"；2.声母是 [t] 的持续标记"倒/到""哒""得""底""的"；3.声母是 [n]/[l] 或零声母的持续标记"勒/哩/牢/落""儿"；4.韵母为鼻音尾韵 [n]/[ŋ] 的持续标记"等/紧/稳/典/餐/恁"；5."住"类持续标记；6."起"类持续标记。

在现代汉语方言六类持续体标记中，西北汉语方言声母存在 [t] 和 [tʂ] 两类重要的持续体标记类型；韵母有读开口呼 [ə] [əʔ] [ɿ] [ʅ] [ɔ] [ɤ]，读合口呼 [uo]，读齐齿呼 [i] [iə] 的。从声调来看，部分方言点的持续体标记读轻声，也有部分不读轻声的，如甘肃民勤、张掖、酒泉、兰州、平凉等方言点，不读轻声的持续体标记有一个共同特点，几乎都读降调。从方言归属来看，除甘肃兰州、宁夏中宁、陕西神木具有两个持续体标记外，西北其他地区汉语方言都只有一个持续体标记。以甘肃金昌为界，金昌以北的兰银官话河西片（民勤、山丹、张掖、酒泉）和北疆片（乌鲁木齐、巴里坤）持续体标记均为 [t] 声母；兰银官话银吴片持续体标记为 [tʂ] 声母，宁夏中宁为例外，两个持续体标记"的"和"着"平行互用；西北地区的中原官话持续体标记具有很强的一致性：都为 [tʂ] 声母；晋语五台片持续体标记有 [t] 声母和 [tʂ] 声母，神木方言在连动式中"得"和"着"可平行互用，其他句式中用"得"还是"着"适用环境不同。

三 民勤方言持续体标记"的"的来源

梅祖麟（1988）从语法意义和音韵两方面充分论证了"着"与"著"的关系，并得出"着"源于"著"的结论。从语法方面来看，在各方言中，"著"衍生出三种用法：a.持续貌词尾；b.完成貌词尾；c.方位介词。在民勤方言中，"的"除了可以充当持续体标记外，还承担着完成体标记和方位介词"在"的功能。

刘坚等（1992）指出，助词"着"是从表"附着"义的动词虚化而来，这个过程从汉代开始，到唐代基本完成。介词"着"从唐代出现，到目前的现代汉语中仍有残存。由于语音的变化，元明以后，助词"着"和介词"着"都有一部分写作"的"。

据徐丹（1995）考察，西北地区汉语方言中的持续体标记"的"和北京话中表持续的"着"实为同一词，其来源为虚词"著（着）"，"著（着）"在古汉语中应有两读，知系与端系分化以后，"著（着）"在各方言里的演变不尽一致，某些方言反映出"著（着）"字的原始状态，即知系读如端系，这大概是古音底层的保留。

江蓝生（2000）考察了山西各方言点持续体标记的不同读音类型并解释了"着"读作"的"的历时演变过程，认为文献中写作"的"的助词或介词可能有两种来源，一是源自"得"，二是"著"的音变形式。并进一步指出"的"是"著"的轻读音变，其特点一是声母由舌上变为舌头，二是韵母央化。

我们认同江蓝生的观点。认为 [t] 声母（的）既非保留古音，也非借自周边方言，而是来自 [tʂ] 声母（着）的轻读音变。按照梅祖麟（1988）的说法，"著"在各方言中可衍生出三种用法，即持续体、完成体以及方位介词，那么民勤方言的"的"也有以上三种用法，在语源上"的"和"著"显然相关。在一个方言中用同一种语音形式来作为标记的方言很少，但在民勤方言中，"的"承担的语法功能较多，完成体标记"的"和介词"的"与持续体标记"的"密切相关，三者都读低降调 [tə²¹]。而民勤方言"着"只作为动词使用，不读轻声，自成一类。"着"作动词时在句子中重读，语音未发生变化，民勤方言中的"着"有两种读音，分别是 [tʂuə³⁵] 和 [tʂɔ³⁵]，另成一类。"睡着、着火、点着"等几个词中读音为 [tʂuə³⁵]，"着祸、着下了"等词中读音为 [tʂɔ³⁵]。①

从语音方面来看，声母上，中古"著"是澄母字，历史上知组读如端组，到了晚唐时期知组才从端组中分化出来。在兰银官话河西片大部分地区中，"的"的声母为 [t]。江蓝生（2000）认为，把舌头音看作是古音的保留也是一种见解，若这样看，读 [t] 和读 [tʂ] 两个阶段应进行调换。但从北方方言的普遍情况来看，"著"已不读舌头音，且读作舌头音的都出现在轻读的位置上。我们认为，在民勤方言中，我们把读作舌头音 [t] 看作是舌上音 [tʂ] 的轻读音变，舌上倒回舌头属逆向音变现象之一。

从韵母方面来看，梅祖麟（1988）对"著"在汉代的四种读音进行了标注，其音值为：

    drjak-drjak 澄母药韵   trjak-trjak 知母药韵
    -drja 澄母御韵   -trja 知母语韵

在民勤方言中，知组语韵、御韵、药韵今仍读舒声韵。除民勤方言外，晋语、江淮

---

① 读音为 [tʂɔ³⁵] 时义为招来麻烦、祸患，如：娃娃一天价不学好，迟早**着**祸呢 孩子整天不学好，早晚会出事。

官话、中原官话等众多方言中以 [t] 为声母的持续体标记，只是各地的韵母有所不同，如山西晋语区的持续体标记"的"声母为 [t]，韵母略有差异；甘肃兰银官话河西片大部分地区的持续体标记"的"声母为 [t]，韵母上既有读开口呼的，也有读齐齿呼的，兰银官话河西片"著"的韵母大致呈央化的趋势。

从声调方面来看，民勤方言"著"不读作轻声，而是读为一个低且短的低降调 21 调。

四 甘肃民勤方言持续体标记"的"的历时演变

民勤方言中持续体标记"的"的语法化程度较高，表现在其位置固定，语法形式和语法意义相对应，"的"是"著（着）"的轻读音变。由此可见，持续体标记"的"的语法化过程并不是在短时期内完成的，在历史文献中定有其踪迹。

"着"是"著"的俗体字，《正字通》："著，俗作'着'。"在中古和近代一些口语性较强的文献中，"著"与"着"二字并用；而在现代汉语书面语中，"着"发展成为通用的正体字。在行文上，本文的论述性语言均使用"着"，引用历史文献时，用字依文献"著""着"并用。

4.1 先秦时期

"着"是一个不及物动词，有"附着""放置"等义。目前学界较为赞同的是体标记"着"来源于"附着"义动词"着"的观点。在先秦时期语料中，"着"常出现在"着＋于＋N"句式中，如：

（24）案甘露如饴蜜者，<u>着</u>于树木，不着五谷。(《论衡·是应篇》)

从例（24）中我们可以看出，"着"最初在句中是作为主要动词出现的，先秦时期"附着"义动词"着"单用，其后常接方位介词"于"，"于"后通常跟着表示附着处所的名词，如"树木""土"。

4.2 入汉以后

由于汉代汉语双音节化的发展，"着"出现在另一个动词后，与另一动词连用构成连动式"V 着"，如：

（25）化为一羊，系<u>著</u>一边。(《大庄严论经》)

这一时期连动式中的动词范围较窄，多局限于具有"附着"义或能产生附着状态的词，如例（25）中的"系"，与此类似的动词还有"缠""倚"等。在连动式中，"着"作为后项动词，与前一动词并列。表"附着"义的后项动词"着"在某种程度上依附于前项动词，由于对前项动词的依附以及与前项动词词义的重合，使得后项动词"着"的动词性质相对弱化，但仍有明显的动词性，留有"附着"义。

4.3 六朝时期

"V 着"结构尤多,且其后常跟处所词,形成"V 着 +N"结构,如:

(26)粟初熟,出壳,即于屋里埋著湿土中。(《齐民要术》卷四)

4.4 魏晋南北朝时期

方位词虚化程度不断加深,开始广泛与处所词相结合,"着"后处所词的性质逐渐明晰,一些不能造成附着状态而具有移动义的动词如"送""掷""曳""投"等可以出现在"着"前,前项动词多为动态动词,包含明显的位移过程,表示某一客体在该动作的作用下发生位移,其位移的结果是处于某一处所,这时"着"的功能是引进物体附着的场所,相当于现代汉语中的"到",如:

(27)尝使一婢,不称旨,将挞之,方自陈说,玄怒,使人曳著泥中。(《世说新语·文学》)

蒋绍愚(2005)从语法系统演变的角度出发,认为汉语动补结构的产生使得原来的连谓结构"V 著 N"变成动补结构"V 著 N"。田春来(2007)指出,汉语动补结构大概产生于魏晋南北朝时期,动补结构的产生催生了位于动词之后的处所介词"著"的产生。我们认同蒋、田二位先生"介词'着'产生于魏晋南北朝时期"的观点。无论"着"前的动词是动态动词还是静态动词,均可通过这一动作而产生处于某一处所的结果。此外,魏晋南北朝时期动补结构已经产生,因此我们认同介词"着"产生于这一时期的观点。民勤方言中的语言事实可以佐证介词"着"由实词虚化而来的历史演变过程,如:

(28)把 娃 娃 送 的 学 里(把孩子送到学校里。)
　　　pu²¹² va²¹ va⁴⁴ suŋ³¹ tə²¹ ɕyə²¹ ŋ²¹

(29)挤 的 一 搭 里 起□ 呢?(挤在一起干什么呢?)
　　　tɕʅ²¹² tə²¹ zi³¹ ta²¹ ŋ²¹ tsua⁴⁴ ŋ²¹

在例(28)(29)中,"的"后的成分为处所宾语或短语,"的"相当于普通话中的"在"或"到"。当强调事物滞留的场所时,"的"相当于"在";当强调动作的动态和方向时,"着"相当于"到"。同时,民勤方言中还存在一种否定形式"V 不的 + 处所词"的用法,在适宜的语境下,与其相对的肯定形式为"能 V 的 + 处所词"。我们可以用层次分析法将否定形式"V 不的 + 处所词"表示如下:

"V"与"不的"作了直接成分,"不的"作了"V"的补语,表示一种可能性,民勤方言中的"的"在"V 不的+处所词"中依然保留着实词性质,如:

（30）羊　赶　不　的　圈　里（把羊赶不到圈里。）
　　　　ziaŋ³⁵ kɛ³¹ pu²¹ tə²¹ tɕyei³¹ nɿ²¹

随着"着"附着义的逐渐弱化和与之搭配的前项动词的范围扩大,这为"着"的虚化奠定了基础。"着"逐渐发展出后面引进物体附着处所的用法,进而发展成为一个处所介词,如:

（31）乃以大绳缚著车壁,又绝绳而下。（《隋书·五行志上》）

魏晋南北朝时期,"着"在意义和功能上发生变化,这一时期"V+着+处所词"结构增多以及汉语史上动补结构的出现,使得"V+着+处所词"结构产生重新分析的可能性,由连动式重新分析为动补结构,"着+处所词"构成的介宾结构一起充当动词 V 的补语,此时"着"彻底虚化为一个介词。

4.5　唐代

唐代,当前项动词词义上的限制已经消失且"着"后开始出现处所词以外的宾语时,"着"还具有表示动作结果的用法,[①] 如:

（32）村正知其魅,射之,若中木声,火即灭,闻啾啾曰:"射著我阿连头！"（《太平广记》卷 369"华阴村正"条,出《酉阳杂俎》)[②]

例（32）中的"着"前动词"射"是一个具有位移义的动词,"阿连头"可看作是动作到达的目的地,但此处将"阿连头"理解为"射"的受事对象更合适。

此时,"着"脱离原来的直接成分——宾语,语义指向其前面的动词,句法上已前附于动词,丧失了独立性,重新分析为一个结果补语。因此,我们认为,"着"的持续义是从连动结构中的次要动词 V2 表示动作行为终结状态的位置上发展而来的（高增霞 2005）。

民勤方言沿袭了唐代"着"表示结果的用法,如:

（33）水　呲　的　身　上　了（水溅到身上了。）
　　　　ʂuei²¹² tsʰɿ⁴⁴ tə²¹ sən⁴⁴ ʂaŋ³¹ lə²¹

陈前瑞（2003）认为,表示"结果"义的"着"一方面具有完结义,另一方面又与状态意义相联系。"着"与状态紧密联系,使得"着"的虚化更进一步。在民勤方言中,"呲的"表示"呲"这一结果的实现和完成。此时,"着"前的动词已不限于"附着"义

[①] 据梁银峰（2010）,"着"作处所介词和结果补语的一个重要区别为,"着"后的成分由处所词变成了实体名词。

[②] 此例引自曹广顺（1995）。

动词，"着"可跟在一般动词之后表示动作结果，充当结果补语成分。

（34）老师 上 的 父亲 的 背影 就 直 淌 眼 泪 呢
　　　lɔ⁴⁴ sʅ²¹ ʂaŋ³¹ tə²¹ fu³¹ tɕʰiŋ²¹ tə²¹ pei³¹ ziŋ²¹² tɕiəu³¹ tʂʅ⁴⁴ tʰaŋ⁴⁴ ziei³¹ luei³⁵ ŋ̍²¹
　　（老师讲到父亲的背影的时候眼泪直流。）

在例（34）中，就"上的父亲的背影"本身孤立地分析，"的"字可根据其之前的动词"上"解释为"到"，表示动作获得了某种结果，这时"的"仍为结果补语。但是"上的父亲的背影"在语义上并不孤立，它与后面的小句"就直淌眼泪"结合起来才形成完整的语义，即在这种语境中"上的父亲的背影"在句法上黏附于动词"上"，这一点正是现代汉语体标记"着"使用时的一个重要句法特征（刘一之 2001）。这时，整个句子的语义重心在后面的小句上，促使"的"在语音上轻读，语义上进一步虚化，"的"前的动词"上"所表示的动作本身可以持续下去，从而使得"的"开始向持续体标记过渡。

唐代"着"的用法进一步虚化，完全失去"附着"义而成为一个持续体标记。与"着"搭配的前项动词词义上的限制已经消失，动词的语义类型扩展到一般动词，即前项动词可以是 [−附着] 或 [−位移] 义动词，其后的宾语也随之由处所词扩展到一般受事宾语，且这个宾语是前项动词直接作用的对象。当"着"前动词为动作动词时，"着"表动态的持续，如：

（35）余时把<u>着</u>手子，忍心不得。（张鷟《游仙窟》）

例（35）中的"把"是一个表示姿态的持续性动词，"把着"义犹"拿着"，表示这一动作产生的一种持续状态，与之类似的动词诸如"蹲、站、靠"等。因此此处的"着"为持续体标记。

当"着"表示的持续状态是另一动作的方式或伴随状态时，出现了"V1 + 着 + V2"结构，如：

（36）皇帝忽然赐匹马，交臣骑<u>着</u>满京夸。（《敦煌变文集·长兴四年中兴殿应圣节讲经文》）

民勤方言中依然保留了"V1+ 着 +V2"结构，如：

（37）小　丫　头　子　拿　**的**　奖　状　着　实　谝　呢
　　　ɕiɔ²¹² zia⁴⁴ tʰəu³¹ zʅ²¹ la²¹ tə²¹ tɕiaŋ²¹² tʂuaŋ³¹ tʂəŋ³¹ ʂʅ⁴⁴ pʰiei²¹² ŋ̍²¹
　　（小姑娘正拿着奖状使劲儿炫耀呢。）

4.6 宋代

到了宋代，持续体标记"着"进入深入发展期，与"着"搭配的前项动词可不具有"附着"义语义特征，"着"后的宾语范围也不断扩大化，如：

(38)驹马驾着辕下局趣威小之貌也。(《册府元龟·卷九百十八总录部·忿争诋讦》)

在以上二例中，根据"着"前动词表达语义的不同，"着"在语义上也有一定差别。例（38）"驾着"表示动作的持续。从以上二例中我们能够看出，与"着"搭配的前项动词范围在扩大，"着"后宾语的范围也不断扩大。

4.7 元明清时期

元明清时期，持续体标记"着"用法数量增加，"着"前动词V的类别日益丰富，"V+着+NL"结构日趋成熟，一部分助词"着"写作"的"，如：

(39)先到宫门前等的万千人。(《朴通事》)

五 甘肃民勤方言持续体标记"的"的语法化机制

洪波（1998）指出，汉语产生实词虚化的机制有两种，一是"认知因素"，二是"句法语义因素"，且"句法语义因素"为主要因素。"附着"义动词"着"的语法化过程遵循了汉语实词虚化的普遍机制，本文仅讨论其虚化的句法语义因素。

Hopper 和 Traugott（1993）认为语法化发生的语义条件之一是"语义相宜性"，即"实词虚化往往与自身语义特征或义类有关"。"附着"义动词"着"的理性义素可细分为［+附着］和［+放置］，语法义素为［+状态］，在语法化过程中，理性义素［+附着］和［+放置］被逐渐溶解，语法义素［+状态］在语用中被凸显增强，最终成长为完整的表持续的语法意义，于是"着"出现了由动词向持续体标记虚化的趋势。

句法位置改变同样对持续体标记"着"的虚化起了重要作用，我们认为其发生虚化的句法环境是"V+着+NL"，语法化机制是动补结构产生而导致的重新分析。民勤方言中的"着"有两条语法化路径，一条是当"着"由独立存在作动词到由于句法位置改变而出现在连动结构"V着"中时，后项动词"着"的语义弱化；当"着"出现在"V+着+处所词"结构中时，产生处所介词的用法。另一条是当"着"出现在"V+着+一般名词"结构时，"着"前动词语义进一步扩大，"着"后宾语范围也不再限于处所词，"着"在中心动词后表示动作的结果，充当结果补语成分；"着"在表示动作行为终结状态的位置上继续发展，其语义进一步抽象化，词汇意义逐渐消失，最后虚化为一个表示持续意义的标记。

此外，语境对持续体标记"着"的虚化起到了重要作用。持续体标记"着"所依附动词的语义特征对其虚化也有重要的影响，主要表现在两方面，（1）动词V从"附着"义动词扩大到非"附着"义动词是"V+着+NL"发生语法化的关键，"着"的"附着"

义减弱，使得它和动词之间的组合关系发生变化，从原来"着"独立存在到逐渐增强对动词的依赖性，从而"着"逐渐向持续体标记发展；（2）动词V的不同语义特征导致了各自所附着的"着"在语义上呈现的差异，当"着"前动词为动态动词或静态动词时，"着"既可以当"在"讲，也可以当"到"讲，具体要根据语境来分析；当"着"前的动词具有[＋位移]义时，且整个句子强调动作的方向和动态时，"着"的语法意义只能分析为"到"。唐代后"着"进一步虚化，中心动词和宾语范围语义上都不受任何限制，"着"最终发展为持续体标记，其重新分析过程如下：

$$V \parallel 着 L \rightarrow V 着 \parallel O$$

由此，民勤方言持续体标记"的"的语法化过程可以概括如下：

"附着"义动词"着"＞处所介词"的"

"附着"义动词"着"＞结果补语"着"＞持续体标记"的"

六　结语

梅祖麟（1988）指出，虚词"着"在汉语方言中至少有方位介词、完成貌、持续貌三种用法。民勤方言的"的"具有多功能性，其用法体现了不同历史层次，全部保留了"着"在历史文献中出现的方位介词、完成貌、持续貌的用法。

综合考虑民勤方言持续体标记"的"和汉语史中"著"的语法特征和语音特点，我们推测民勤方言中持续体标记"的"来源于唐代表动作持续的"着"，其虚化的过程为："附着"义动词"着"＞处所介词"的"；"附着"义动词"着"＞结果补语"着"＞持续体标记"的"。

参考文献

曹广顺　1995　《近代汉语助词》，语文出版社。
陈前瑞　2003　《汉语体貌系统研究》，华中师范大学博士学位论文。
高增霞　2005　《处所动词、处所介词和未完成体标记——体标记"在"和"着"语法化的类型学研究》，《中国社会科学院研究生院学报》第4期。
郭校珍　1997　《山西娄烦方言的持续体标记"的"及其相关助词》，《忻州师范学院学报》第6期。
洪　波　1998　《论汉语实词虚化的机制》，《古汉语语法论集》，语文出版社。
江蓝生　1994　《"动词+X+地点词"句型中介词"的"探源》，《古汉语研究》第4期。
江蓝生　2000　《语法化程度的语音表现》，《近代汉语探源》，商务印书馆。
兰大中文系语言研究小组　1963　《兰州方言》，《兰州大学学报》第2期。
李　倩　1997　《宁夏中宁方言的虚词"着"》，《语文研究》第4期。
梁银峰　2010　《论汉语持续体标记"着"和进行体标记"着"的语法化路径》，《语言研究集刊》

第七辑。

刘　坚等　1992　《近代汉语虚词研究》，语文出版社。
刘一之　2001　《北京话中的"着（·zhe）"字新探》，北京大学出版社。
罗自群　2007　《"著（着）+处所词"在共时平面中的两种句法位置》，《汉语学习》第5期。
马贝加　2002　《近代汉语介词》，中华书局。
梅祖麟　1988　《汉语方言里虚词"著"字三种用法的来源》，《中国语言学报》第3期。
孟庆海　1996　《山西方言里的"的"字》，《方言》第2期。
史素芬　2001　《山西武乡方言的虚词"的"》，《北京大学学报》（哲学社会科学版）第S1期。
苏俊波　2010　《丹江方言的持续体标记"的"》，《汉语学报》第4期。
田春来　2007　《也谈处所介词"著"的来源》，《浙江师范大学学报》（社会科学版）第4期。
王　芳　2015　《安阳方言语法研究》，华中师范大学博士学位论文。
王　芳　刘丹青　2011　《河南光山方言来自"里"的多功能虚词"的"——共时描写与语义演变分析》，《语言研究》第2期。
王　燕　2004　《新疆汉语方言的持续体标记及其形式标记》，《新疆大学学报》（社会科学版）第4期。
吴福祥　2004　《也谈持续体标记"着"的来源》，《汉语史学报》第四辑。
辛永芬　2007　《浚县方言语法研究》，中华书局。
邢向东　2006　《陕北晋语语法比较研究》，商务印书馆。
徐　丹　1995　《从北京话"V着"与西北方言"V的"的平行现象看"的"的来源》，《方言》第4期。
袁升伟　2012　《巴里坤话语法研究》，新疆师范大学硕士学位论文。
张安生　2006　《同心方言研究》，中华书局。
周　磊　2006　《乌鲁木齐方言的体貌标记"底"的语法功用》，《方言》第3期。
Hopper, Paul J. and Traugott, Elizabeth C.　1993　*Grammaticalization*. Cambridge: Cambridge University Press.

The Origin and Grammaticalization of "的 [tə²¹]" in Minqin Dialect of Gansu

MIN Chunfang　XIAO Yanyun

Abstract: In the Minqin dialect of Gansu, the function word "的 [tə²¹]" has many usages. Based on the description of the syntactic and semantic functions of the continuity mark "的 [tə²¹]", from the perspective of cross-dialect comparison, this article clarifies the origin and development of "的" through the perspective of cross-dialect comparison, and clarifies the origin and development process of "的" in Minqin dialect, Gansu. "的" is derived from the Tang's "着" which represents the continuous action. The pronunciation of "的 [tə²¹]" is the lighter pronunciation of "着", and its grammaticalization path is: "attachment" meaning verb "着" > location preposition "的"; "attachment" meaning verb "着" > result complement "着" > continuous aspect mark "的".

Key words: Minqin dialect, continuous labeling, "*de*（的）", "*zhe*（着）", grammaticalization

（敏春芳　肖雁云　兰州大学文学院　730000）

青海甘沟话的代词系统*

张竞婷

提　要　甘沟话是甘青地区受语言接触影响的汉语方言代表之一，本文主要描写甘沟话的人称代词、反身代词、指示代词和疑问代词，从一个侧面展示甘沟话的汉语性质及其接触性特征。
关键词　甘沟话　人称代词　反身代词　指示代词　疑问代词

甘沟话是青海省民和回族土族自治县甘沟乡的通用语言，甘沟乡及周边地区是汉、回、土、藏族等多民族聚居区，从小范围看，甘沟话正处于汉语和土族语、安多藏语的接触地带，从大背景看，甘沟话位于汉语和阿尔泰语言、藏缅语言接触的甘青语言区域中。论及语音和词汇系统，甘沟话属于汉语方言；从语法系统观照，甘沟话表现出一系列阿尔泰语言、藏缅语言的特点，如 SOV 语序（杨永龙 2015a）、后置格标记（杨永龙、张竞婷 2016）、状语从句标记（张竞婷、杨永龙 2017）、致使结构（赵绿原 2019）等。甘沟话的接触特征表现在语言系统的方方面面，本文主要描写甘沟话的代词系统，包括人称代词、反身代词、指示代词和疑问代词，从一个侧面展示甘沟话的汉语性质及其接触性特征。

一　人称代词

1.1　人称代词系统

甘沟话的人称代词如下表所示（表 1）：

表 1　甘沟话的人称代词系统

数＼人称	第一人称	第二人称	第三人称
单数	我 [vɤ]/[nuo]	你 [ni]	嗳傢 [ai tɕie]；他 [tʰa]
复数	我们 [vɤ mu]/[nuo mu]	你们 [ni mu]	嗳傢们 [ai tɕie mu]；他们 [tʰa mu]
类双数	我俩 [vɤ lia]/[nuo lia]	你俩 [ni lia]	嗳傢俩 [ai tɕie lia]；他俩 [tʰa lia]

---

* 本文写作中有幸得到杨永龙先生的指导，谨致谢忱。在语料的采集、核实过程中得到了发音合作人韩玉忠的大力帮助，谨一并致谢。

甘沟话有些词的读音因母语者民族的不同略有差异，表现在人称代词上为，第一人称代词的读音甘沟的回族一般读作 [nuo]，汉族和土族读作 [vɤ]①。

人称代词在语流中常常和格标记发生合音，最常见的是和宾与格标记"哈 [xa]"的弱化形式"啊 [a]"结合，变成 [vɤa] [nuoa] [nia] [ai tɕiea] 等。

人称代词在句子中主要做主语、宾语、定语等句法成分，如：

（1）我/你/嗳傢老师是哩。（我/你/他是老师。）②
（2）王老师我/你/嗳傢啊夸了 [liau]③。（王老师表扬了我/你/他。）
（3）王老师我/你/嗳傢啊书一本给了。（王老师给了我/你/他一本书。）
（4）我/你/嗳傢的 [tʂʅ] 书破过了。（我/你/他的书本破了。）

上述四个例句中，人称代词分别做句子的主语、直接宾语、间接宾语和定语，做直接、间接宾语时和宾与格标记"哈"发生合音，变为"我/你/嗳傢啊"。

1.2 人称代词的数与格

代词、名词的语法范畴一般包括性、数、格三类。甘沟话中人称代词没有涉及"性"的形式区分，名词也没有性范畴。

代词的数范畴，有的语言是双重标记的，如英语既在代词上有单复数的屈折变化，又在谓语上区分单复数形式。甘沟话中人称代词的数在谓语上没有标记，即没有句中谓语与论元数量变化相对应的一致性关系，数只在人称代词上有不同的标记形式，即单数无标记、复数加标记"们 [mu]"、类双数加标记"俩 [lia]"。之所以称为"类双数"是因为在数量的划分上，双数指两个，而复数指两个及以上，而且表示双数意义的"俩"搭配范围很有限。与汉语普通话相比，复数标记"们"在甘沟话中的使用范围要大得多（杨永龙 2014）。类双数标记"俩"与北京话中"俩"的相关用法相同，甘沟话类双数标记"俩"只能标记在人称代词及指人的名词上表示双数两个人的意义，其他名词上不能与类双数标记组合，这说明表示双数意义的"俩"在甘沟话中受到很大限制。类双数标记"俩"和指人名词的组合如，姊妹俩、兄弟俩。需要注意的是，甘沟话同语音形式的"俩"可以跟在指人或非指人的普通名词之后，但属于伴随、工具格标记（杨永龙、张竞婷 2016）。所以，姊妹俩、兄弟俩的另一个语义是"和××一起"。"N+俩工具格标记"例子如，牛俩地犁着（用牛犁地），又如，铅笔俩字写着（用铅笔写字）。两头牛、两支铅笔的语义甘沟话相应表述为"牛/铅笔两个"。

---

① 我们只标出甘沟话各人称代词的声韵读音，不标出声调。甘沟话的声调系统中有三个调类，并且声调在语流中有各种变调形式，似乎字无定调，所以论文中的标音暂不涉及声调（甘青地区汉语方言的声调类别普遍较少，可能是受到与无声调语言接触的影响）。

② 对例句的翻译，我们尽量采用直译的方式。

③ 甘沟话"了"读音为 [liau]，一般只在第一次出现时标音，下同。

甘沟话的人称代词可以作主格、宾—与格、领格、离比格、向格、伴随格等，各格位置上的人称代词没有屈折变化形式，但须加上相应的格标记，即主格无标记、宾—与格加格标记"哈 [xa]（啊 [a]）"、领格加格标记"的 [tʂɿ]/[ti]"、离比格加格标记"咹 [ʂa]/ 撒 [sa]/ 是 [ʂɿ]/ 些 [ɕie]"、向格加格标记"看着 [kʰantʂɿ]"、伴随格加格标记"俩 [lia]"。人称代词在格范畴方面的句法表现和名词无异，详见杨永龙、张竞婷（2016）。

甘沟话第一人称代词复数已不区分包括式和排除式，我们知道，蒙古语族语言多数区分第一人称复数的包括、排除式，而民和的土族语和甘沟话一样没有这一对立。人称代词系统中也没有尊称和谦称形式，相应的语义表达用迂说法表示。

1.3 对第三人称代词的进一步说明

甘沟话第三人称代词有两个形式"嗳傢"和"他"，两者的句法功能没有差别：它们都有复数、类双数形式，都可以作主语、宾语、定语，在格范畴方面的表现一致。但是这两个形式中"嗳傢"比"他"更顺口，使用频率更高。在我们的语料中，"嗳傢"的出现更频繁，特别是年纪比较大的甘沟话母语者，他们在指称第三人称时几乎使用清一色的"嗳傢"。从语感上讲，母语者认为使用"他"给人刻意、生分、拗口之感，相比较而言"嗳傢"说出来更顺口、随意。我们认为，"嗳傢"更像是甘沟话原有体系中的人称代词形式。以"嗳傢"或相似的语音形式作为第三人称代词，这在甘青地区的汉语方言中是普遍现象。例如，据杜冰心（2012），河州话的第三人称代词汉族发音为 [tɕir]，回族发音为 [i tɕir]；甘肃天祝县第三人称代词形式是"那 / 傢 / 他"，三者在功能和分布上有所区别（宋珊 2017）；青海的西宁、大通、乐都、互助等地，甘肃的临夏、永靖、积石山等地，第三人称代词都用"傢"（张安生 2013）。

甘沟话的第三人称代词"嗳傢"和"他"的指称对应于普通话的"他""她"，但不能和普通话的"它"相对应，因为甘沟话的第三人称代词只能指人［＋人］，没有［－人］的语义。普通话"它"在甘沟话中没有专门的形式，"它"指称的对象使用指示词加名词或指示代词的形式表达。例如：

（5）我养下 [xa] 的狗病下了，我<u>这 [tʂɿ] 个狗</u>哈医院里送着 [tʂɿ] 去给了。（我养的狗生病了，我把它送到了医院。）

（6）我见天那 [nai] 个树哈水浇给着，<u>那个</u>长着快着很。（我每天给那棵树浇水，它长得很快。）

（7）阿大我哈红挎包个买给了，我<u>那个</u>哈胡度着喜欢。（爸爸给我买了一个红书包，我很喜欢它。）

（8）你这种想法甭有，<u>这个</u>可怕着很。（你不要有这种想法，它很可怕。）

甘沟话没有汉语普通话中指示他者的"人家"等词，表示"人家"的语义也用第三人称代词"嗳傢"，如：

（9）四个人轱轮儿打着嗳傢的麦[mə]子啊平平儿掉给着啥没呗。

（〔只看见你们〕四个人打着滚儿把人家麦子地碾平糟蹋完了。）

（10）弄你嗳傢的鸡儿哈卖掉着啥做俩？（那你把人家鸡卖了要干嘛？）

（11）嗳傢哈耍麻烦给。（别给人家添麻烦。）

"嗳傢"还有不指称人，而是表示虚指的用法，在句子中没有具体的实义，只是用来加强语气，这时候也可以只说"傢"，如：

（12）我嗳傢/傢再这个事情哈放不下呗。（我还是放不下这件事情！）

（13）我嗳傢/傢没想到啊。（我真是没想到啊！）

（14）你嗳傢/傢厉害呗！（你可真厉害啊！）

（15）我嗳傢/傢抬不动。（我确实抬不动。）

这几个句子中有"嗳傢/傢"，语气都比较强烈。（15）的语义，发音合作人的语感是我确实试着抬了一下，但果真抬不动、竟然抬不动，如果没有"嗳傢"变成"我抬不动"则不一定尝试抬过。

民和土族语里的第三人称代词单数形式是 gan（Slater 2003: 83），Slater 没有描写 gan 的其他虚指用法，但甘沟当地从小既说土族语又说甘沟话的发音人告诉我们，gan 也有类似上面几例"嗳傢"的用法。（13）（14）可以翻译成土族语，如下：

（16）bi　gan　miedie　da　a
　　　我　他　知道　　没　语气词
　　　我真是没想到啊！

（17）qi　gan　fama　bang　bei
　　　你　他　厉害　系词是　语气词
　　　你可真厉害啊！

可见，这种用法下，土族语的 gan 和甘沟话的"嗳傢"句法位置一致，语义功能也相同。汉语普通话的"他"没有这样的用法。

二　反身代词

2.1　反身代词的形式

甘沟话的反身代词有两个形式"各人 [kuo ʐən]"和"各家 [kuo tɕie]"，与周边汉语方言反身代词的语音形式相近，如河州话 [kə-tɕie]（马树钧 1988）、河州话"個家"（杜冰心 2012）、甘肃临潭话"各家/各阿/各人"（刘小丽 2012）、甘肃天祝县"个家"（宋珊 2017）、青海西宁话"各家 [ku²¹tɕia⁴⁴]"（安丽卿 2019）等。甘沟话的两个反身代词无论是从语料库中的出现次数还是母语者的语感而言，"各人"都比"各家"常用、使用频率高。当我们询问母语者语料中出现的"各人"能否替换为"各家"时,答案是可以替换并且语义没有差别,但母语者还是表示使用"各人"更顺口。可以肯定的是这两个反身代词的句法位置和语义功能没有差别,但两者使用频率的差异似乎与它们的来源有关,这需要更进一步的探究。以下的讨论我们以"各人"为例。值得一提的是,甘沟话中与语言接触相关的反身领属标记"囊 [naŋ]"常和反身代词搭配使用,详情参见杨永龙(2015b),这里举两个例子:我各人囊街道里浪去哩(我自己逛街去);我各人的阿妈囊俩棉花折去了(我和自己的妈妈一起去摘棉花了)。

我们首先考察反身代词和人称代词的组合。反身代词可以和第一、第二、第三人称代词的单数、复数、类双数直接组合,形式为:我各人/你各人/嗳傢各人/他各人,我们各人/你们各人/嗳傢们各人/他们各人,我俩各人/你俩各人/嗳傢俩各人/他俩各人,表示的都是反身语义。甘沟话中没有第三人称和第一、二人称在与反身代词结合上的不平衡现象。

接下来我们看反身代词和名词(含代词)的结合。名词的单数和复数之后都可以加反身代词。从生命度高、自主性强的指人名词到有生名词再到无生名词,反身代词都可以搭配。

(18)我各人见天学里去摘 [tṣei]/我见天各人学里去摘 [tṣei]①。(我每天自己去学校。)

(19)嗳傢们各人衣裳啊买了。(他们自己买了衣服。)

(20)狗各人遗过了。(狗自己跑丢了。)

(21)晚夕里,猫头鹰各人出来了吃的找摘。(晚上,猫头鹰自己就出来找吃的了。)

(22)门各人开下了。(门自己开了。)

(23)石头各人滚着下来了。(石头自己滚下来了。)

(24)风一个吹是,树叶儿们各人落下来了。(风一吹树叶自己就落下来了。)

反身代词可以加复数标记"们"变成"各人们",汉语普通话中没有这样的用法。"各人们"可以和名词、人称代词复数形式组合也可以单独使用:"名词/人称代词+们₁+各人+们₂"表达复数的反身意义,"们₁"和"们₂"同时都出现比较少说,一般前后只要出现一个"们"便可,更习惯的用法是名词/人称代词后加"们"、反身代词后的"们"省略,即"名词/人称代词+们₁+各人",它的语义既可以指人(例25、26),也可以不指向人(例27、28、29);单独出现的"各人们"表示复数反身意义,对"各人们"的解读依赖语境(例30),如果没有明确的指明,一般默认是说话人"我们自己"(例31),另外单用的"各人们"也可以指物,但是所指代的东西应该是说话者双方都

---

① "摘 [tṣei]"应该是"着 [tṣɿ]"与"哩 [li]"的合音形式,下同。

知道的（例33）。

(25) 嗳傢们各人（们）地种摘。（他们自己种地。）

(26) 老师们各人（们）考试卷子哈出了。（老师们自己出考试卷子。）

(27) 羊们各人（们）跑散了。（羊群自己跑散了。）

(28) 树上的果子们各人（们）跌掉了。（树上的果子自己掉了。）

(29) 山底下的房子们各人（们）塌掉了。（山下的房子自己塌了。）

(30) 各人们远些玩去！（〔你们〕自己去远点的地方玩〔不要打扰我〕！）

(31) 树上的果子各人们吃掉了。（树上的果子被我们自己吃了。）

(32) 衣裳一挂各人们买下的是哩啊。（衣服都是自己买下的。）

(33) 各人们烂掉了。（蔬菜自己烂了。）

"反身代词+复数标记"的组合形式很少出现在周边的少数民族语言中，甘沟话的"各人们"用法可能是甘沟话复数标记"们"的功能强大所致。

"各人"也可以加类双数标记"俩"，不过"各人俩"不可以单独使用，必须和人称代词双数搭配出现，这时反身代词是否加"俩"语义都相同。单独的"各人俩"的解读是"和自己"的意思，其中的"俩"是伴随格标记。

(34) 我俩各人（俩）走。（我们俩自己走。）

(35) 我俩各人（俩）车哈修呗。（我们俩自己把车修了呗。）

2.2　反身代词的句法位置

甘沟话的反身代词可以出现于单句中，也可以用于复合句中，可以独立充当论元，也可以和代词、名词组合做句子成分。反身代词单独可以做句子的主语、定语、同位语、宾语、状语，以下各举了两例（例36至45）。此外，除了做主格、领格、宾格、离比格、向格外，反身代词还可以和伴随格格标记"俩"结合表示被比较的对象，如例（46）。

(36) 各人饭做着呗。（自己做饭呗。）

(37) 各人啊丫头个没嘛。（自己没有女儿。）

(38) 他西藏念经的 [ti]① 时候就 [tsou] 再各人的 [ti] 阿妈想着不成呗。（他在西藏念经的时候就想自己的妈妈想得不行。）

(39) 各人各人的 [ti] 命哈囊关紧着。（自己要重视自己的生命。）

(40) 人家各人东西哈保存下了说 [fo]。（人家自己把东西保存下来了。）

(41) 嗳傢各人家里去了。（他自己回家了。）

(42) 嗳傢各人哈一巴掌打给了。（他打了自己一巴掌。）

(43) 个我各人哈夸着不是啊，嗳傢们一挂这么儿着说着。（这不是我夸自己，

---

① 文中甘沟话"的"未标音的发音为 [tʂʅ]，少部分发音为 [ti] 的额外标出。

他们都这么说。)

（44）这个花晚夕里到是各人开哩。（这种花到了晚上就自己开了。）

（45）这个事情哈我们想着各人做。（这件事情我们想着自己做。）

（46）我各人俩比着呗。（我和自己比。）

我们对一部分语料中出现的反身代词进行封闭性统计，结果为反身代词做主语、定语、同位语、其他类成分的数量比例是 27：14：11：1。可见，甘沟话反身代词主要单独做句子的主语和定语，另外也较多和代词、名词结合以同位语的形式出现。此外，我们可以看到甘沟话反身代词作状语的例子很少，而且很多时候难以确证它是状语还是其他成分，这与甘沟话的 SOV 语序类型有很大关系。按陈中源（2011）的分析，做状语的反身代词由做同位语的反身代词重新分析而来，即反身代词前附主语，则反身代词做同位语；反身代词重新分析后附谓语，则反身代词重新解读为做状语。甘沟话 SOV 语序中宾语将主语和谓语隔开，宾语拆开了重新分析的语序"主语+反身代词+谓语"，位置的隔断破坏了重新分析的条件，因此甘沟话的类型特点可能制约了其反身代词做状语的句法功能。

2.3 反身代词的语义功能

我们知道，英语中的反身形式 "myself/yourself/herself/himself/itself" 以及它们的复数形式 "ourselves/yourselves/themselves" 都只有照应性，没有指代性，汉语普通话中的反身代词"自己"既有照应功能又有指代功能。董秀芳（2002）指出，在古汉语中，"自"是一个照应词，而"己"则是一个指代词，现代汉语的"自己"在形式和功能上都是古汉语的"自"和"己"的并合。甘沟话的"各人"和普通话"自己"一样，既有照应功能，又有指代功能。

需要说明的是，有些语言反身与交互范畴关系密切，甚至使用相关的表达形式，甘沟话不属于这类情况，甘沟话没有交互代词，表达交互关系主要使用宾与格标记"哈/啊"，如"你我哈好，我你哈好（你对我好，我对你好）"。甘沟话反身代词的语义功能主要有三类：照应复指，表示强调，泛指。反身代词的照应复指功能凸显了它的代词性一面，在语篇中反身代词和前述代词、名词的照应回指用法这里不再展开。表示强调的反身代词主要出现在同位语的位置上，泛指用法的反身代词主要以单独的形式出现。下面各举三例：

第一，照应复指。

（47）他各人做下的饭哈有心吃。（他爱吃自己做的饭。）

（48）他各人哈看不上。（他看不上自己。）

（49）衣裳哈嗳傢们钱拿了着街 [kai] 上 [ɑŋ] 各人买去了呗。
（衣服是她们拿钱到街上自己去买的。）

第二，表示强调。

（50）领导各人做着好着要哩。（领导自身得做得好。）

（51）这个娃娃各人锁哈打开了。（这个小孩自己打开了锁。）

（52）羊各人羊圈些跑过了。（羊自己从羊圈跑出去了。）

第三，泛指。

（53）各人原各人的时节哈珍惜着。（自己珍惜自己的时间。）

（54）虫草挖去着，各人哈本钱没是去不下嘛。

（挖虫草的话，自己没有本钱是去不了的。）

（55）各人饭哈做，各人不做是再吃的没。

（自己要做饭，自己不做的话就没有吃的。）

三 指示代词

3.1 指示代词的形式

甘沟话的指示是区分"近"和"远"的二分系统，它的指示代词的形式我们整理成表2。

表 2 甘沟话的指示代词系统

	近指：这 [tʂʅ]—	远指：那 [nai]—
个体	这个	那个（常说）；尼个
处所	这塌；这些儿 [ɕiau] 里；这里	尼塌 / 那塌；那些儿 [ɕiau] 里 / 尼些里（不常说）；那里 /* 尼里
时间	这会儿	那会儿 /* 尼会儿
数量	这些儿	那些儿 /* 尼些儿
程度	这么①	那么 / 尼么
方式/性状	这 [tʂʅ] 么着 [tʂʅ]	尼么着 / 那么着 [tʂʅ]（不常说）

从表2中可以看到，甘沟话表示近指是"这 [tʂʅ]—"系，表示远指有"那 [nai]—"系和"尼 [ni]—"系，但"那—"系和"尼—"系在系统分布上明显不平衡，其中"那—"系搭配范围更广、更常说，"尼—"系在表示"方式/性状"上使用更频繁。除了上表分布情况之外，从语感上讲，"尼—"的接受度低于"那—"。有的母语者认为"尼个"较少用，与"那个"相比，"尼个"和名词的组合特指意味强烈，往往所指称事物就在眼前，如当面指责某个人时说"尼个人啊，阿么这么的个！"（那个人啊，怎么这样呢！）。甚至有的母语者认为自己在表达远指时只用"那个"，不用"尼个"，语感

---

① "这 X/ 尼 X/ 那 X"中"X"的发音有三种不同的形式，即 [mu] [mən] 和 [mər]，它们不区别意义，"么"应该是它的本字，我们记作"么"，下同。

上觉得"尼"是土族语（土族语表示近指的语音形式是[ni]）。整体来看，表示近指、远指成系统的对举使用的是"这一"系和"那一"系，它们应该是汉语本身的指示系统；"尼一"的组合较零散，出现不成体系，主要使用的是"尼个"和"尼么（着）"。这些或许可以说明"尼一"是后来从外来语中借入的成分，这点从下面将要谈到的指示词与数量名短语的组合情况上也可以看出端倪。

"这/那一"不可单用，不能像普通话那样直接修饰名词，也不能单独替代名词充当论元，必须与数量名结构相结合。"尼一"无论直接与名词组合还是与数量名结构组合在甘沟话中都不怎么说或接受度较低。具体对比情况见下表。

表3 甘沟话的指示词"这/那/尼一"与数量名短语的组合结构及功能

功能	结构	甘沟话		
		近指"这一"	远指"那一"	远指"尼一"
指示功能	指示成分+普通名词	*这人 *这羊 *这书	*那人 *那羊 *那书	*尼人 *尼羊 *尼书
	指示成分+（数词+）量词+名词	这个人 这个羊① 这个/本书 这一千个学生 这五毛钱 这两个	那个人 那个羊 那个/本书 那一千个学生 那五毛钱 那两个	尼个人 尼个羊 尼个书 *尼一千个学生 *尼五毛钱 *尼两个
	指示成分+时间名词	这时节 这一年	那时节 那一年	*尼时节 *尼一年
代词功能	指示词单独充当论元	*这_{主语}实话干散呀 *这_{主语}人哈不咬 *我这_{宾语}哈吃	*那_{主语}实话干散呀 *那_{主语}人哈不咬 *我那_{宾语}哈吃	*尼_{主语}实话干散呀 *尼_{主语}人哈不咬 *我尼_{宾语}哈吃
	指量结构充当论元	这个_{主语}实话干散呀 这个_{主语}人哈不咬 我这碗哈吃	那个_{主语}实话干散呀 那个_{主语}人哈不咬 我那碗哈吃	尼个_{主语}实话干散呀 尼个_{主语}人哈不咬 *我尼碗哈吃
	指量名结构充当论元	这个手机实话干散呀 这个狗人哈不咬 我这碗饭哈吃	那个手机实话干散呀 那个狗人哈不咬 我那碗饭哈吃	尼个手机实话干散呀 尼个狗人哈不咬 *我尼碗饭哈吃

通过表3，我们可以归纳三点：首先，甘沟话的指示成分独立性差，无论指示成分直接修饰名词表指示功能还是单独充当代词的功能，这样功能的句子都不合法，而指示成分的这种句法表现刚好和甘沟话中量词"个"的句法功能互补，量词"个"是甘沟话中最常用、最通用的量词，其句法功能也有所扩展，它既可以直接置于名词之前即"个+名词"表达定指，又可以独立充当论元指代名词（张竞婷2017）；其次，我们看到近指

---

① 甘沟话中最常用量词"个"，很多名词只能搭配"个"，如"羊"的量词使用"个"而不用"只"。

"这—"和远指"那—"在句法位置和功能分布上呈对称之态，这应该就是甘沟话原生的二分指示系统的基本形式；第三，表示远指的"尼—"在表格中的组合大多不合法，或者说它们比较拗口，接受度较低，较少使用（"尼个"是个合法形式，它可以充当论元，或者"尼个"整体修饰名词，用于特指意味较强时），所以"尼—"作为指示词的使用是相对受限的。甘沟话中与"尼—"相关的、更常见的形式是"尼么了（是）"，它主要用于小句间的连接，在语篇中大量出现，这时"*那么了（是）"的搭配不成立，例如，晒干了是斧头俩剁碎给，尼么了是磨上拿着去了推去着呗（晒干以后用斧子剁碎，然后再拿到磨上去推）。

周边汉语方言表远指的指示代词有河州话"兀"（杜冰心 2012）、唐汪话"呢"（徐丹 2014）、五屯话"[ku]"（笔者调查）等，不一而足。与甘沟话接触关系密切的民和土族语中语音形式 [ni] 是表近指的指示代词、领属标记、名词化标记、关系小句标记，民和土族语表远指的指示代词是 ti。甘沟话中表远指的"尼—"的来源及和语言接触的关系值得更深入的研究。

需要注意的是表示处所、时间、数量的指示代词还有加"个"的说法，即也可以表达为"这个塌 / 这个些里 / 这个里 / 尼个塌 / 那个塌 / 那个些里 / 那个里"、"这个会儿 / 那个会儿"、"这个些儿 / 那个些儿"。不过，"这个些里 / 这个里"除了表处所的"这里"的意思，还有"这些里面""这个里面"的意思，"那个些里 / 那个里"也是如此。表示"里面"的意思还可以加上"头"变成"这个些里头 / 这个里头"，具体语义区分也看语境。表示程度的"这么 / 那么"不能加"个"同义替换（同语音形式的"这个们 / 那个们"中"们"是复数标记，意思为这些〔人 / 物〕、那些〔人 / 物〕等）。

3.2 指示代词的功能

根据 Dixon（2010b: 234—239），指示代词的功能主要有五种，我们分别来看甘沟话指示代词在这些功能上的表现。

第一，直指功能。在直指用法中，甘沟话"这个"是其最基础的指示代词。如果只有一个东西要讨论，那么就使用"这个"；如果在谈话中涉及两个东西，并且从说话人的角度无法区分相对距离，那么两个东西都用"这个"直指；如果两个东西可以区分相对距离，那么距离说话人近的用近指的"这个"，远的用远指的"那个"，例如：这个哈我拿上下哩，那个哈我拿不上（这个我能拿，那个我拿不了了）。

第二，句法功能。指示个体的"这个 / 那个 / 尼个"可以单独做核心论元（主宾格）（例 56）或旁格论元（如与工具—伴随格标记"俩"组合）（例 57）。"这个 / 那个"可以修饰名词做定语（需要加领格标记"的"，"的"不可省略）（例 58），或直接与名词组成名词短语做句子的核心论元或旁格论元（例 59），此外，"这— / 那—"与其他的量词结合也有这些功能。表示时间、处所的指示代词主要做时间、处所状语（例 60），其中表处所的指示代词里,"这塌""这些儿里"范围相对较小,具体到身边周围所及之处,"这里"范围较大,指向一个更广阔的方向,远指的处所也是如此(例61)。表数量的指示代词可以单独或与名词结合做论元(例62)。表示程度、方式/性状的指示词修饰、限定状态或动作行为做状语(例63、64)。

(56)这个坏掉了,那个哈吃吧。(这个坏了,吃那个吧。)
(57)你那个俩苍蝇儿哈打吧。(你用那个打苍蝇吧。)
(58)这个的包装好看。(这个的包装漂亮。)
(59)这个流量套餐那个套餐些划来。(这个流量套餐比那个套餐划算。)
(60)这会儿才作业啊写开是,太迟了吧。(这会儿才开始写作业,太晚了吧。)
(61)这些儿里舞跳是挤着很,广场那里走吧。(这里跳舞太挤了,去广场那里吧。)
(62)这个些儿苹果胡度酸啊。(这些苹果太酸了。)
(63)你学习这么好,我啊教一个吧。(你学习这么好,教教我吧。)
(64)这么着做是不成啊。(这么做的话不行。)

第三,确定性。主要指名词性指示代词用作对对象的确认和识别,如英语中句子"It was that sort of gluggy rice which the Japanese go in for",当中的"that"确定了rice 的种类,在这种特别的用法中名词短语包含了一个关系小句。甘沟话的指示代词有没有这种表确定性的用法?我们看短语"修车的人",关系化主语甘沟话表达为"车哈修的人",这时指称个体的指示代词可以插入对象之前对其进行确认定指,即"车哈修的这/那个人(修车的这/那个人)",可见,甘沟话的指示代词有此功能。同样的,我们看关系化直接宾语的例子,"我给他的书"翻译为"我他啊给下的书",插入指示代词变为"我他啊给下的这/那个书(我给他的这/那本书)"。再看关系化间接宾语的例子"我苹果给下的尕娃",也可以加入指示代词来增加确定性,即"我苹果给下的这/那个尕娃(我给他苹果的这/那个小孩)"。

第四,新信息。Dixon 指出英语中名词性指示代词"this"典型地被用于标记新信息,而且这种用法已经渗透到口语中。他举的例子是"There's this new girl at school today and she talks really funny",一个孩子放学归来给父母的诉说,句中的"this"标记新信息"new girl"。这句话翻译为甘沟话为"今儿个学里新丫头个有哩,这个新丫头说话好玩着",可见,甘沟话的指示代词没有引出新信息的功能,句子里要先说出有一个新丫头,然后再在下一小句中用指示代词"这个"回指这个对象。甘沟话指示代词一般只用于当下的直指和对前文的回指。

第五,话语组织。甘沟话单独的"那[na]"有组织话语的功能(偏向于比较口语化的表达),这和普通话的用法一样,"这"和"尼"没有这样的功能。值得注意的是,话语组织功能的"那"发音是 [na]，而指示代词中的"那一"发音是 [nai]，并且 [na] 的读音只在这种单独出现连接话语时使用。母语者语感中觉得这个"那 [na]"使用时自然、顺口、常说。甘沟话"那 [na]"的这种读音和这种用法与普通话中的"那"表现一致，我们推测甘沟话这种用法是受到普通话的影响。例句如下：

（65）乡上新来下的乡党委我哈知道着，嗳傢就我啊动员着当给支部书记着哩，那 [na] 我本来就党员个是哩嘛，再嗳傢党委的意见哈听上了，当上。

（乡上新派来的乡党委知道我，他就动员我当支部书记，那我本来就是个党员嘛，就接受了党委的意见，当上。）

（66）但我们这个新农村的呗，应该共产党员看着见，摸着 [tʂʅ] 着 [tʂuo] 的这个工作们些儿干下呗。那 [na] 这个一块钱也没着办公费也没嘛，尊障着 [tʂʅ]。

（我们这个是新农村的，共产党员应该搞一些看得见、摸得着的工作呗。那连这一块钱也没有，办公费用也没有，可怜啊。）

（67）学放哩啊，那 [na] 你哈车没啊。就算你哈车有了着啊路上不好走啊。

（学校要放学啊，那你没有车啊。即使你有车的话路上也不好走啊。）

（68）……那 [na] 你啥做着哩啊？（那你在干什么呢？）

四 疑问代词

疑问句的两大功能类别是特指疑问句和是非疑问句，本文的疑问代词主要指用于特指疑问句的疑问代词，即用来发问的代词，它是特指疑问句的标记。

4.1 "阿一"系疑问词

甘沟话疑问代词从形式上看有一部分可以构成一个齐整的"阿一"系系统，这个系统里也包括表程度、方式/性状的疑问副词，我们先列表如下：

表 4 甘沟话"阿一"系疑问词

疑问范畴	形式
人	单数：阿个（谁）；复数：阿个们
个体指别	单数：阿个（哪个）；复数：阿些儿 [ɕiau]（哪些）
处所	阿塌/阿些儿 [ɕiau] 里/阿里/阿（哪儿）
时间	阿会儿（什么时候）
数量	阿些儿 [ɕiau]（哪些）
程度；方式/性状	阿么（着）（多么；怎样/么）[①]
原因	阿么着（为什么）

[①] "阿 X"中"X"的发音有三种不同的形式，即 [mu] [mən] 和 [mər]，它们不区别意义，我们记作"么"，下同。

"阿—"系疑问词里的"阿"不同于汉语中古已有之的人称类词头，如"阿母""阿谁""阿你"，不同于保留到现代的"阿姨""阿爷"等。甘沟话"阿—"系疑问词覆盖了各类疑问范畴，构成了甘沟话疑问词系统的主要部分。下面我们首先来看这些疑问词的基本用法：

（69）我们这会儿的县长阿个是哩？（我们现在的县长是谁？）
（70）你俩阿个哥哥是哩？阿个兄弟是哩？（你们俩谁是哥哥，谁是弟弟？）
（71）你的阿奶的家阿里有哩？（你奶奶家在哪里？）
（72）你作业哈阿会儿写哩？（你什么时候写作业？）
（73）民和县里阿些儿民族有哩？（民和县有哪些民族？）
（74）你哈阿么儿饿[nuo]有哩？（你有多饿？）
（75）你车开的哈阿么着学会了？（你怎么学会开车的？）
（76）你阿么着不唱？（你为什么不唱？）

以上我们将各类"阿—"系疑问词各举了一例，（74）（75）分别是表示程度"多么"和方式"怎么"。这些是它们的基本功能，我们再对这些疑问词的其他用法略做说明。

指人、指物的疑问代词"阿个"也可以出现在陈述句中作为无定指代词使用，例如，"阿个好了阿个哈给"，意思是"谁好给谁"。另外，甘沟话中还有"阿一个"的形式，和"阿个"的区别是，"阿一个"的特指意味强烈，意思是给定范围然后特指哪一个，例如，句子"这些人中谁最漂亮"就要使用"阿一个"，翻译为"这一帮人中阿一个最心疼"。"阿个"是名词性的疑问代词，可以在句子中做核心论元和旁格论元，但它没有屈折变化形式，做不同的句法成分只需要添加不同的格标记形式。

表示时间的疑问词是"阿会儿"，除此之外，甘沟话表示"什么时候"的另一个词是"多藏[tsaŋ]"。例句如：你家里多藏到哩啊？（你什么时候到家？）

表程度"多么"和表方式/性状"怎样/么"在甘沟话中的形式都是"阿么"，它既可以用于疑问语气，如"你阿么高有哩啊？（你多高？）""阿么办哩？（怎么办呢？）"，也可以用于感叹语气，如"你阿么这么高啊！（你怎么这么高啊！）"。"阿么"的用法我们再举几个例子。

（77）你阿么早着起来着哩啊！（你起得多早啊！）
（78）阿么了啊？（怎么了啊？）
（79）哎呦，阿么着这么儿这些儿给了然！（哎呦，怎么给了这么点啊！）
（80）冬天里阿么着背俩？（冬天的话怎么背呢？）
（81）衣裳哈那会阿么着缝[xoŋ]了？（衣服那时候是怎么缝的？）

表示处所用"阿塌/阿些儿里/阿里/阿"。"阿"一般不能单用于表示疑问，从

"阿—"系疑问词里我们可以揣测出单独的"阿"有"哪""什么"的意思,下面我们会说到表示普通话的"什么"甘沟话要用"啥","啥"常常单用,但"阿"不能有类似用法。如下句:

（82）这个五个人里阿个老师是哩啊?（这五个人里谁是老师?）

上句中"阿个"的"个"不能去掉,不能单用"阿"指人或指物。唯一可以单用的"阿"是表示处所,意义相当于"哪里",例句如下:

（83）你的阿妈阿去了说是。（你的妈妈去哪里了?）

（84）那会儿你啊阿的车是俩,车没嘛!（那时候你哪有车啊,没有车!）

（85）阿些拿着来了?（从哪里拿来的?）

例句（85）中单用"阿"表示"哪里","些"是离比格标记,表示"从什么地方"的意思。我们知道整体的"阿些"是表示数量的疑问词,这个句子容易看成"拿来了哪些",后一个意思的表达形式是"阿些哈拿着来了",用宾格标记"哈"限定"阿些",使得"阿些"整体做宾语。

"阿"可以和"时节"结合询问时间。如:

（86）尼个你们去了是看嘛,阿时节塔尔寺去了藏你们叶叶们跌下的捡了一个看嘛。（你们去了就去看一下,什么时候去塔尔寺了,你们就把那掉了的叶子捡起来看一下。）

单独的"阿—"和数量名等的组合情况见表5。

表 5　疑问义"阿—"和数量名等的组合

	量+名	数+量+名	些	些+名	几+量+(名)
阿—	阿种糖 阿碗饭	阿七种颜色 （彩虹阿七种颜色有哩啊?）	阿些 （哪些）	阿些人 阿些羊 阿些苹果	阿几个 阿几辆车 阿几条绳绳

"阿—"系疑问词不是甘沟话的特有现象,它们在甘青一带的汉语方言中都有广泛分布。较早的研究如,马树钧（1988）指出河州话的 [a] 表疑指,相当于普通话的"哪",可以和"个/会儿/里/面/么"组合;席元麟（1989）认为汉语青海方言"阿木怎"和土族语的 ama 音义基本一样,"阿木"有可能是从土族里借去的。现今甘肃的临潭话（刘小丽2012）、唐汪话（徐丹2014）,青海的周屯话（周晨磊2016）、西宁话（安丽卿2019）、五屯话（笔者调查）中都有"阿—"系疑问词。徐丹（2014）认为,"a-"系统的特指疑问词与北方话里的"哪"有着很规律的对应,"阿一个"来源于汉语,对应其他方言的"哪一个"。安丽卿（2019）同意此观点,指出甘青汉语方言中的"阿"是"哪"在发展过程中声母脱落形成的。

我们看看周边少数民族语言疑问代词的情况。清格尔泰（1991：222）列出的蒙古语的疑问代词有：ken 谁、yayu 什么、ɑli 哪个、yamar 什么样、kiri 什么程度、qamiy-ɑ 哪里、kejiy-e 什么时候等，这些和"阿—"系代词之间联系不大。据金鹏（1983：69），藏语中基本的疑问代词为 su 谁、kha re 什么、kha ki 哪个。周毛草（2003：88—89）描写的玛曲藏语中有一套疑问代词系统，分别指代未知的人、事物、处所、时间、数量、性状等，如 sə 谁、kaŋ 何地、kaŋ tɕha ka 哪些、tɕhə 多少、tɕhə zək 什么、tɕhi mi zək 怎么样、nam 何时等。东乡语的疑问代词有 kiən 谁、ian 什么、qala 哪里等（刘照雄 1981：105）。撒拉语的疑问代词如 kem 谁、naŋ 什么、ɢada 在哪里等（林莲云 1985：109）。这些与甘沟话"阿—"系疑问词语音形式也差别较大。甘沟话中"阿—"系疑问词应该不是借自周边其他民族的语言。

Slater（2003：86—87）描述的民和县土族语的疑问代词形式我们摘抄如下：

a	*ang*	where	d	*kanni*	whose	g	*yala*	why
b	*ayige*	which	e	*ya*	what; why	h	*yaji*	why
c	*kan*	who	f	*yang*	what	i	*amerda*	what kind

斜体为土族语，其中，（d）加了属格标记 =ni，（g）（h）分别是（e）添加工具格标记 =la 和方向格标记 =ji 后的形式。这些疑问词和甘沟话的"阿—"系也没有对应关系，只有其中的"ayige"很明显和甘沟话的"阿一个"音义相同，而"ayige"在土族语的疑问代词里比较孤立，不处于整齐的系统对应中，"阿一个"在甘沟话中却很常规，我们认为这应该是土族语借自甘沟话的词。

值得关注的是，我们发现吴方言区也存在"阿—"系疑问词。宋慧莹（2017）对清末小说《海上花列传》中吴方言"阿"字的疑问副词用法进行了全面的分析；宁波方言的疑问代词含有"阿"的是"阿里个／眼人_{哪个／些人}"和"阿里／阿里窠／阿窠_{哪里}"，其他的疑问词主要是"咋—"系和"啥—"系（阮桂君 2006）；上海话的疑问句式中有用来显示疑问焦点的疑问副词"阿"（徐烈炯、邵敬敏 1998）；据劳雪婷（2014），上海方言的疑问代词主要是"啥—"系即"啥宁_人／啥么事_{事物}／啥辰光_{时间}／啥地方_{地点}／啥事体_{原因／目的}"，但是询问地点的替代用语出现了"阿里搭"，另外询问选择常用"阿里"表达，如"阿里只／位／天_{哪一只／位／天}"。

这些"阿—"系疑问词的用法和甘青地区的具有相似性，"阿"和普通话中的"哪"有一定的对应性。汉语史中疑问代词"哪"早在汉魏之际就已经产生，那么表疑问的"阿"和"哪"两者之间有没有源流关系，"阿—"系疑问词又是怎样成系统地扩展的，它们为什么普遍现存于甘青地区汉语方言中，这些问题需要更大范围的调查和更深入的探讨。

4.2 其他疑问代词

甘沟话没有汉语普通话的疑问词"什么""怎么",相应的替代形式为"啥"和"阿么","阿么"我们已经讨论过,现在来看"啥"的使用。

虽然"阿个"也有指代"什么"的用法,但将"啥"和"阿个"相比,就相当于英语的"what"和"which",比较下面两个句子:

(87)你<u>啥</u>吃哩?(你吃什么?)

(88)你<u>阿个</u>哈吃哩?(你吃哪个?)

"啥"用于疑问句,可以做核心论元或旁格论元(如工具格),如下例(89)—(92)。"啥"还可以在句中表示任指,如例(93)。

(89)北京<u>啥</u>好吃啊?(在北京什么好吃呢?)

(90)这个<u>啥</u>书是哩?(这个是什么书?)

(91)你晌午里<u>啥</u>吃哩?(你中午吃什么?)

(92)这个<u>啥</u>俩做下的是哩?(这个是用什么做下的?)

(93)家里<u>啥</u>吃的也没嘛,你晌午里<u>啥</u>哈吃哩?
    (家里面什么吃的都没有,你中午吃什么?)

"啥"还可以不用于疑问句,表示任指,这和普通话"什么"的用法是一样的。

(94)老师说下的<u>啥</u>也对着哩。(老师说的什么都对。)

(95)我<u>啥</u>也没吃/我<u>啥</u>啊没吃。(我什么都没吃。)

(96)北京不管<u>啥</u>东西也贵。(在北京什么东西都贵。)

(97)我包子馍馍的<u>啥</u>啊没心吃。(我包子、馍馍什么的都不想吃。)

甘沟话也有询问数量的"多少",用法和普通话一样。

(98)你们学校学生<u>多少</u>个有哩?(你们学校有多少学生?)

(99)苹果<u>多少</u>有哩?(有多少苹果?)

(100)你的阿奶<u>多少</u>岁了?(你奶奶多少岁了?)

(101)这个手机<u>多少</u>要着哩?(这个手机多少钱?)

(102)饺子吃是<u>多少</u>钱去了啊?(吃饺子用了多少钱啊?)

甘沟话也有表示十以内数量的"几",用法同普通话,它既可以表示少量数,如"十几岁",也可以询问数量,如"一斤苹果几个有哩?""几分钟录了?"。

五 结语

本文系统描写了甘沟话的代词系统,包括人称代词、反身代词、指示代词和疑问代词。

甘沟话第一、二、三人称代词的基本形式分别是"我 [vʐ]/[nuo]""你 [ni]""嗳傢 [ai tɕie]/ 他 [tʰa]"。人称代词在性、数、格范畴上的语法表现为：没有涉及"性"的形式、句法区分，没有性范畴；数范畴分为单数（零标记）、复数（标记"们"）和类双数（标记"俩"），其中类双数只能标记人称代词及指人名词；人称代词在句中作主格、宾—与格、领格、离比格、向格、伴随格等，人称代词后附格标记，在语流中常和格标记发生合音。甘沟话的第三人称代词有两个形式，即"嗳傢"和"他"，其中前者更常用，更有可能是甘沟话原生体系中的代词；第三人称代词没有［－人］的语义，指称汉语普通话的"它"时要借助于指示代词；"嗳傢/傢"用于加强语气的虚指用法时，完全对应于民和土族语第三人称代词 gan 的同类用法。

甘沟话的反身代词是"各人 [kuo ʐen]"和"各家 [kuo tɕie]"，其中"各人"使用频率更高、更自然，两个形式的来源值得探究。反身代词可以和人称代词以及有生、无生名词组合。反身代词可以后加复数标记变为"各人们"，表达复数反身语义，与名词、代词的复数形式组合时通常省略反身代词后的"们"，即"名词/人称代词＋们＋各人（们）"，它的语义可以指人，也可以不指称人；单用的"各人们"可以指称人或物的复数反身意义，但指称对象应该是对话双方已知的，如果语境中没有提供明确指向，"各人们"一般默认指向说话人"我们自己"；"反身代词＋复数标记"的组合形式不见于汉语普通话，也不见于周边少数民族语言中，甘沟话这种用法可能和其复数标记"们"功能强大有关。反身代词的句法位置有主语、定语、同位语、宾语、状语等，其中做状语较少可能与甘沟话 SOV 的语序类型有关。反身代词的语义功能有三类，即照应复指、表示强调、泛指。

甘沟话的指示表达是二分系统，即近指"这 [tʂʐ]—"系和远指的"那 [nai]—"/"尼 [ni]—"系，各有不同的组合形式分别指示个体、处所、时间、数量、程度、方式/性状。从组合成的指示代词来看，"那—"系和"尼—"系在分布上不平衡，"那—"系搭配范围广、组合成的指示代词更常说，可以和"这—"系对举，"尼—"系只有指称"方式/性状"的形式"尼么着"使用频繁；从单用来看，"这/那"不可直接修饰名词，也不能独自充当论元（甘沟话量词"个"具有这些功能），必须与数量名结构结合后充当句法成分，而"尼"与数量名组合后的成分接受度也较低，甘沟话中与"尼—"相关的、更常见的形式是"尼么了（是）"，主要用于小句间的连接。这些句法表现可能和"尼"的来源有关。文中还具体分析了甘沟话指示代词在直指功能、句法功能、确定性、新信息、话语组织五个方面的表现。

甘沟话的疑问词中存在一个整齐的"阿—"系系统：指人的"阿个（们）"、个体指别的"阿个/阿些儿"、指处所的"阿塌/阿些儿里/阿里/阿"、指时间的"阿会儿"、指数量的"阿些儿"、指程度、方式/性状的"阿么（着）"、表原因的"阿么着"。

"阿—"系疑问词在甘青一带的汉语方言中分布广泛，与周边少数民族语言的疑问代词语音形式差别较大，同时，吴方言区也有零散的与甘青地区相似的"阿—"系疑问词的用法。"阿"和汉语普通话中的"哪"有一定的对应性，那么，表疑问的"阿"和"哪"有没有源流关系，"阿—"系疑问词是怎样成系统地扩展的，为什么普遍现存于甘青地区汉语方言中，这些问题需要通过更大范围的调查来进行深入的研究。

甘沟话是研究语言接触的典型个案，接触带来的混合性特征不仅凸显在大的语法构架和语法范畴中，也表现在零碎的、不易察觉的词汇上。我们通过描写甘沟话的代词系统，看到一些不同特征，这些特征和接触有没有关系、有多少关系不应轻易下结论。本文抛砖引玉，期待更多的对甘青地区汉语方言代词系统的关注。

参考文献

安丽卿 2019 《西宁话的反身代词和疑问代词》，《宁夏师范学院学报》第 9 期。
陈乃雄 1982 《五屯话初探》，《民族语文》第 1 期。
陈中源 2011 《"自己"在中古以后的发展》，《汉语史研究集刊》第十四辑，巴蜀书社。
董秀芳 2002 《古汉语中的"自"和"己"——现代汉语"自己"的特殊性的来源》，《古汉语研究》第 1 期。
杜冰心 2012 《语言接触引发的语言变化——河州话特殊语法的形成》，兰州大学硕士学位论文。
金 鹏 1983 《藏语简志》，民族出版社。
劳雪婷 2014 《上海方言疑问系统及其疑问标记的句法分析》，上海外国语大学硕士学位论文。
林莲云 1985 《撒拉语简志》，民族出版社。
刘小丽 2012 《临潭话词汇语法研究》，兰州大学硕士学位论文。
刘照雄 1981 《东乡语简志》，民族出版社。
马树钧 1988 《河州话代词说略》，《中央民族学院学报》第 1 期。
清格尔泰 1991 《蒙古语语法》，内蒙古人民出版社。
阮桂君 2006 《宁波方言语法研究》，华中师范大学博士学位论文。
宋慧莹 2017 《〈海上花列传〉中"阿"字的用法》，《汉字文化》第 5 期。
宋 珊 2017 《甘肃天祝县汉语方言语法研究》，兰州大学硕士学位论文。
席元麟 1989 《汉语青海方言和土族语的对比》，《青海民族研究（社会科学版）》第 1 期。
徐 丹 2014 《唐汪话研究》，民族出版社。
徐烈炯 邵敬敏 1998 《上海方言语法研究》，华东师范大学出版社。
杨永龙 2014 《青海甘沟话复数标记"们 [mu]"的类型特征及历史比较》，《历史语言学研究》第八辑，商务印书馆。
杨永龙 2015a 《青海民和甘沟话的语序类型》，《民族语文》第 6 期。
杨永龙 2015b 《青海甘沟话的反身领属标记"囊"——"转用导致的干扰"的个案研究》，《语言研究》第 3 期。
杨永龙 张竞婷 2016 《青海民和甘沟话的格标记系统》，《民族语文》第 5 期。

张安生　2013　《甘青河湟方言名词的格范畴》,《中国语文》第 4 期。
张竞婷　2017　《语言接触视野下的青海甘沟话语法专题研究》,中国社会科学院研究生院博士学位论文。
张竞婷　杨永龙　2017　《青海民和甘沟话的状语从句标记"是"及其来源》,《语文研究》第 2 期。
赵绿原　2019　《青海民和甘沟话的致使结构》,《中国语文》第 2 期。
周晨磊　2016　《青海周屯话参考语法》,南开大学博士学位论文。
周毛草　2003　《玛曲藏语研究》,民族出版社。
Dixon, R. M. W.　2010a　*Basic Linguistic Theory, Volume 1, Methodology*. Oxford University Press.
Dixon, R. M. W.　2010b　*Basic Linguistic Theory, Volume 2, Grammatical Topics*. Oxford University Press.
Dixon, R. M. W.　2012　*Basic Linguistic Theory, Volume 3, Further Grammatical Topics*. Oxford University Press.
Slater, Keith W.　2003　*A Grammar of Mangghuer: A Mongolic Language of China's Qinghai-Gansu Sprachbund*. London and New York: Routledge Curzon.

The Pronoun System of Gangou Dialect in Qinghai Province
ZHANG Jingting

Abstract: Gangou dialect is one of the representatives of Chinese dialects influenced by language contact in Gansu-Qinghai region. This paper mainly describes the personal pronouns, reflexive pronouns, demonstrative pronouns and interrogative pronouns in Gangou dialect, showing the Chinese nature and contact characteristics of Gangou dialect from one side.

Key words: Gangou dialect, personal pronoun, reflexive pronoun, demonstrative pronoun, interrogative pronoun

（张竞婷　中国社会科学院语言研究所　100732）

近代汉字研究的回顾与展望*

张涌泉　韩小荆　梁春胜　景盛轩

提　要　近代汉字研究经过最近几十年的快速发展，已经初具规模，在研究理论、研究对象和研究方法上已经取得了巨大突破。本文在充分总结近代汉字研究现状、客观评价现有成果的基础上，明确今后的研究发展方向：进一步加强近代汉字理论建设，加强对各类文字资料的整理与研究，加强古今汉字的流变研究，加强近代汉字研究人才的培养。

关键词　近代汉字　研究综述　研究展望

一　近代汉字概说

近代汉字，也称"隶楷汉字"，是以隶楷阶段的汉字为研究对象的一门新兴的学科。"近代汉字"这一名称的使用，见于费锦昌《汉字研究中的两个术语》（1989）一文，我们这里采用这一术语。

（一）研究范围

汉字史可以大致分为古汉字、近代汉字和现代汉字三个阶段。古汉字习惯上称为古文字，指小篆以前的汉字，包括殷商文字、西周春秋文字、六国文字和秦系文字。近代汉字指秦汉以后至20世纪初叶使用的以隶书和楷书为主体的汉字。"五四"以来记录现代汉语的汉字则称为现代汉字。可见近代汉字是指现代汉字之前的隶楷阶段的汉字，这就是近代汉字的范围。

有三点值得注意：一是秦至西汉早期的隶书，处于古汉字和近代汉字的过渡阶段，目前主要由古汉字学者进行研究，所以往往被划到古汉字的范围。实际上这部分文字资料对于探讨近代汉字的来源至关重要，近代汉字研究者不能忽视。二是近代汉字以隶楷

---

* 本文的主要参考论文有：费锦昌《汉字研究中的两个术语》，《语文建设》1989年第5期；景盛轩《二十年来近代汉字研究综述》，《汉语史学报》第十三辑（2013年）；梁春胜《"近代汉字学"刍议》，《近代汉字研究》第一辑（2018年）；杨宝忠《疑难字考释的现实意义》，《中文自学指导》2008年第2期；张涌泉《大力加强近代汉字的研究》，《浙江教育学院学报》2003年第6期；张涌泉《近代汉字是中华文明的主要载体》，《中国社会科学报》2021年6月11日，谨向各位作者致谢。

为主，但这一时期的草书和行书对于隶楷文字有较大的影响，理应纳入近代汉字研究的范围。三是汉代以后的传抄古文，一般作为古汉字研究的辅助材料，但其中一些字形以隶楷形式出现，对于隶楷文字也有一定的影响，也可以纳入近代汉字的范围。

（二）研究材料

根据文字资料载体的不同，近代汉字的研究资料主要可分为简帛、石刻、写本、刻本四类。

简帛文字资料时代较早，一般是秦汉魏晋时期的，主要有睡虎地秦简、里耶秦简、岳麓秦简、北大汉简、银雀山汉简、马王堆简帛、居延汉简、敦煌汉简、武威汉简、张家山汉简、定县汉简、尹湾汉简、三国吴简、楼兰汉晋简等。

石刻文字资料从秦汉直至民国时期历代都有，大致可分为碑碣、石阙、摩崖、墓志、造像记、画像题字、塔铭、经幢、地券、镇墓文、石经等。

写本文字资料也是从汉代以来历代都有，且时代越近发现得越多，大宗的写本资料主要有吐鲁番文书、敦煌文献、黑水城文献、域外汉籍写本、宋元以来契约文书、宋元以来小说戏曲写本、明清档案等。

刻本文字资料指宋代以来雕版印刷的古书，有不同的分类方法，如按时代可分为宋刻、辽刻、金刻、元刻、明刻、清刻等，按刻书地域可分为蜀刻、闽刻、浙刻等，按刻印者可分为官刻、家刻、坊刻等，按印刷方法可分为初印本、后印本、朱印本、蓝印本、朱墨本、套印本等。

简帛、碑刻、写本三类文字材料一般由当时人写定后，未经后人改动，所以最真切地反映了书写时代的文字面貌，对于近代汉字研究而言是最重要的第一手材料。而刻本文字资料虽然数量最为庞大，情况却比较复杂：写本时代的文献在进入刻本时代后，其字形和用字往往随着刊刻时代的先后在不断地规范化和当代化，时代较早的宋刻本还较多地保留了写本时代的文字特征，时代较晚的刻本则往往离手写文字面貌越来越远。所以要研究刻本时代之前的文字，刻本文字一般只能作为辅助资料使用，并且使用时要考虑到刻本文字资料的复杂性。当然，宋代以后产生的与著作年代同时代的刻本，如宋词的宋刻本、元曲的元刻本、明传奇的明刻本、清代小说的清刻本等，也可以作为研究这一时代文字的第一手资料使用。

（三）研究意义

朱德熙先生（1988：15—16）说："汉字有悠久的历史，这方面的研究很重要。但是过去太着重于古文字的研究，总认为后代文字变化不大，没有什么好研究的。从宏观上讲，可以这样说，……但仔细一看，变化还是不小。就说从汉朝到现在，许多字都经历了很复杂的演变过程，这里面有很多东西值得研究。古文字的研究不是不重要，但近代文字的研究尤其重要。因为它与我们关系更密切，就像古代史跟我们的关系不如近代史密切一样。所以我们应花足够的力量去研究近代文字的历史。现在的常用字里有许多字的历史我们不清楚，譬如说'抛弃'的'抛'，40年代唐兰先生曾写文章专门考证这个字的来历。这种字过去人不研究是不对的。我们应提倡近代文字的研究，俗字的研究。现在我们对古文字知道的比较多，近代文字反而知道得比较少，有点厚古薄今，这是不对的。"

正如朱先生所言，近代汉字上承古汉字，下启现代汉字，在汉字史上处于承前启后的位置。加强近代汉字的研究，主要有以下五个方面的意义：

1. 有助于构建完整的汉语文字学体系。只有大力加强近代汉字的研究，才能勾勒出古今汉字发展演变的完整脉络，建立起完整的汉语文字学体系。

当前，学界通常把古文字理解为小篆以前的古代文字，从纯粹的文字学研究角度来看，这种理解无疑是正确的。古文字的概念产生于汉代，"古"与"今"相对，今文字指的是隶书，古文字自然不包括以隶楷为主体的近代汉字。但如果以今人眼光看，我们把现行汉字称为当今文字，就可以把清代以前的文字一并称为古代文字。只有加强包括近代汉字在内的广义"古代文字"的全面研究，才能建立一套完整的汉语文字学体系，并为中华优秀传统文化的传承发展作出应有的贡献。

2. 有助于建立每个汉字演变的谱系。传世的汉字大多数是近代汉字阶段产生的，这些汉字是怎么来的？后来又是怎么演变的？比如茶叶的"茶"字是什么时候产生的？"花"字是什么时候出现的？"赔"字是从哪变来的？"娘""孃"是什么时候混用的？"國"字古今有哪些异体？等等。我们有必要对每个汉字的产生、孳乳、演变的过程进行精细的描写，探索它们的前世今生，勾勒出每一个汉字渊源演化的谱系。这是一项"摸家底"的工作，对汉字文明的传承与弘扬具有十分重要的意义。

3. 有助于大型字典的修订与完善。宋代以来的大型字典收字宏富，是近代汉字研究的重要材料。但这些字典也存在贪多求大、重收字而轻考辨的问题，所以其中收入了大量形音义有问题的疑难字，给现代的大型字典编纂带来了严重的负面影响。加强近代汉字中疑难字的考释和字形演变研究，则可以有效地解决这一问题，促进大型字典编纂质量的提高。

4. 有助于古文献的整理与研究。古书历经传抄和刊刻，其文本文字也在不断被当代化，字形的变迁、用字习惯的改变、有意的篡改和无意的讹误等，都会造成古书面貌逐步被改变。要想尽力恢复这些古书不同历史层次的本来面貌，就必须具备一定的近代汉字学知识。至于出土文献和写本资料，在字形和用字等方面都和现代汉字有很大差异，要整理和研究这些材料更离不开近代汉字学知识。利用近代汉字研究的成果，不仅可以发现并解决古书文字方面的问题，而且可以为文本的断代和辨伪提供重要参考。①

5. 有助于对汉字简化的正确认识。简化是汉字发展的总趋势，简化字古已有之，今天的简化字大多数在历史上就已经出现。但由于对近代汉字研究不够，当前社会上对简化字存在很多错误的认识。通过对近代汉字资料的充分发掘和系统研究，我们就可以清晰地描绘出每一个简化字发展演变的历史，从而为今天的汉字简化提供有益的参考。同时，近代汉字在总体简化的同时，也存在大量的繁化现象，这对于在汉字简化中一味求简的做法也是一种警示。

6. 有助于汉字的规范和统一。汉字异体众多，不仅在历史用字方面如此，而且在中国大陆和港澳台社会用字以及汉字文化圈用字方面同样如此。文字的不统一，不仅给现实生活中人们的交流带来了不便，而且也不利于信息时代以汉字为载体的信息的传播。目前的汉字异形现象，大都是近代汉字阶段的产物。大力加强近代汉字的研究，把每一个异体字的来龙去脉搞清楚，就可以科学地选择和淘汰字形，从而为汉字的规范和统一提供重要参考。

此外，近代汉字的研究，对于语言、历史、考古、书法等相关学科也有一定的借鉴和促进作用。事实上，正如每个古文字一样，每一个近代汉字的产生，都有自己的"身世"和传说，都是特定历史时期物质文明和精神文明的反映，是中华民族智慧的结晶，是中外文明交流互鉴的真实记载，值得我们珍惜和认真研究。

二 研究现状

传统的汉字学研究以《说文》为中心。宋代金石学兴起以后，古汉字学日益发展壮大，民国以来更成为汉字学领域成就最高、影响最大的部门。近代汉字的研究则一直以来就很薄弱，直到20世纪七十年代情况才渐有改观。

20世纪七十年代以来，由于敦煌文献整理的需要，敦煌俗字开始受到学界的普遍关注，并进而带动了各种俗文字的研究，在此基础上，近代汉字研究开始兴起，研究队伍日益壮大，主要表现在三个方面：

（一）近代汉字的理论研究日益深入

首先，对"近代汉字"名称的确定和近代汉字时段的划分逐步明确。虽然唐兰早在20世纪三十年代就已经提出用"近代文字"指称隶书以后的汉字，但这一名称具有歧义，且其对汉字史的三分法也不够明晰和准确。后来又有"今文字""现代汉字""隶楷文字"等称呼，但都没有通行开来。费锦昌《汉字研究中的两个术语》（1989）一文，

---

① 例子可参李运富、李娟（2016）。

首次提出把汉字史分成三个阶段：秦代小篆和小篆以前的汉字为古代汉字，秦汉隶楷直到"五四"以前的汉字为近代汉字，"五四"以后的汉字为现代汉字。此文定名准确，分期明晰，从而奠定了科学划分汉字史的基础，其意见逐步为学界所普遍接受。其后许长安（1990）、张鸿魁（1994）、张涌泉（2003）、刘金荣（2005）等都对近代汉字的概念、分期、上下限、研究意义、研究内容、研究重点等问题做了明确的回答。

其次，近代汉字研究的重要性逐渐得到学界认可。1949年，唐兰在《中国文字学》中强调近代文字的研究，他说："楷书的问题最多，别字问题，唐人所厘定的字样，唐以后的简体字，刻板流行以后的印刷体，都属于近代文字学的范围。西陲所出木简残牍，敦煌石室所出古写本经籍文书，也都是极重要的材料。"1959年，蒋礼鸿发表《中国俗文字学研究导言》，该文以敦煌写本俗字为基本材料，对俗字与正字的关系、俗字研究的现状和俗字研究的意义以及俗字研究的步骤和方法等都做了独到的分析和阐述。这是汉语俗字研究方面的一篇具有导夫先路意义的重要论文。可惜限于当时的整个学术环境，这方面的研究并没有积极开展起来。

继唐兰和蒋礼鸿之后，著名学者朱德熙、裘锡圭等都曾呼吁加强近代汉字的研究。但近代汉字研究真正受到重视，还是在俗字研究兴起之后。张涌泉的《汉语俗字研究》（1995），对近代汉字的核心——俗字的方方面面作了系统阐述，被誉为不仅是俗字学，同时也是近代汉字学的奠基之作。此书的出版，有力地推动了俗字研究的进步，此后二十几年间，几乎每一种重要的俗字材料都开始有学者加以整理和研究。在此基础上，近代汉字研究的重要性日益凸显。张涌泉（2003）又提出，近代汉字研究与古汉字研究一起，构成汉语文字学的"车之两轮，鸟之两翼"，缺一不可，从而真正明确了近代汉字研究在汉字学学科体系中的地位。

第三，近代汉字的理论探讨日渐展开，理论体系初现雏形。李荣的《文字问题》（1987）以明容与堂刻《水浒传》等五种晚明刻本小说用字为研究对象，不仅对很多俗字的源流演变作了深入的分析，而且对与俗字有关的字形分化、简化、繁化、类化、改换偏旁、增减笔画、同音替代和音近替代等问题做了独到的阐述，对近代汉字的理论研究有开拓之功。

在近代汉字学的理论建设方面，张涌泉（1995）做了一些开创性的工作，系统、全面地论述了俗字研究的诸问题，奠定了近代汉字学的理论基础。杨宝忠的一系列论文，对疑难字的考释方法有了更加多元的探讨，极大地丰富了近代汉字的研究方法。曾良（2006）侧重总结了俗字书写和演变的通例，并利用这些通例来释读文字，为近代汉字字形演变研究做出了积极探索。梁春胜（2012）从字形角度对楷书部件的演变情况进行研究，试图把楷书部件放到整个汉字形体源流演变的大背景中去，力求对楷书部件的源流演变做出更加精确的描述，同时对楷书部件的演变途径和演变规律进行更深入的探讨，在此基础上，总结楷书部件演变的通例，并应用于疑难俗字的考释工作，其研究成效卓著。

李运富（1997）、王贵元（1999）、陈淑梅（2005）、刘延玲（2004）、齐元涛（2007）、王立军（2003）、易敏（2005）等，运用王宁汉字构形学理论，首次对近代汉字的构件和构形系统进行了全面而细致的描写，探索了汉字演变的过程和规律，为建立科学的汉字构形史提供了依据。李运富提出汉字的本体研究包括形体、结构、职用三个平面，其中形体、结构层面的研究较多，而职用层面的研究最为薄弱，因而倡导建立"汉字职用学"，加强对汉字职用方面的研究。受其影响，字词关系研究越来越受到学界重视，先后于2019年在浙江大学召开了首届汉语字词关系学术研讨会，2021年在中山大学召开了第二届汉语字词关系学术研讨会。

（二）各种近代文字资料的整理与研究逐步加强

最先受到重视的是敦煌写本上的异体俗字，进而扩展到字书、佛典、石刻、契约、医书、明清小说、域外汉籍、方言字等方面。下面按照研究资料载体的不同，分写本、刻本、石刻以及字书疑难字研究四大类评述。字书主要是刻本文献，也有少量写本字书，近年来针对字书疑难字的考释成果极其丰富，故而这一部分独立出来专门介绍。其实很多成果所使用的研究资料并不只局限于某一种载体，而是在偏重于某一种的基础上，综合使用多种载体的资料，本文只为论述的方便，才采取了这种简单的分类方式。

此外还有简帛文字，虽然这部分文字资料对于探讨近代汉字的来源至关重要，近代汉字研究者不能忽视，但是目前这批资料主要由古汉字学者进行研究，往往被划到古汉字研究的范围，有鉴于此，本文对其研究现状不再评述。

1. 写本文献文字研究

首先来看有关敦煌文献的文字研究。如前所说，敦煌写卷中有大量异体俗字，给敦煌文献的整理带来很大的困难，从而也推动了俗字研究的开展。1978年，台湾学者潘重规偕弟子王三庆、曾荣汾、郑阿财等十余人编辑出版了《敦煌俗字谱》，该谱取材于台湾图书馆所藏的敦煌卷子和日本神田喜一郎编的《敦煌秘籍留真新编》，包括敦煌写卷178种。该书收录了大量唐五代时期流行的俗字异体，对古籍整理尤其是敦煌写本的整理具有很大的参考价值。但取材过于狭窄，难以代表敦煌文献俗字的全貌；加上缺乏简择，印刷不清，影响了实际使用效果。稍后金荣华为此书编制了《敦煌俗字索引》（1980），查检较原书便捷。至2005年，黄征的《敦煌俗字典》出版，这是第一部采用字形剪切技术编制的敦煌俗文字编，为近代汉字研究提供了丰富的字形资料。2019年，该书第二版出版，采集的写卷有不少增加。

八十年代后期，郭在贻和他的学生张涌泉合作，以敦煌俗字研究为中心，先后发表了一系列论文。在深入研究的基础上，张涌泉先后推出《汉语俗字研究》（1995）、

《敦煌俗字研究》（1996）两部专著。《敦煌俗字研究》的下编《敦煌俗字汇考》把见于敦煌辞书中的俗字和敦煌写本中可以用作偏旁的俗体汇为一编，"每个俗字下酌加考证，其中包括书证、例证、按语等项。按语中既有字形的辨析，又有其他传世古籍的旁证，上串下联，力图勾勒出每个俗字异体的来龙去脉"（张涌泉 2015：222），对古籍整理尤其是敦煌文献的整理具有较大的参考价值。2008 年，张涌泉主编的《敦煌经部文献合集》出版，把含括韵书、训诂、字书、群书音义、佛经音义在内的敦煌经部写卷全部类聚在一起，整理过程中非常注意文字辨识，故而在近代汉字研究方面很有参考价值。

与此同时，越来越多的学者致力于敦煌文献的语言文字研究，如朱凤玉（1997）、曾良（2001，2010）、蔡忠霖（2002）、叶贵良（2007，2009）、张小艳（2007，2013）、赵红（2012）、于淑健（2012，2017）、高天霞（2018）、陆忠发和李艳（2019）、赵家栋（2020）等，这些著作质量上乘，在敦煌俗字研究的方方面面取得了不错的成绩。此外还有很多与敦煌俗字研究相关的论文，在敦煌俗字研究意义、研究方法等方面进行了深入的讨论，文中涉及大量典型字例的考证分析，对近代汉字研究很有启发意义。

在吐鲁番出土文书用字研究方面，以王启涛、张显成的成绩较为突出。王启涛（2012，2013）对吐鲁番文书中的大量异体俗字作了辨析，尤其注意秦汉简牍、吐鲁番文书、敦煌文献用字的比较分析，有不少新见。张显成（2020）对吐鲁番文书文字字形进行了系统梳理，字头以《说文》为序，每一个字头下有字频、字形、辞例和出处，字形收集较为全面。赵红（2019）采用字形剪切技术采集吐鲁番出土文献字形，不易失真，但所收并非都是"俗字"。此外张涌泉（2020a，2020b）也以吐鲁番出土文书的文字资料为主对个别典型字例进行了考辨，研究方法值得参考。

写本文献的另一个重要部分就是契约文书，近年来出版了不少辑录整理契约文书的专著，针对契约文书中的文字进行专门研究的成果主要涉及以下方面：对文书俗字研究价值的探讨；对文书俗字类型的总结；对文书中特殊俗字俗语词的个案考释，这个方面成果最多。这些研究为识读、校理和研究契约文书提供了极大便利。但整体而言，契约文书文字研究还处于起步阶段，随着各地契约文书不断被发现被整理出版，后续成果会不断增加，研究深度也应该继续推进，比如某地文书俗字的整体特色，与其方言的关联度，个别方言俗字的产生原因，流行范围等，都值得深入探讨。

明清档案虽为官方文书，但大多为纸本手写，文字分歧的情况也很严重，近年来也开始引起研究者的注意，研究侧重点也以个别特殊俗字的个案考证居多。此外，与写本文献文字研究相关的还有龙宇纯（1968）、徐前师（2008）、肖瑜（2011）、蔡永贵（2016）等著作。

2. 刻本文献文字研究

宋代以后，随着版刻书籍的盛行和流传，以正楷为主的印刷体的地位不断得到巩固和加强，字体逐渐趋于一尊。人们的书写有了可遵循的范本，从而大大减少了俗字产生的机会和存在的市场。但历代新出的各类民间通俗作品中，异体俗字数量可观。早在20世纪三十年代，刘复、李家瑞（1930）就曾编纂过《宋元以来俗字谱》。后来对这类资料中的异体俗字进行研究的主要有张鸿魁（1999）、周志锋（2006）、曾良（2009，2017，2018）等。这些研究探讨了刻本俗字的研究意义、类型和特点，对个别疑难俗字进行了考释，对俗字的产生和演变规律以及研究方法进行了总结，对未来的研究很有指导意义。尤其值得一提的是刘君敬（2020），此书虽不以"明清小说"字样冠名，但利用的材料多为明清小说材料；虽然只考释了20多个近代汉字，但切入视角富有启示。

传世刻本中的佛教文献对于近代汉字研究来说举足轻重，近年来，研究佛经及佛经音义中的文字问题的论著层出不穷，代表性成果有徐时仪（1997，2005，2009，2012）、姚永铭（2003）、郑贤章（2007，2010）、韩小荆（2009）、谭翠（2013，2021）、梁晓虹等（2014，2015）、王华权（2014）、耿铭（2016）、吴继刚（2021）等。其中韩小荆的书采用截图方式编制了《可洪音义》文字表，对近代汉字研究尤其有用。韩国李圭甲主编《高丽大藏经异体字典》（2000）收录高丽藏异体俗字较为丰富，然此书字形系排印，难免失真。

古书刻本大多源自写本，由于所据底本不一，不同刻本间异文的存在自然不可避免，其中大多数异文的产生与字形演变有关。郭在贻（1982，1983）较早讨论这一问题，真大成（2020）则对中古刻本文献异文的成因、来源、类型和性质进行了更为系统全面的研究，所举例子大多为作者本人探索所得，颇具创见。

如前所说，古书刻本可按时代、地域、印刷方法等分成不同类别，研究这些不同版别古书的用字问题，自亦应在近代汉字的研究范围。但见闻所及，只有前面已经提到的王立军（2003），其他成果少得可怜，研究需要大大加强。

3. 石刻文献文字研究

石刻文字方面，出版了一批石刻录文汇编之作，如赵超（1992）、毛汉光（1983—1995）、周绍良等（1992，2001）、吴钢（1994—2007）、王其祎等（2007）、毛远明（2008）、周阿根（2012）、王连龙（2013，2017）、罗新等（2016）、朱明歧等（2019）、何新所（2019，2020）、张铭心（2020）、周峰（2021）等，收集材料很丰富，但释文也或多或少存在一些问题。文字编有秦公（1985）、马向欣（1995）、吴钢（2004）、臧克和（2011）、毛远明（2014）等，收录石刻异体俗字甚多，但误释、漏收等问题也不少。

研究石刻异体俗字的专著，主要有曾良（2007）、陆明君（2009）、毛远明

（2012）、何山（2016）、董宪臣（2018）、王立军（2020）、梁春胜（2021）等，此外还有大量论文。这些成果在碑刻疑难字的考释或字形资料的汇集方面，多有建树。尤其是梁春胜（2021）还通过文字研究对若干碑刻的真伪作了辨正，研究思路富有启示。

4. 字韵书及疑难字研究

作为文化学习辅助工具的字韵书编纂古今都非常发达，汉代许慎的《说文解字》是研究古今汉字的桥梁，之后吕忱《字林》、顾野王《玉篇》是当时隶楷汉字的集大成之作，对后世乃至整个汉字文化圈都影响深远。到了唐代，字韵书编纂进一步繁荣，现存于世的有颜元孙《干禄字书》、张参《五经文字》、唐玄度《九经字样》等字样书和各种版本的《切韵》系韵书。宋代有《宋本玉篇》《广韵》《集韵》《类篇》，辽代有《龙龛手镜》，金代有《四声篇海》，元代有《古今韵会举要》，明代有《洪武正韵》《字汇》《正字通》，清代有《康熙字典》等。随着时间的推移，历代字韵书的收字越来越多，但问题也陈陈相因，很多字头或形或音或义存在问题。改革开放的新时期，我们出版了两部大型字典——《汉语大字典》和《中华字海》。二书在承袭古代字书的基础上，又从古今文献中搜辑出大量字形，对汉字形音义做了系统的整理，前者代表了当今汉语大型字典的最高水平，后者则是迄今为止收字最多的汉语字典。尽管如此，二书还是承袭了前代字韵书中的很多错误，并且还增加了新的错误。

于是，对上述大型字韵书中各类文字问题的研究考辨，成为新时期近代汉字研究者的首要任务，其中胡吉宣、张涌泉、杨宝忠、郑贤章、李国英、邓福禄等成绩最为显著。胡吉宣（1989）在《玉篇》文字校订、字义梳理和疑难字考释等方面均有大量收获，代表了目前《玉篇》研究的最高水平。张涌泉（2000）首次系统运用俗文字理论对大型字书疑难字加以清理和考释，创获极多，是字书疑难俗字考释的开创之作。杨宝忠（2005，2011，2018）注重对字书贮存领域疑难字的清理与考释，首倡从字书源流关系考释疑难字，也创获极丰，是继张涌泉之后的又一典范。郑贤章（2004）利用佛教文献研究《龙龛手镜》，例证确凿，多为定论。李国英的一系列论文，对疑难字考释的深度和广度都有所推进。受郑贤章启发，邓福禄等（2007）也更加有意识地广泛利用佛教文献研究《汉语大字典》和《中华字海》中的文字问题，收获亦丰。

此外，陈飞龙（1974）、葛信益（1993）、蒋礼鸿（1996）、周志锋（1998）、孔仲温（2000）、吕浩（2007）、余迺永（2008）、柳建钰（2011）、赵振铎（2012）、张磊（2012）、张青松（2016）、熊加全（2019，2020）等著作，在近代汉字研究方面也都取得了不俗的成绩。张文冠（2014）和李军（2018）在研究《汉语大字典》中的同形字方面很有建树，并为《大字典》补收了一大批同形字，大部分字头都与近代汉字相关。

5. 其他

不管是简帛的还是写本、刻本的古代医学文献，在近代汉字研究方面都有特殊的价值，这已被很多专家学者发现。研究医书中俗字现象的有马继兴等（1998）、冯利华等（2006）、沈澍农（2007）、李书田（2008）、陈增岳（2008）、彭馨（2008）、范登脉（2009）、孙孝忠等（2009）、段晓华等（2013）、方成慧等（2014）、杨艳辉等（2014）、李烨等（2016）、刘敬林（2017）、王兴伊（2021）、张献方等（2021）、周艳红等（2021）。这些成果揭示了古代医学文献所特有的文字现象、某些汉字特殊的文字职能，以及近代汉字知识在校勘医籍方面的重要作用，并考释了一大批医籍中出现的疑难杂字，极大丰富了近代汉字的研究内容。

还有对方言俗字的关注。各类文字材料中都难免出现方俗字，传统研究主要侧重于方言本字的考求和现代方言字的释读，如章炳麟（1907）、陈伯辉（1998）、翁寿元（2015）等。新式研究如陈源源（2017）则在详尽考释了21组方言字的基础上，全面总结了方言字的特点和类型，指出了方言字存在的问题，探讨了方言字的认知理据，分析了方言字研究的难点，对汉语史、汉语文字学、历史方言学的研究都有参考价值。除了上述专著外，研究方俗字的论文还有董绍克（2005）、周志锋（2011）、陈源源等（2012，2020）、王建设（2015）、陈日芳（2017）、林伦伦（2020）、董思聪等（2021），这些成果不管是在研究理论方面还是个案考证方面都对方俗字研究有积极推进。

汉字在历史上很早就已传入邻国，因而形成了以中国为主体，包括日本、韩国、越南和新加坡在内的汉字圈。近年来，关注汉字文化圈近代汉字历史状貌的学者也越来越多，他们在汉字圈汉字的受容状况、研究价值、文字特点以及个案考证等方面做出了有益的探索，主要成果有方国平（1992）、郑阿财（1993，2002）、裘锡圭（1994）、张涌泉（2003）、河永三（2005）、费锦昌等（2005）、聂鸿英等（2008）、何红一等（2012）、吕浩（2013）、韦凡州（2018）、何华珍等（2019）、刘正印等（2021）。其中何华珍（2004）在日本汉字研究方面取得了较为突出的成绩，对日本汉字、汉字词作了溯源与考释，匡正了中日辞书和相关著述中的一些谬误。他的"中日汉字比较研究系列论文"（2001，2003，2005，2006），从中日文化背景的异同出发，讨论了日本国字、简体字、俗字之源流，探究了中日近现代汉字之传承与变异。之后研究视域扩大到整个汉字文化圈，出版了一系列专著，其中何华珍（2018）综合比较汉字圈俗字发展的共性和个性，揭示通用俗字与国别俗字的关联和类隔，从东亚汉字圈的广阔视域探求俗字域外传播规律，尝试创建域外俗字学理论体系。

（三）近代汉字学会成立

近代汉字学会是中国文字学会下属的第一个（目前也是唯一一个）二级学会，2018年11月成立，其宗旨是推动近代汉字研究的发展，加强近代汉字学界的交流，为继承和发扬中国优秀的文化传统，促进文字的规范化、标准化和现代化，推动语言文字的统一而贡献力量。其成立顺应了近年来近代汉字研究快速发展的需要，同时也是近代汉字学界积极争取的结果。近代汉字研究会的成立，对于整合学术资源，加强学术界的分工与合作，促进近代汉字研究的繁荣发展，起到了积极的作用。

2016年8月，全国首届近代汉字学术研讨会在河北大学顺利召开，大会决定以集刊的形式创办本学会的会刊，于是2018年河北大学出版社出版了《近代汉字研究》（第1辑），收录专业论文20篇。2018年第二届近代汉字学会于浙江财经大学召开，2020年出版《近代汉字研究》（第2辑），收录专业论文24篇。2020年第三届近代汉字学会在湖南师范大学召开，会议收到近百篇论文，即将结集出版。

从2016年举办近代汉字研究第一届学术年会以来，越来越多的专家学者认识到近代汉字研究的重要价值，近代汉字研究队伍持续壮大、发展良好，由于越来越多的年轻力量的不断加入，极大促进了近代汉字研究的发展。

三　研究展望

纵观20世纪七十年代以来的近代汉字研究，有如下特点：一是研究的对象和范围日益扩大，涉及简帛、写本、刻本和石刻等各类资料。二是研究成果已相当丰硕，其中有关敦煌俗字和大型字书的研究成果最为突出。此外，碑刻文字研究也取得了前所未有的发展。三是研究不断深化，更加注重研究的理论探讨和现实价值，这主要表现在四个方面：a.从历时的角度来研究近代汉字，把每个汉字放到汉字史的框架中进行研究；b.注意了近代汉字的系统性，从文字体系的角度分阶段来考察汉字的构造和演变；c.注意进行比较研究，从汉字圈的大视野来考察汉字。d.加强了和现代汉字的联系研究，特别注重研究成果的现实意义。

但是，近几十年的近代汉字研究也存在着力不均衡的现象，主要体现为较多关注疑难字的考辨，而对常用汉字关心不够，缺少系统性的观照和理论建构。因此，我们迫切需要在充分掌握材料的基础上，认真分析近代汉字的字体、构形、职用，探讨近代汉字与古文字、与现代汉字的关系，总结近代汉字字形演变的规律，归纳近代汉字研究的方法，进而编著一部具有条理性、系统性、科学性的近代汉字概论性著作，并创建一门真正的近代汉字学，使近代汉字研究由感性阶段上升到理性阶段，以指导今后的研究工作。所以，今后近代汉字研究需要加强以下方面的研究工作：

（一）进一步加强近代汉字的理论建设

近代汉字的理论建设，主要包括字源、字形、结构和用字等方面的研究和理论总结。

字源方面，汉字字量增加的一个重要途径，就是形体的孳乳分化，从而形成了一组组内部关系复杂的汉字字族谱系。字源学的研究，就是要研究每一个汉字的形体来源，以及汉字字族谱系形成、发展与演变的规律。汉字的源流分化是贯穿古今的，所以字源的研究，并不仅限于古汉字领域，在近代汉字领域也同样需要。近代汉字中有大量的字头来源不清楚，这是字源研究需要解决的问题。

字形方面，近代汉字异体俗字的字形，往往经历了剧烈的演变，主要有讹变、讹混、糅合、简化、繁化、类化、草书楷化、变形音化、变形义化、改换偏旁、偏旁易位、全体创造等多种情况。近代汉字字形的研究，需要在大量搜集各时期、各种文字材料的基础上，排比字形演变的序列，总结字形发展演变的途径和规律，并且反过来利用这些规律分析疑难字的构形，为疑难字的考释提供理论支持。字形研究是目前近代汉字研究的重点，但目前的研究多局限于单个或某一类字形，缺乏综合和系统的研究，这也影响了字形理论方面的总结和提高。

结构方面，近代汉字的结构研究包括两个层面：共时的结构类型的分析，历时的构形方式的研究。结构类型是在共时层面上进行静态分析而归纳总结出来的汉字结构类别，包括指事、象形、会意、形声四类。构形方式则是从汉字的发生和创造机制角度总结出来的关于汉字构造的各种方式，揭示的是随着汉字体系的发展，不同结构类型的汉字分布情况的消长变化。目前近代汉字结构方面的研究较为薄弱，无论是对共时的结构类型的分析，还是对历时的构形方式的研究，都因材料占有不充分而有明显的不足。今后需要在尽可能占有不同时期、不同类型文字资料，并加以正确释读的基础上，加强这方面的研究。

用字方面，近代汉字在不同时期、不同地域、不同行业、不同宗教、不同阶层等不同层面，用字也往往有一定的差异，所以用字研究也应是近代汉字研究的重要内容。用字研究包括对用字习惯的研究、字词对应关系的研究、文字规范化的研究等。目前这方面的研究空白较多，今后需要重点加强。

汉字研究中的理论与实践，合则双美，离则两伤。但目前的近代汉字研究，存在理论与实践相脱节的现象。从事近代汉字理论研究的学者，往往在文字资料的整理与研究方面实践不够，掌握的字形材料有限，文字考释的水平有待提高，在此基础上所做的理论探讨，也就必然缺乏深度。从事文字整理与考释的学者，则往往忽视文字学理论修养的提高，常常只见树木，不见森林，陷在具体问题的考证当中而不能自拔，因而研究成果也就是琐碎而不成系统的。今后必须解决好这种理论与实践两层皮的现象，从事文字整理与考释的研究者要加强文字学理论修养，从事理论研究的学者也要加强具体字例的整理与考释实践，以理论指导实践，同时从实践中丰富和深化理论。只有这样，近代汉字研究才能不断进步。

（二）进一步加强对各类文字资料的整理与研究

目前，敦煌文献用字研究和字书文字研究已经取得较大成绩，但是其他文字资料的整理和研究还不够充分。今后要加强这些方面的工作，至少可以从以下两个方向展开：

首先是要加强文字编的编纂。编写文字编是汉字研究的基础工作，但同古汉字研究相比，近代汉字文字编少得可怜，严重制约了研究的发展。今后这方面的工作十分繁重，可以考虑从比较重要的文字资料开始，每一种文字资料都编写出尽可能详备的字表，这样经过一定时间的积累后，就可以将这些材料整合成专题和断代的文字编，并最终整合为一部比较完备的近代汉字文字编。

其次是继续加强疑难字的考释。目前的疑难字考释已经取得了显著的成绩，但仍然有大量的疑难字待考，今后的考释任务同样繁重。要全面总结已有考释成果和考释方法，从中抽绎出一些具有规律性的东西，从而为今后的疑难字考释工作提供指导。以前的疑难字考释常受制于材料，在举证方面困难较多，所以很多疑难字的考释结论因为缺乏文献用例的佐证而难成定论。今后要在各类文献文字资料的整理和搜集方面狠下功夫，唯有如此，疑难字考释的举证工作才能逐步改善。

（三）加强古今汉字的源流演变研究

古今汉字是一脉相承的，近代汉字的一些字形和用字特征，在古汉字和早期隶书当中就已经出现。所以汉字研究也理应贯通古今，源流并重。但在目前的汉字研究中，古汉字研究与近代汉字研究之间常常缺乏有效的沟通、交流与合作。古汉字研究有着深厚的学术积累，涌现出很多一流学者，已经取得了辉煌的成就；而近代汉字研究起步较晚，基础薄弱，虽在近年有显著进步，但就整体成绩而言，仍然远远落后于古汉字研究。目前的近代汉字研究主要研究汉隶以下的文字，而对于古汉字和早期隶书关注不够，所以近代汉字研究者往往很难及时、充分地吸收古汉字学界的研究成果，而古汉字学者也往往忽视近代汉字研究所取得的成绩。要想建立完整的汉语文字学体系，构建完整的汉字史，这种情况就必须改变。古今汉字的源流演变研究，应是今后一个时期汉字学研究需要重点加强的一个领域。这就要求古汉字学界与近代汉字学界通力合作，加强沟通与交流，这对于双方的研究都是有益的。近代汉字学者尤其要开阔视野，培养历史的观念，从汉字史的角度来研究汉字，力求做到每一个字形的梳理和疑难字的考释，都能放到汉字史的大背景下来展开。经过这样的长期的积累，有朝一日，编写科学完整的汉字史就会成为可能。

（四）加强近代汉字研究人才的培养

现在党和国家高度重视中华优秀传统文化的传承发展，高度重视古文字在中华文明乃至人类文明发展史上的重要作用，并为此开展了"古文字与中华文明传承发展工程"，推行强基计划以加强古文字方向人才培养。这对加强古文字的研究和人才梯队建设是件大好事，也是完全必要的。近代汉字作为汉字学的重要分支，与古文字可谓车之两轮、鸟之两翼，缺一不可。而且，近代汉字是中华文明的主要载体，现在传世的文献主要以近代汉字记载，东亚汉字文化圈也形成和发展于近代汉字阶段。加强近代汉字的研究，不仅有利于中华优秀传统文化的传承与弘扬，也有利于国际汉字文化圈的交流与互鉴。

我们现在习惯把古文字研究看作冷门绝学，其实从文字学研究的人数和成果而言，头重脚轻，真正"冷"的是对于近代汉字包括现代汉字的研究。我们不妨用广义角度来看待古文字，把它理解为清代以前的古代文字，这样不但有利于构建完整的文字学学科体系，也有利于为强基班学生打牢基础，培养根柢厚实、上下贯通的文字学研究全才。目前，浙江大学汉语史研究中心正在组织全国的专家编写《近代汉字学》本科生教材，希望这项工作能对近代汉字学的学科建设和人才培养有所推进。我们只有将数量特别巨大的近代汉字研究透了，才能勾勒出汉字由甲骨文到现代文字发展演变的历史轨迹，原来的独轮车才能变成双轮车，汉语文字学研究的两翼才能趋于协调。只有如此，我们才能建立一套完整的汉语文字学体系，并为中华优秀传统文化的传承发展做出应有的贡献。

总之，近代汉字学的兴起和发展，已经并将继续改变汉字研究的格局。希望在不久的将来，近代汉字学将和古汉字学、现代汉字学一起，共同构建起汉字学的完整大厦。

参考文献

蔡永贵　2016　《俄藏黑水城汉文文献俗字研究》，宁夏人民出版社。
蔡忠霖　2002　《敦煌汉文写卷俗字及其现象》，（台湾）文津出版社有限公司。
曹树基等　编　2011—2014　《石仓契约》，浙江大学出版社。
曹树基等　编　2018　《鄱阳湖区文书》，上海交通大学出版社。
陈伯辉　1998　《论粤方言词本字考释》，（香港）中华书局。
陈飞龙　1974　《〈龙龛手鉴〉研究》，（台湾）文史哲出版社。
陈日芳　2017　《博白地名方言字集解》，《中国地名》第4期。
陈淑梅　2005　《东汉碑隶构形系统研究》，上海教育出版社。
陈源源　2017　《汉语史视角下的明清吴语方言字研究》，浙江大学出版社。
陈源源　2020　《〈俗字编〉方言字例释》，《温州大学学报》（社科版）第1期。
陈源源　张　龙　2012　《〈六书故〉所见宋代温州方言字例说》，《广西民族师范学院学报》第5期。
储小旵　李　琦　2018　《宋元以来民间契约文书与大型字典编纂》，《中国文字研究》第2期。
储小旵　张　丽　2013　《契约文书俗字考五则》，《汉语史学报》第13辑。
储小旵　张　丽　2014　《宋元以来契约文书俗字在大型字典编纂中的价值》，《中国文字研究》第1期。
储小旵　张　丽　2020　《宋元以来契约文书俗字研究》，人民出版社。
褚　红　2018　《河南省古代契约文书整理与研究》，郑州大学出版社。
邓福禄　2021　《〈汉语大字典·犬部〉俗字和疑难义训杂考》，《长江学术》第4期。

邓福禄　韩小荆　2007　《字典考正》，湖北人民出版社。
邓鸥英　2001　《敦煌写本〈佛说地藏菩萨经〉俗字考辨》，《南京师范大学文学院学报》第4期。
董绍克　2005　《方言字初探》，《语言研究》第2期。
董绍克　2019　《聊斋俚曲集俗字研究》，商务印书馆。
董思聪　侯兴泉　徐杰　2021　《"大汉字"观念与方言字规范》，《长江学术》第1期。
董宪臣　2018　《东汉碑刻异体字研究》，九州出版社。
窦怀永　2017　《敦煌写卷避讳字形递变现象初论》，《敦煌吐鲁番研究》第1期。
杜爱英　1992　《敦煌遗书中俗体字的诸种类型》，《敦煌研究》第3期。
段卜华　邓章应　2021　《清至民初子弟书疑难俗字理据考察十二则》，《汉语史研究集刊》第1期。
段晓华　曾凤　2013　《〈新雕孙真人千金方〉俗字特点初探》，《北京中医药大学学报》第9期。
范登脉　2009　《黄帝内经素问校补》，学苑出版社。
方成慧　周祖亮　2014　《简帛医书语言文字研究现状与展望》，《江苏社会科学》第5期。
方国平　1992　《日本古辞书在近代汉字研究中的价值》，《中州学刊》第6期。
方孝坤　2006　《徽州文书中的俗字》，《古籍研究》第2期。
方孝坤　2010　《徽州俗字的研究价值》，《徽学》第6辑。
方孝坤　2012　《徽州文书俗字研究》，人民出版社。
费锦昌　1989　《汉字研究中的两个术语》，《语文建设》第5期。
费锦昌　松冈荣志　2005　《日本"国字"的汉语读音》，《语言文字应用》第3期。
冯利华　李讯琪　2006　《〈道藏〉本〈肘后备急方〉俗字研究》，《怀化学院学报》第10期。
高天霞　2012　《敦煌写本〈开蒙要训〉字词笺释一则》，《汉语史学报》第12辑。
高天霞　2018　《敦煌写本〈俗务要名林〉语言文字研究》，中西书局。
高天霞　2019　《敦煌写本S.5604号〈籯金〉疑难字句补释》，《语文学刊》第2期。
葛信益　1993　《〈广韵〉丛考》，北京师范大学出版社。
耿铭　2016　《〈玄应音义〉文献与语言文字研究》，上海人民出版社。
郭洪义　2016　《晋唐间佛教石刻文字词语研究》，西南大学博士学位论文。
郭敬一　张涌泉　2019　《〈石仓契约〉方音俗字考释二则》，《方言》第3期。
郭在贻　1982　《杜诗异文释例》，《草堂》第2期。
郭在贻　1983　《唐诗异文释例》，《文史》第19辑。
郭在贻　张涌泉　1990　《俗字研究与古籍整理》，《古籍整理与研究》第5期。
郭在贻　张涌泉　1992　《俗字研究与俗文学作品的校读》，《近代汉语研究》，商务印书馆。
韩小荆　2009　《〈可洪音义〉研究——以文字为中心》，巴蜀书社。
郝茂　1996　《论唐代敦煌写本中的俗字》，《新疆师范大学学报》（社科版）第1期。
郝平　2019　《清代山西民间契约文书选编》，商务印书馆。
何红一　王平　2012　《美国国会图书馆馆藏瑶族写本俗字的研究价值》，《广西民族大学学报》（社科版）第6期。
何华珍　2001　《中日汉字词辨考》，《杭州师范学院学报》（社科版）第2期。
何华珍　2003　《日本简体字探源（续）》，《杭州师范学院学报》（社科版）第6期。
何华珍　2003　《日本简体字探源》，《语言研究》第4期。
何华珍　2004　《日本汉字和汉字词研究》，中国社会科学出版社。

何华珍　2005　《日本"国字"辨正》,《语言研究》第 2 期。
何华珍　2006　《"退婴"探源》,《语言研究》第 1 期。
何华珍　2018　《俗字在域外的传播研究》,中国社会科学出版社。
何华珍　刘正印　2020　《越南碑铭文献的文字学研究》,中国社会科学出版社。
何华珍　逯林威　2019　《〈朴通事〉"爋"字源流考》,《古汉语研究》第 3 期。
何华珍　阮俊强　2017　《东亚汉籍与越南汉喃古辞书研究》,中国社会科学出版社。
何华珍　阮俊强　2019　《越南汉喃文献与东亚汉字整理研究》,社会科学文献出版社。
何　山　2015　《新刊碑志俗字考释八题》,《巢湖学院学报》第 4 期。
何　山　2015　《新刊隋唐碑志俗字考》,《保定学院学报》第 5 期。
何　山　2016　《魏晋南北朝碑刻文字构件研究》,人民出版社。
何　山　2016　《明清石刻俗字考释十题》,《广东技术师范学院学报》第 3 期。
何　山　2021　《唐代碑刻俗字考释十五题》,《中国文字研究》第 1 期。
何新所　2019　《新出宋代墓志碑刻辑录》(北宋卷),文物出版社。
何新所　2020　《新出宋代墓志碑刻辑录》(南宋卷),文物出版社。
河北大学传世字书与出土文字研究中心　编　2018　《近代汉字研究》(第 1 辑),河北大学出版社。
河北大学传世字书与出土文字研究中心　编　2020　《近代汉字研究》(第 2 辑),河北大学出版社。
河永三　2005　《韩国固有汉字中"国字"之结构与文化特点——兼谈〈异体字字典〉之〈韩国特用汉字〉》,《中国文字研究》第 6 辑。
侯玉贵　2021　《清车王府藏曲本俗字札记》,《汉语史研究集刊》第 2 期。
胡红雯　曾述忠　2005　《唐代墓志文字校正举例》,《语言科学》第 5 期。
胡吉宣　1989　《玉篇校释》,上海古籍出版社。
胡开全　2012　《成都龙泉驿百年契约文书:1754—1949》,巴蜀书社。
黄程伟　何　山　2018　《〈长安高阳原新出土隋唐墓志〉俗字例释》,《保定学院学报》第 3 期。
黄　征　2005　《敦煌俗字典》,上海教育出版社。
黄　征　2005　《敦煌俗字要论》,《敦煌研究》第 1 期。
黄志繁等　2014　《清至民国婺源县村落契约文书辑录》,商务印书馆。
蒋冀骋　1991　《近代汉语词汇研究》,湖南教育出版社。
蒋冀骋　1997　《近代汉语纲要》,湖南教育出版社。
蒋礼鸿　1959　《中国俗文字学研究导言》,《杭州大学学报》第 3 期。
蒋礼鸿　1996　《〈类篇〉考索》,山东教育出版社。
蒋宗福　2005　《释敦煌变文"烺"字》,《中国语文》第 3 期。
金荣华　1980　《敦煌俗字索引》,(台湾)石门图书公司。
景盛轩　2013　《二十年来近代汉字研究综述》,《汉语史学报》第 13 辑。
孔仲温　2000　《〈玉篇〉俗字研究》,(台湾)学生书局。
李　博　2018　《敦煌变文"烺"字新释》,《中国语文》第 4 期。
李圭甲　2000　《高丽大藏经异体字典》,(韩)高丽大藏经研究所。
李国英　2003　《楷体部分未识字考》,《古汉语研究》第 2 期。
李国英　2007　《楷书字际关系考辨(二)》,《中国文字研究》第 1 期。
李国英　2009　《楷体部分未识字考(二)》,《古汉语研究》第 3 期。

李国英	2011	《〈汉语大字典〉（第二版）新收音义未详字考》，《中国文字研究》第 2 期。	
李国英	2011	《〈汉语大字典·麦部〉收字、字形考辨》，《励耘学刊》（语言卷）第 1 期。	
李国英	2014	《〈大正藏〉疑难字考释（三）》，《民俗典籍文字研究》第 2 期。	
李国英	2015	《〈大正藏〉疑难字考释（二）》，《古汉语研究》第 2 期。	
李国英	2015	《〈大正藏〉疑难字考释》，《中国文字学报》第 6 辑。	
李华斌	2021	《敦煌写卷佛经音义疑难字考释六则》，《中国文字研究》第 1 期。	
李 军	2018	《汉语同形字研究》，商务印书馆。	
李 荣	1987	《文字问题》，商务印书馆。	
李书田	2008	《以马王堆古医书补〈汉语大字典〉义项之不足》，《河南中医》第 10 期。	
李 索 李双池 俞绍宏	2020	《敦煌写本〈诗经〉中的俗字溯源释例》，《大连大学学报》第 2 期。	
李伟大	2018	《明清戏曲小说疑难字考释三则》，《中国语文》第 6 期。	
李伟大	2020	《影戏影卷俗讹字考释五例》，《励耘语言学刊》第 2 期。	
李 烨 田佳鹭 张显成	2016	《简帛医籍字词释义要则》，《求索》第 2 期。	
李运富	1997	《楚国简帛文字构形系统研究》，岳麓书社。	
李运富	2005	《汉字语用学论纲》，《励耘学刊》（语言卷）第 1 期。	
李运富	2012	《汉字学新论》，北京师范大学出版社。	
李运富	2016	《汉字职用研究·理论与应用》，中国社会科学出版社。	
李运富 李 娟	2016	《传世文献的改字及其考证》，《文献语言学》第 1 期。	
梁春胜	2012	《楷书部件演变研究》，线装书局。	
梁春胜	2018	《"近代汉字学"刍议》，《近代汉字研究》（第一辑）。	
梁春胜	2021	《六朝石刻丛考》，中华书局。	
梁晓虹	2015	《日本古写本单经音义与汉字研究》，中华书局。	
梁晓虹	2021	《"无穷会本系"〈大般若经音义〉"詹"声俗字考》，《汉语史研究集刊》第 2 期。	
梁晓虹 陈五云 苗 昱	2014	《〈新译华严经音义私记〉俗字研究》，（台湾）花木兰文化出版社。	
林伦伦	2020	《粤东闽语方言俗字研究》，《潮学研究》第 1 期。	
刘伯山	2005—2011	《徽州文书》，广西师范大学出版社。	
刘道胜	2019	《徽州文书稀俗字词例释》，中国社会科学出版社。	
刘 复 李家瑞	1930	《宋元以来俗字谱》，中央研究院历史语言研究所。	
刘金荣	2005	《"近代汉字"刍议》，《浙江社会科学》第 4 期。	
刘敬林	2017	《日本回归医籍〈济世碎金方〉俗字考释》，《励耘语言学刊》第 2 期。	
刘君敬	2020	《唐以后俗语词用字研究》，商务印书馆。	
刘延玲	2004	《魏晋行书构形系统研究》，上海教育出版社。	
刘正印 李运富	2021	《越南少数民族汉籍及其俗字释例》，《古汉语研究》第 2 期。	
柳建钰	2011	《〈类篇〉新收字考辨与研究》，辽宁大学出版社。	
龙宇纯	1968	《唐写全本王仁昫〈刊谬补缺切韵〉校笺》，香港中文大学。	
卢庆全 黑维强	2015	《贵州契约文书俗字"艰"考释》，《新疆大学学报》（哲社版）第 3 期。	
陆明君	2009	《魏晋南北朝碑别字研究》，文化艺术出版社。	
陆忠发 李 艳	2019	《敦煌写本汉字形体变化研究》，上海教育出版社。	
罗慕君 张涌泉	2021	《文字比较在敦煌本〈金刚经〉整理中的运用》，《古汉语研究》第 2 期。	

罗　新　叶　炜　2016　《新出魏晋南北朝墓志疏证》，中华书局。
罗志欢　李龙潜　2014　《清代广东土地契约文书汇编》，齐鲁社。
吕　浩　2007　《〈篆隶万象名义〉校释》，学林出版社。
吕　浩　2013　《韩国汉文古文献异形字研究》，上海人民出版社。
吕燕平　2020　《大屯契约文书汇编》，孔学堂书局。
马国强　2001　《敦煌变文字词札记》，《古汉语研究》第 2 期。
马继兴等　1998　《敦煌医药文献辑校》，江苏古籍出版社。
马建东　2008　《敦煌俗字举隅——以写本相书为中心》，《天水师范学院学报》第 1 期。
马向欣　1995　《六朝别字记新编》，书目文献出版社。
马小川　2021　《据观智院本〈类聚名义抄〉解读〈龙龛手镜〉俗字释例》，《语言科学》第 3 期。
毛汉光　1983—1995　《唐代墓志铭汇编附考》，"中研院"历史语言研究所。
毛　宇　冯利华　2021　《〈新编事文类聚启札云锦〉甲集俗字类型初探》，《语文学刊》第 5 期。
毛远明　2008　《汉魏六朝碑刻校注》，线装书局。
毛远明　2012　《汉魏六朝碑刻异体字研究》，商务印书馆。
毛远明　2014　《汉魏六朝碑刻异体字典》，中华书局。
毛远明　章红梅　2005　《汉魏晋南北朝碑刻同形字举证》，《中国文字研究》第 6 辑。
聂鸿英　孙永恩　2008　《汉字在东亚文化圈的复兴与地位》，《东北师大学报》（哲社版）第 6 期。
潘重规　1980　《敦煌卷子俗写文字与俗文学之研究》，《孔孟学刊》第 11 期。
潘重规　1991　《敦煌卷子俗写文字之研究》，《敦煌学》17 辑。
潘重规　1991　《用敦煌俗写文字校释〈文心雕龙〉刊本中残存俗字考》，《第二届敦煌学国际研讨会论文集》，汉学研究中心。
潘重规等　1978　《敦煌俗字谱》，（台湾）石门图书公司。
彭　馨　2008　《敦煌医药卷子俗字及相关语言文字现象研究》，南京中医药大学博士学位论文。
齐元涛　2007　《隋唐五代碑志楷书构形系统研究》，上海教育出版社。
秦　公　1985　《碑别字新编》，文物出版社。
裘锡圭　1994　《浅说汉字文化圈内的汉字异形的问题》，韩国汉字讨论会论文。
任　韧　2021　《陕西神德寺塔出土文献的俗字校注》，《中国社会科学报》12 月 28 日。
沙　知　1998　《敦煌契约文书辑校》，江苏古籍出版社。
沈澍农　2007　《中医古籍用字研究》，学苑出版社。
师存勋　2021　《1640 年代至 1950 年代初海南民间地契中的俗字初探》，《南海学刊》第 3 期。
施安昌　1985　《敦煌写经断代发凡——兼谈递变字群规律》，《故宫博物院院刊》第 4 期。
施安昌　1987　《论汉字演变的分期——兼谈敦煌古韵书的书写时间》，《故宫博物院院刊》第 1 期。
施安昌　1988　《敦煌写经的递变字群及其命名》，《故宫博物院院刊》第 4 期。
首都博物馆　编　2015　《首都博物馆藏清代契约文书》，国家图书馆出版社。
孙启治　1988　《唐写本俗别字变化类型举例》，《敦煌吐鲁番文献研究论集》第五辑，北京大学出版社。
孙孝忠　丁　春　2009　《中医古籍的俗字研究》，《福建中医学院学报》第 1 期。
孙幼莉　2018　《敦煌杂字书疑难字词辑释》，《汉语史学报》第 2 期。
孙兆霞　2010　《吉昌契约文书汇编》，社会科学文献出版社。

谭　翠　2013　《〈碛砂藏〉随函音义研究》，中国社会科学出版社。
谭　翠　2021　《〈思溪藏〉随函音义研究》，中国社会科学出版社。
唐　兰　1949/2005　《中国文字学》，上海古籍出版社。
唐智燕　2012　《俗字研究与民间文献整理——以〈吉昌契约文书汇编〉为例》，《汉语史研究集刊》第 15 辑。
唐智燕　2013　《〈石仓契约〉俗字释读疏漏补正》，《宁波大学学报》（人文科学版）第 6 期。
唐智燕　2014　《〈石仓契约〉俗字校读十则》，《宁波大学学报》（人文科学版）第 5 期。
唐智燕　2015　《〈石仓契约〉俗字校读十五则》，《宁波大学学报》（人文科学版）第 2 期。
唐智燕　2017　《〈石仓契约〉（第三辑）俗字校读十则》，《宁波大学学报》（人文科学版）第 4 期。
唐智燕　2018　《〈石仓契约〉（第四辑）方俗字词考释五则》，《宁波大学学报》（人文科学版）第 5 期。
汪泛舟　2006　《敦煌俗别字新考（上）》，《敦煌研究》第 1 期。
汪泛舟　2009　《敦煌俗别字新考（下）》，《敦煌研究》第 2 期。
汪文学　2015　《道真契约文书汇编》，中央编译出版社。
王贵元　1999　《马王堆帛书汉字构形系统研究》，广西教育出版社。
王华权　2014　《〈一切经音义〉文字研究》，上海人民出版社。
王建军　2017　《清乾隆年间桂北地区〈捷经〉杂字述要》，《广西民族大学学报》（哲社版）第 1 期。
王建设　2015　《明刊闽南方言戏文中的俗字研究》，《中国方言学报》第 1 期。
王立军　2003　《宋代雕版楷书构形系统研究》，上海教育出版社。
王连龙　2013　《新见北朝墓志集释》，中国书籍出版社。
王连龙　2017　《新见隋唐墓志集释》，辽海出版社。
王美雨　2021　《车王府戏曲中俗字研究》，《皖西学院学报》第 3 期。
王其祎　周晓薇　2007　《隋代墓志铭汇考》，线装书局。
王启涛　2006　《"厶甲"的使用以及"厶"表"专"义见于隋唐》，《中国语文》第 3 期。
王启涛　2010　《"渠破水谪"考》，《艺术百家》第 4 期。
王启涛　2012　《吐鲁番出土文献词典》，巴蜀书社。
王启涛　2013　《吐鲁番出土文献语言导论》，科学出版社。
王启涛　2016　《敦煌西域法制文书语言研究》，人民出版社。
王启涛　2017　《吐鲁番文献合集·儒家经典卷》，巴蜀书社。
王启涛　2017　《吐鲁番文献释录中的几个问题》，《新疆师范大学学报》（哲社版）第 2 期。
王启涛　2018　《吐鲁番出土文书疑难字词新考》，《吐鲁番学研究》第 2 期。
王启涛　2019　《吐鲁番出土文书标识符号研究》，《汉语史研究集刊》第 2 期。
王启涛　2019　《吐鲁番文献合集·契约卷》，巴蜀书社。
王启涛　2021　《丝绸之路语言新探》，社会科学文献出版社。
王启涛　主编审订　王兴伊　撰　2021　《吐鲁番文献合集·医药卷》，巴蜀书社。
王钰欣　周绍泉　1993　《徽州千年契约文书》，花山文艺出版社。
韦凡州　2018　《越南阮朝时期的土俗字应用特点》，《广西民族大学学报》（哲社版）第 1 期。
温振兴　2016　《清至民初影戏抄本俗字的类型和特点》，《中国文字研究》第 1 期。
翁寿元　2015　《无锡、苏州、常熟方言本字和词语释义》，苏州大学出版社。
吴昌政　2020　《民国抄本〈各样文约款式〉俗字考五则》，《民俗典籍文字研究》第 2 期。

吴　钢	1994—2007	《全唐文补遗》，三秦出版社。	
吴钢辑	吴大敏　编　2004　《唐碑俗字录》，三秦出版社。		
吴继刚	2021	《七寺本〈玄应音义〉文字研究》，上海古籍出版社。	
吴士田	2017	《敦煌写本〈坛经〉的繁化俗字》，《长春大学学报》第 5 期。	
吴小萱	2021	《〈古本戏曲丛刊〉疑难俗字札考》，《中国文字研究》第 1 期。	
吴晓亮	贾志伟　2019　《腾冲契约文书资料整理与汇编》，人民出版社。		
吴晓亮	徐政芸　2013　《云南省博物馆馆藏契约文书整理与汇编》，人民出版社。		
肖　瑜	2011	《〈三国志〉古写本用字研究》，上海教育出版社。	
熊加全	2019	《〈新修玉篇〉疑难字考释》，中国社会科学出版社。	
熊加全	2020	《〈玉篇〉疑难字考释与研究》，中华书局。	
徐前师	2008	《唐写本〈玉篇〉校段注本〈说文〉》，上海古籍出版社。	
徐时仪	1997	《〈慧琳音义〉研究》，上海社会科学院出版社。	
徐时仪	2005	《玄应〈众经音义〉研究》，中华书局。	
徐时仪	2009	《玄应和慧琳〈一切经音义〉研究》，上海人民出版社。	
徐时仪	2012	《〈一切经音义〉三种校本合刊》，上海古籍出版社。	
徐雁宇	熊昌锟　2019　《赣南文书》，广西师范大学出版社。		
许长安	1990	《近代汉字学刍议》，《语文建设》第 5 期。	
杨宝忠	2004	《论"以义考字"》，《河北大学学报》（哲社版）第 2 期。	
杨宝忠	2005	《论"以音考字"》，《河北大学学报》（哲社版）第 1 期。	
杨宝忠	2005	《疑难字考释与研究》，中华书局。	
杨宝忠	2007	《论"以序考字"》，《河北大学学报》（哲社版）第 3 期。	
杨宝忠	2008	《论"以用考字"》，《河北大学学报》（哲社版）第 5 期。	
杨宝忠	2008	《疑难字考释的现实意义》，《中文自学指导》第 2 期。	
杨宝忠	2011	《疑难字续考》，中华书局。	
杨宝忠	2018	《疑难字三考》，中华书局。	
杨小平	2012	《南部档案俗字考释》，《西华师范大学学报》（哲社版）第 6 期。	
杨小平	2019	《清代手写文献之俗字研究》，北京师范大学出版社。	
杨艳辉	张显成　2014　《简帛医书文献用字考据与古籍文献整理研究》，《东南学术》第 2 期。		
姚美玲	2007	《唐代墓志俗字辨误》，《语言研究》第 1 期。	
姚永铭	2003	《慧琳〈一切经音义〉研究》，江苏古籍出版社。	
叶贵良	2007	《敦煌道经写本与词汇研究》，巴蜀书社。	
叶贵良	2009	《敦煌道经词语考释》，巴蜀书社。	
叶贵良	2009	《敦煌道经形误字例释》，《敦煌研究》第 3 期。	
易　敏	2005	《云居寺明刻石经文字构形研究》，上海教育出版社。	
于淑健	2004	《〈浙藏敦煌文献〉字词一则》，《古汉语研究》第 2 期。	
于淑健	2012	《敦煌佛典语词和俗字研究》，上海古籍出版社。	
于淑健	2017	《敦煌本古佚与疑伪经校注》，凤凰出版社。	
于淑健	2019	《敦煌吐鲁番纸本文献疑难字撷释》，《中国语文》第 3 期。	
余迺永	2008	《新校互注〈宋本广韵〉》，上海人民出版社。	

俞绍宏　2015　《敦煌写本〈诗经〉异文中的隶定古文探源（之二）》，《励耘语言学刊》第 2 期。
俞绍宏　李　索　2015　《敦煌写本〈诗经〉异文中的隶定古文释例》，《古籍整理研究学刊》第 3 期。
臧克和　2011　《汉魏六朝隋唐五代字形表》，南方日报出版社。
曾　良　2001　《敦煌文献字义通释》，厦门大学出版社。
曾　良　2006　《敦煌变文字词考》，《中国语文》第 5 期。
曾　良　2006　《俗字及古籍文字通例研究》，百花洲文艺出版社。
曾　良　2007　《隋唐出土墓志文字研究及整理》，齐鲁书社。
曾　良　2009　《敦煌文献字词札记二则》，《中国语文》第 4 期。
曾　良　2009　《明清通俗小说语汇研究》，江西教育出版社。
曾　良　2010　《敦煌佛经字词与校勘研究》，厦门大学出版社。
曾　良　2017　《明清小说俗字研究》，商务印书馆。
曾　良　陈　敏　2018　《明清小说俗字典》，广陵书社。
曾铭汇　2021　《〈居家必用事类全集〉俗字初探》，《语文学刊》第 2 期。
张传玺　1995　《中国历代契约会编考释》，北京大学出版社。
张传玺　2014　《中国历代契约粹编》，北京大学出版社。
张国良　2015　《宝卷俗字札记》，《古汉语研究》第 2 期。
张鸿魁　1992　《〈金瓶梅〉与近代汉字研究》，《东岳论丛》第 6 期。
张鸿魁　1994　《近代汉字研究的几个问题》，《东岳论丛》第 4 期。
张鸿魁　1999　《金瓶梅字典》，警官教育出版社。
张介人　2011　《清代浙东契约文书辑选》，浙江大学出版社。
张　磊　2012　《〈新撰字镜〉研究》，中国社会科学出版社。
张　丽　2018　《云南契约文书疑难字词考辨十则》，《沈阳大学学报》（社科版）第 4 期。
张　丽　高雅靓　2018　《云南省博物馆馆藏契约文书疑难字续考》，《安庆师范大学学报》（社科版）第 5 期。
张民权　2021　《元代科举韵书〈文场韵略〉简俗字问题论稿》，《长江学术》第 4 期。
张铭心　2020　《吐鲁番出土墓志汇考》，广西师范大学出版社。
张青松　2016　《〈正字通〉异体字研究》，语文出版社。
张文冠　2014　《近代汉语同形字研究》，浙江大学博士学位论文。
张显成　2020　《吐鲁番出土文书字形全谱》，四川辞书出版社。
张献方　李艳丽　边思怡　高　静　2021　《新疆出土医学文书俗字研究》，《浙江中医药大学学报》第 11 期。
张小艳　2007　《敦煌书仪语言研究》，商务印书馆。
张小艳　2013　《敦煌社会经济文献词语论考》，上海人民出版社。
张小艳　2019　《敦煌祭文疑难字词校考》，《出土文献与古文字研究》第 8 辑。
张小艳　2020　《敦煌变文疑难字词校释》，《中国语文》第 6 期。
张小艳　冯　豆　2018　《敦煌变文疑难字词辨释》，《敦煌学辑刊》第 3 期。
张涌泉　1992　《敦煌写卷俗字的类型及其考辨方法》，（台湾）《九州学刊》第 4 期。
张涌泉　1995　《敦煌文书类化字研究》，《敦煌研究》第 4 期。
张涌泉　1995　《汉语俗字研究》，岳麓书社。

张涌泉	1996	《敦煌俗字研究》,上海教育出版社。
张涌泉	1996	《敦煌俗字研究导论》,(台湾)新文丰出版公司。
张涌泉	1996	《敦煌文献校读释例》,《文史》41辑,中华书局。
张涌泉	1996	《试论汉语俗字研究的意义》,《中国社会科学》第2期。
张涌泉	2000	《汉语俗字丛考》,中华书局。
张涌泉	2003	《大力加强近代汉字研究》,《浙江教育学院学报》第6期。
张涌泉	2003	《日、韩汉字探源二题》,《中国语文》第4期。
张涌泉	2008	《敦煌经部文献合集》,中华书局。
张涌泉	2017	《敦煌写卷武周新字疏证》,《中国文字学报》第7辑。
张涌泉	2020	《量词"斗""石"大写考探》,《华夏文化论坛》第1期。
张涌泉	2020	《数词"百"大写作"伯"发覆》,《四川大学学报》(哲社版)第3期。
张涌泉	2021	《近代汉字是中华文明的主要载体》,《中国社会科学报》06月11日。
章炳麟	1907	《新方言》,《国粹学报》。
赵 超	1992	《汉魏南北朝墓志汇编》,天津古籍出版社。
赵 红	2012	《敦煌写本汉字论考》,上海古籍出版社。
赵 红	2019	《吐鲁番俗字典》,上海古籍出版社。
赵家栋	2015	《敦煌文献疑难字词考辨四则》,《汉语史学报》第15辑。
赵家栋	2020	《〈汉魏六朝碑刻异体字典〉补正》,《古汉语研究》第4期。
赵家栋	2020	《佛教名物术语词研究》,上海教育出版社。
赵静莲	2013	《敦煌文献字词考释七则》,《西南交通大学学报》(社科版)第2期。
赵 敏 王 伟	2018	《大理民间契约文书辑录》,云南大学出版社。
赵 庸	2021	《〈广韵〉俗字所生假性异读札记四则》,《励耘语言学刊》第1期。
赵振铎	2012	《〈集韵〉校本》,上海辞书出版社。
真大成	2020	《中古文献异文的语言学考察》,上海教育出版社。
郑阿财	1993	《越南汉文小说中的俗字》,第四届中国文字学全国学术研讨会论文。
郑阿财	1995	《敦煌文献与唐代字样学》,第六届中国文字学全国学术研讨会论文。
郑阿财	2002	《俗字在汉字文化圈的容受——以越南汉碑写本刻本为例》,典籍的国际交流—容受会议论文,北海道大学。
郑贤章	2003	《敦煌音义写卷若干俗字重考》,《敦煌研究》第1期。
郑贤章	2004	《〈龙龛手镜〉研究》,湖南师范大学出版社。
郑贤章	2007	《〈新集藏经音义随函录〉研究》,湖南师范大学出版社。
郑贤章	2010	《〈郭迻经音〉研究》,湖南师范大学出版社。
周阿根	2012	《五代墓志汇考》,黄山书社。
周阿根	2014	《五代墓志俗字类型及成因探析》,《中国文字研究》第2期。
周 峰	2021	《散见宋金元墓志地券辑录》,(台湾)花木兰文化出版社。
周绍良 赵 超	1992	《唐代墓志汇编》,上海古籍出版社。
周绍良 赵 超	2001	《唐代墓志汇编续集》,上海古籍出版社。
周 晟	2016	《俄藏敦煌文献Дx.10787〈解梦书〉字词校释八则》,《敦煌研究》第4期。
周艳红 马 乾	2021	《中医古籍"疒"部俗字考辨举隅》,《汉字汉语研究》第3期。

周　阳　2019　《北魏碑志俗字考辨七则》，《汉语史研究集刊》第 2 期。
周志锋　1998　《大字典论稿》，浙江教育出版社。
周志锋　2006　《明清小说俗字俗语研究》，中国社会科学出版社。
周志锋　2011　《论〈越谚〉方俗字》，《古汉语研究》第 4 期。
朱德熙　1988　《在"汉字问题学术讨论会"开幕式上的发言》，中国社会科学院编《汉字问题学术讨论会论文集》，语文出版社。
朱凤玉　1997　《敦煌写本碎金研究》，（台湾）文津出版社有限公司。
朱凤玉　2003　《敦煌本〈碎金〉与宋、明俗用杂字之比较》，《汉语史学报》第 3 辑。
朱明歧　戴建国　2019　《明止堂藏宋代碑刻辑释》，中西书局。
邹　虎　2018　《元代碑刻文献整理及文字词汇研究》，华东师范大学博士学位论文。

Retrospect and Prospect of the Research on Modern Chinese Characters
ZHANG Yongquan　HAN Xiaojing　LIANG Chunsheng　JING Shengxuan

Abstract: After the rapid development in recent decades, the research of modern Chinese characters has begun to take shape, and great breakthroughs have been made in the theories, objects and methods of research. On the basis of fully summarizing the research status of modern Chinese characters and objectively evaluating the existing achievements, this paper clarifies the direction of future research and development: to furture strengthen the theoretical construction of modern Chinese characters, to strengthen the collation and research of various written materials, to strengthen the research on the evolution of ancient and modern Chinese characters, and to strengthen the cultivation of talents for the study of modern Chinese characters.

Key words: Modern Chinese characters, research review, research prospect

（张涌泉　浙江大学文学院　310014/
韩小荆　武汉大学文学院　430064/
梁春胜　河北大学文学院　050023/
景盛轩　浙江师范大学文学院　317521）

在传统的边际上创新

——评《东汉三国佛教文献副词研究》

蒋冀骋

评价一部学术著作,就是看它是否有所超越,是否超越了前人,是否超越了自己。如何实现超越,靠创新。就学术研究而言,[①]创新的具体内容可以是:1.是否提出了新的可以用于解释某些现象的理论;2.是否用前人和自己的理论解释了别人没有或不能解释的现象;3.是否提出和运用了新的方法。

唐贤清君的《东汉三国佛教文献副词研究》通过创新实现了超越,超越了前人,更超越了自己。

一、语言材料的超越。用东汉三国时期佛教文献的材料来研究汉语副词,就目前来看,独此一家。东汉三国是上古汉语向中古汉语的过渡期,汉语语法系统变化显著,研究此阶段的汉语语法具有重要的意义。而此阶段的汉译佛经,因其口语性较传统中土文献强,无论是研究汉语词汇,还是汉语语法,都具有非凡的意义。我们见过以汉代中土文献为语料研究汉语语法的,也见过以东汉三国佛经材料研究汉语词汇词义的,但没见过以东汉三国佛经材料研究汉语语法和语法中的副词的。有使用这类材料者,但大多作为旁证出现。

二、研究方法的超越。唐君此书运用了他自己提出的"普方古民外"的立体研究法。邢福义先生曾提出"普方古"的语料选择法,开扩了语法研究的视角,将现代汉语的语法研究推进到一个新的阶段。唐贤清君在此基础上提出"普方古民外"的立体研究法,既有继承,又有创新。从而使视野更加开阔,语料更加多样,论证更加严密,结论更加可靠。"古"从时间上的"语言历史"方面论证,但古文献资料往往有很大的局限性:它们大多是零星的、不连贯不完整的,有的甚至是被扭曲的。故尽信书不如无书,须从别的方面寻找线索,寻找证明。"普"从时间上的"语言现实"方面论证,解

[①] 不同的领域对创新有不同的要求,就学术研究而言,我们提出这三点作为判断标准。而其他领域可以有不同的标准,如企业家的创新,就与学术创新的要求不同。他们的创新要求是:创造新的产品,采用新的生产方式,开辟新的市场,使用新的材料,建立新的组织形式。

决语言现象的传承问题。"方"从空间上的"语言扩散"方面论证，弥补古文献的局限性。"民"从空间上的"语系扩散"方面论证，解决同语系语法的相似性和差异性问题。"外"从时空结合的"语言类型"方面论证，解决普遍性问题。各有各的作用，使论述更加严谨，观察角度更加多样。"普方古民外"与"普方古"区别在于："普方古"大三角理论中普通话是基角，方言和古代汉语对"普"角起着外证的作用，即"以方证普"、"以古证今"，形成对现代汉语语法的立体研究思路。"普方古民外"则以汉语语法结构的历史演变为基角，利用现代汉语共同语、汉语方言、民族语言以及境外语言的研究材料、理论方法来对汉语历史语法进行全方位的立体的研究。目的不同，取材方向也有不同，导致研究视觉也有差异。如唐君运用中土和佛经文献以及现代汉语语料描写汉语重叠副词的使用情况，运用方言材料论证汉语重叠副词的空间分布，用民族语言论证汉藏语言重叠副词的共性和差异性。并得出3点结论：① 1.从类型分布看，现代汉语重叠式副词主要有 AA、AAB、ABB、ABA、AABB 等 5 种类型；除此之外，汉语方言中还有 AAA、AAAA、ABABC、ABCAB 等形式，民族语言还有 ABAB、ABAC、ABCB 等形式。其中，在汉语方言中，官话区和非官话区重叠式副词的形式类型都比较丰富；在汉藏语系语言内部，汉语和藏缅语族语言重叠式副词的类型多于其他语言。2. 从使用频率看，不同类型的重叠式副词出现频率不一致。AA 式是最基本的重叠式副词，在佛教文献、中土文献、现代汉语、汉语方言及各民族语言中均有分布且占据主体地位；ABA、AABB、ABAC 等类型也较为常用，其中，ABAC 式主要出现于民族语言中，这符合戴庆厦、孙艳（2003）所指出的汉藏语中非汉语的语言 ABAC 型占绝对优势这一现象；AAB、ABB、AAA 等类型较少使用；AAAA、ABCAB、ABABC 等仅限于极个别语言点或方言点使用，且出现频率较低。3. 从语言结构类型看，汉藏语系语言的重叠式副词最为丰富，无论是汉语还是藏缅语族语言，都有类型多样的重叠式副词，其中，在汉藏语系中语种最多、分布最广、语言状况最复杂的藏缅语族中，重叠式副词的类型分布呈不均衡状态。彝语支最为丰富，藏语支和羌语支相对少一些；壮侗、苗瑶、南亚语族语言也分布有一定数量的重叠式副词；而阿尔泰、南岛语系语言的重叠式副词类型的数量较少。这说明重叠式副词形式类型的多少与语言结构的特点有很大的关系，语言的分析性越强，重叠式副词的形式类型越多。

三、研究结论的超越。研究结论主要指对描写的现象进行解释后形成的结论，这些结论可以是理论，可以是规则。理论是规则的系统化和哲理化，我国的语言研究形成自己理论的学者不多，大多是一些规则。对于汉语史研究而言，能提出规则并能用规则解释各种现象，就相当不错了。如古无舌上音而归于舌头音的规则，喻三归匣的规则，能

---

① 《东汉三国佛教文献副词研究》，商务印书馆，2021 年，第 26—62 页。

解释上古谐声系统中所有的知组与端组、喻三与匣母的通用的问题。但何以如此，则需要解释。将这些解释系统化、哲理化就成为理论。古音研究者如王力及后来的新秀都在这方面做了大量的工作，也形成了自己的理论，有功学林，功莫大焉。又如上古汉语否定句、疑问句的代词宾语和介词宾语前置问题，研究者发现并提出了这一规则，但何以如此，有试图解释者，如语用角度的加强语气，表现句子焦点等等，也有人从汉语内部寻找解释。强调理论、焦点理论早有人提出过，借用这些理论来解释汉语的语法现象，自无不可，但毕竟不是自己提出的理论。从拿来主义的角度来说，还是有用的。

规则是各种现象的集合，解释这些现象并将解释的依据哲理化就是理论。贤清君在书中提出了副词重叠、三音节副词、同素异序副词的一系列规则，并从各方面对其形成、衰落和消亡进行解释。这些解释是理论的雏形，如果加以系统化和哲理化就是理论。这些解释提高了人们对汉语副词的认识，甚有功于学术。我们说，他的这一成果超越了前人，超越了自己，[①]即基于这一认识。

1. 重叠式副词产生的原因的探求。作者从语言内部和外部寻找重叠式副词产生的原因。（1）语言内部的原因有：a. 语言的结构类型的原因。汉语的分析性是语词重叠形式较多的原因之一。b. 韵律机制。由单音节到双音节的韵律机制转变的需求为 AA 式的大量产生提供了先决条件双；双音节化的韵律机制是其他重叠形式产生的必要条件。c. 类推作用。类推在重叠式副词产生中所起的作用主要表现为指词类的类推和结构的类推。d. 临摹性原则。（2）语言外部的原因有：a. 语用习惯的影响。b. 语言接触的作用。我们认为，这些解释是立体的，全面的，也是深刻的，深化了人们对重叠性副词产生的原因的认识，推进了副词研究的进一步深入，有较强的理论意义。

2. 对同素异序副词产生、发展和演变原因的探寻。作者认为，同素异序副词产生的主要原因是：（1）汉语词语的弹性作用。（2）为了适应汉语双音化的趋势和佛教文献"四字格"的语体风格。（3）为了加强语义。这些原因也曾有人提出过，但将它们集中起来对同素异序副词产生的原因进行解释，唐君是第一人，这可称之为综合创新。至于发展演变指的是这些同素异序副词在现代汉语中的最终词序形式是什么？最终词序形式的产生是什么原因导致的？唐君在此进行了解释。通过汉语和跨语言的考察，他认为，最终词序形式的产生取决于（1）元音和谐原则。（2）声调原则。（3）声序原则。（4）语义原则。运用这些原则，作者对一组组同素异序副词的最终词序形式进行了分析，很有说服力。没有较好的训诂根底和音韵学基础是难以做到的。

3. 对同义副词结构三音节叠加的产生、发展和衰落原因的探索。首先，作者对东汉

---

① 唐君有《朱子语类副词研究》之作，将《朱子语类副词研究》与《东汉三国佛教文献副词研究》比较，很显然，后者远远超越了前者，故谓之超越了自己。

三国的汉译佛经文献和中土文献的三音节叠加的副词结构进行了较全面、深入的描写。我们认为，三音节叠加的同义副词结构在我们所接触到的中土文献中并不多见，将这种现象描写出来，是必要的，也是必须的，使后续的研究有了坚实的基础。这些描写显示了作者扎实的文献功底。某些学者根据一二例证，就对某些语言现象进行分析，并提出理论，而缺乏深入、全面的描写，使其结论建立在沙丘之上，不足凭信。当然，也许他们不屑于描写，认为描写是低级的材料收集，也许他们由于文献功底有限，无能力描写，也许还有其他的也许，此不一一列举。其次，作者对三音节叠加副词结构产生、发展和衰落原因进行的探索，很有启发性，也具有较强的解释力。他从语言内部和外部的因素探讨了产生的原因。他认为，语言三音化的趋势，上古三音节实词用法的扩展，当时口语化的影响，同义互注以确定词义，同义叠加以增强语义是三音节叠加副词结构产生的语言内部原因。而佛经文献翻译形成的语言接触是三音节叠加副词结构产生的外部原因，具体表现为：适应梵语特点的需要；铺排序列同格词语的需要。最后还有凸显焦点信息的语用原因。对三音节叠加副词结构的衰落，作者也从语言的内外部寻求答案。内部原因是三音节叠加副词结构本身的局限性。三音节叠加如不能凝固为词，则出现表达的冗余，在与双音节副词的竞争中自然处于劣势。尤其是功能性的副词在修饰单音节或双音节动词时，如果修饰性副词是三音节，则显得尾大不掉，处于劣势，从而衰落。外部原因是宋代开始佛教文献翻译走向衰落，翻译的衰落，导致同义副词三音节叠加失去了一块生长的土壤。

4. 深入研究了东汉三国佛教文献中"副词+否定词"的现象，并成功解释了"否定副词为什么能同其他副词组合"，"'不'的组合能力为什么最强""与否定词组合的部分副词为什么能够表示强调否定语气"等问题。作者认为，否定词与部分副词组合，完全是适应双音化或者多音化的需要。否定词"不"比其他否定词使用频率高，从而导致其与副词组合能力最强。而这些副词的主观性和表极量的特性使他们与否定词组合能够表示强调否定的语气。这些问题的提出和解释充分体现了作者研究工作的问题意识和解决问题的能力。

5. 个案研究既夯实了理论基础，也为副词研究的深入提供了范例。原文俱在，恕不举例。

学术研究是一项遗憾的工作，有遗憾就有不足，故任何学术著作都不可能没有不足。唐君此书也有不足：

一、"普方古民外"立体研究法的使用还不够圆润。第一次运用此法，有不圆润处可以理解，但须进一步熟练，避免出现生硬之伤。

二、同素异序副词最终词序形式形成的解释，可从词汇史的角度着手，以解决调序原则所不能解释的现象。如"当定"与"定当"，最后的词序是"定当"，调序原则无法解释，作者不强作解人，云"目前还说不出具体原因"（第 144 页），最为谨慎。但从词汇史的角度看，还是可以解释的。中古以后，"当"不再具有"定"的意义，而汉语并列复合词中，第一个语素的意义一般代表该词的意义。既然"当"已无"定"义，自然没有作第一语素的资格，故让位与"定"，于是"定当"大行其道。此外，"当"字唐代已虚化为构词语素，如"记当""问当"，例见敦煌变文，由于类推的作用，"定当"也会在与"当定"的竞争中获胜。有些可从语音史的角度加以解释，如"即便"与"便即"（136 页）。从调序原则而言，"即"是入声字，应在并列复音词中的第二位，但现代汉语中只有"即便"而少用或不用"便即"。其中的原因是，入声字"即"元代已变为平声，变为平声后，根据调序原则，自然不能再处于第二位，而将去声的"便"置于第二位。这就是在词汇竞争中"即便"战胜"便即"的原因。

现在有些学者在著书时有追求大部头的倾向，似乎不是大部头就没有分量，就没有学问。这种情况的出现，与当前的学术评价方式有关。目前的学术评价，大多请同行专家参加，而所谓的同行的专家，未必就真正同行。如外语专家评汉语研究成果，汉语专家评外语成果。由于都是语言学科，所以也算是同行相评。问题是真正同行吗？我看他们并不同行。不同行又要完成评的工作，怎么办？看部头，看课题来源，看引用次数，唯独不看著作本身，因为没办法看，也没时间看。这样，大部头的成果得奖的可能性增大，从而出现著述追求大部头的倾向。本师云从先生的《商君书锥指》《敦煌变文字义通释》，在贻先生的《训诂丛稿》，如果放在当下，恐怕没法获奖，因为部头太小。贤清君的《东汉三国佛教文献副词研究》部头不大，真正体现了浓缩的才是精华，每一章都是干货，或许不合时宜，但我欣赏的就是这种不合时宜。

顾炎武《日知录》卷十九"文须有益于天下"云："文之不可绝于天地间者，曰明道也，纪政事也，察民隐也，乐道人之善也。若此者有益于天下，有益于将来，多一篇，多一篇之益矣。"贤清之作有益于明汉语副词之道，是"有益于天下，有益于将来"之作，故"多一篇，多一篇之益"。顾氏于"文不贵多"下说："文以少而盛，以多而衰。"[①] 如果少可理解为字数少，则贤清此书符合"少而盛"的顾氏标准，就质量而论，不输于任何大部头之作。读者君子，以我言为然否？

岁聿其逝，人已老迈。发早已二毛，齿早已缺豁。唯目力尚可，能阅诸君子所著之书，何幸如之？学界后起之秀，勃然奋发，学殖深厚，思维活跃。有传统，有创新。在传统的边际上创新，厚积薄发，是所望于群公。

---

① 上引顾氏文见顾炎武《日知录》，《顾炎武全集》（卷十九），上海古籍出版社，2011 年，第 739—740 页。

《历史语言学研究》稿约

一

《历史语言学研究》是由中国社会科学院语言研究所历史语法与词汇学学科（中国社会科学院重点学科）主办、商务印书馆出版发行的系列学术集刊，旨在为国内外历史语言学界提供一个较高水平的学术交流平台。从2021年开始，本刊改为一年两辑，简体字。

本刊主要发表原创性的历史语言学及其相关专业的学术论文。

本刊面向国内外语言学界组稿，实行双向匿名审稿制。欢迎投稿。本刊通讯地址：中国北京建国门内大街5号中国社会科学院语言研究所《历史语言学研究》编辑部，100732；电话：010-85195400。电子邮件：lsyyx@cass.org.cn。

二

来稿请注意以下事项：

1. 字数一般请控制在20000字以内，超过5000字者请提供300字以内的中文提要和3至5个关键词，以及相应的英文题目、提要、关键词。

2. 投稿电子文本即可。电子文本以WORD编辑，通过电子邮件以附件形式发送。作者姓名、单位、电子邮件、电话、通信地址及邮编等请另页给出。

3. 编辑部在收到稿件后半年内告知评审结果，半年内如未收到用稿通知，可自行安排。论文一经发表，即赠样书两本。

三

稿件编排主要体例如下：

1. 章节层次编号，可以用1、2，1.1、1.2，1.1.1、1.1.2，……；或一、二、三，（一）、（二）、（三），1、2、3、……。

2. 图表编号，用图1、图2；表1、表2，……。

3. 例句编号，用（1）（2）（3）……。例句版式，首行空4格，回行空2格，必要时接排，中间用竖线隔开。例句出处在圆括号内标明，包括书名、卷回名或卷回数等。

4. 国际音标是否加方括号视需要而定；调值用数字形式标在音标右上角，如"[lou^{35}]"。

5. 注释用①②③……置于每页下面，每页单独排序。谢启置于首页下，并于篇题之后标星号参照。

6. 征引形式为"吕叔湘（1944）"；引述原文时，兼附页码，如"王力（1980：21）"，或加在引文后面"（王力1980：21）"。

7. 征引文献一律附在文末"参考文献"下，先中文，后日文、英文，按音序排列。

《历史语言学研究》编辑部